외국어와 통역·번역

이 책은 **Part 1** 외국어 잘할 수 있다,

Part 2 통역·통역사,

Part 3 번역·번역사

세 파트로 구성되어 있으며, 파트별로 관련 세부 주제를 다루고 있다.

각 꼭지 마지막 부분에는
외국어·통역·번역에 관한 질의응답 내용을 담아
외국어를 잘하고자 하는 사람들!
통역사가 되고자 하는 사람들!
번역사가 되고자 하는 사람들의
궁금증을 풀고자 하였다.

TRANSLATION

외국어와 통역·번역

외국어 잘하는 방법부터 통역 • 번역사 되는 과정에 이르기까지

최정화 지음

한국 최초 국제회의통역사

아시아 최초 통역 · 번역학 박사

아시아 최초 통역 분야 노벨상인 다니카 셀레스코비치상 수상

한국 여성 최초로 프랑스 국가 최고 훈장인 레종 도뇌르 수훈

HU:iNE

INTERPRETATION

개정판 서문

이 책의 개정판을 내면서 줄곧 뇌리를 떠나지 않는 것은 햇수로 15년이 지났음에도 여전히 우리는 커뮤니케이션 능력이 경쟁력인 시대에 살고 있다는 생각이다. 정보의 홍수 속에 사는 현대사회에서 정보는 더욱 강력한 힘을 지니고 있다. 과거에는 소수만이 정보를 접할 수 있었지만 이제는 남녀노소를 불문하고 인터넷, 휴대폰으로 누구나 정보에 접근할 수 있는 시대가 되었다. 그런데 정보에만 접근하면 무엇하나? 외국어 독파 능력이 부족해 지피지기(知彼知己) 경쟁력의 근원인 정보가 사장될 수밖에 없다면 무슨 소용이 있을까!

외국어의 중요성을 강조해도 지나치지 않는다. 그렇기에 나는 우리나라 어린이, 학생, 직장인, 공무원, 예술가, 과학자, 사업가, 주부 모두 외국어로 소통(疏通)하는 능력을 키우게 되길 바란다. 나는 누구나 최선을 다해 노력하면 외국어를 잘할 수 있으리라 믿는다. 나아가 외국어를 통해서 외국인들과 통(通)하게 되기를 바란다. 그러면 새로운 시각의 다양한 자극을 받을 수 있다고 생각한다. 자극을 받아야 발전할 수 있는 것 아닌가! 자극도 자신이 직접 찾아 나서야 한다고 생각한다. 나는 '외국어로 소통하기'라는 목표를 추구하다 보니 외국어를 사용하여 적극적으로 커뮤니케이션을 하게 되었고, 외국어를 하며 덤으로 얻은 여러 주제 지식을 활용하여 통역과 번역, 즉 글로벌 커뮤니케이션을 하며 넓은 세상을 좁게 느끼게 되었다. 글로벌 인재들을 양성하며 세계 리더들과 소통을 하면서 새로운 지식을 얻고 다양한 체험을 하여 삶의 폭은 더 넓어지고 깊어지고 있다.

외국어를 잘하는 비법(?)과 어떻게 하면 통·번역사가 되는지 묻는 사람들에게 다소나마 도움이 됐으면 하는 마음에서 이 책을 썼다. 사춘기 이후 외국어를 효과적으로 익히는 방법을 전수해 주신 드쟝 교수님, 통역에의 열정을 불러일으켜 주신 셀레스코비치 교수님, 집필에 음양으로 도움을 준 한국외국어대학교 통번역대학원의 임향옥 교수, 김정연 교수, 이향 교수, 고은경 국제회의통역사, 마지막으로 지금까지 수많은 질문을 웹사이트와 SNS에 올려 줘 잠시라도 외국어·통역·번역 생각에서 벗어날 수 없게 해 준 모든 정보 첨병에게 감사한 마음을 전한다.

2020년 2월

최정화

차례

Part 2 통역·통역사

국내 최고의 통역 번역학 박사

최정화 교수와 함께하는

외국어와 통역·번역

커뮤니케이션 & 외국어

커뮤니케이션 능력이 나의 경쟁력이다

비핵화, 기후변화 등 각종 현안을 접하다 보면 커뮤니케이션 능력이 경쟁력이요, 나아가 국력이라는 생각이 절실하다. 자신의 생각을 상대방에게 알리는 커뮤니케이션 능력의 중요성은 이미 정치·외교·사회는 물론 과학기술에 이르기까지 전 분야에서 인식되고 있다.

이제 우리의 경쟁력은 의사전달 능력과 비례한다. 주위를 둘러봐도 자신의 생각을 상대방의 눈높이에 맞춰 설득력 있게 전달하는 사람들이 성공하는 것을 볼 수 있다. 대표적인 예로 스티브 잡스를 들 수 있다. 연구 업적도 탁월하지만 상대방의 눈높이를 고려하여 말하는 타고난 커뮤니케이션 능력은 그의 경쟁력 중 하나였다.

이제 '할 줄 아는 것(불어로 사부아르 페르, savoir faire)'에 그쳐서는 안 되고, '무엇을 하는지 알리는 것(페르 사부아르, faire savoir)'이 중요하다. 커뮤니케이션을 해야 하는 사람들은 자신은 물론 상대방의 심리를 잘 이해하고, 적절한 설득 전략을 개발할 줄 알아야 한다. 또 호소력 있는 메시지를 만들고, 이를 효과적으로 전달하는 방법도 알고 있어야 한다.

우리는 말을 할 때 상대방을 염두에 두고 상대방과 나누고자 하는 생각이나 감정을 표현한다. 독백이 아니고서야 진공 상태에서 대상도 없이 말하는 것은 아니다. 내 생각만 옳다고 주장하고 남의 피드백을 받아들이지 않는 것은 독선이요, 의사소통의 기본이 되는 발신자의 메시지에 대한 수신자의 반응 자체를 부인하는 것이다.

반응이란 수신자가 메시지 내용을 해석한 후 이해한 내용이며 느끼는 감정이다. 또한 메시지가 어떻게 접수되었고 해석되었는지를 알려 주는 지표이다. 본인 발언의 진의가 왜곡되었다고 판단하고 대응하는 것도 바로 상대방의 피드백이 있었기 때문에 가능한 것이다. 수신자가 자신의 생각과 다른 반응을 했다면 억울해 하기보다는 의도한 효과를 거두지 못한 자신의 커뮤니케이션 노하우를 재점검해 봐야 할 것이다.

성공적인 커뮤니케이션을 하기 위한 노하우는
첫째, 메시지를 잘 준비해야 한다.
둘째, 메시지를 전달하는 대상인 수신자의 눈높이에 맞추어야 한다.
셋째, 메시지를 어떤 어조로 전달하는 것이 효과적일지를 생각해 본다.

커뮤니케이션 상황에서 예측 불허인 여러 경우의 수가 있으나 우리 모두가 알아 두면 도움이 될 두 가지 상황에 대해 살펴보자. 상대방으로부터 모욕을 당했을 때 어떻게 대처해야 하나? 으뜸은 무시하는 것이고, 그다음은 웃어넘기는 것이며, 그럴 수 없다면 더 세게 받아 치는 것이다. 위기에 처했을 때는 어떻게 헤쳐 나가야 하나? 발단 초기에 진상을 통째로 알리는 것이 관건이다.

얼마 전에 유럽의 한 경제부 장관이 불법도 아닌 아파트 임대료 문제로 취임 두 달 만에 낙마한 것이 해명을 제때 못했고 위기 대처 커뮤니케이션 방법을 몰랐기 때문에 빚어진 일이라는 기사를 읽은 적이 있다. 반면 한국에서 모 인사가 재산취득 경위에 대해 발단 초기 한 번에 다 밝히는 것을 보고 위기 대처 커뮤니케이션의 핵심을 알았기 때문이 아닌가 하는 생각이 들었다.

자신이 처한 상황에서 어떻게 커뮤니케이션하느냐가 향후 추이에 어떤 영향을 미치는지를 보여 주는 단적인 예들이다. 이제는 '사부아르 페르'를 넘어서 '페르 사부아르'가 더없이 중요한 경쟁력이다.

우리는 왜 외국어를 잘해야 하나?

외국에서 무슨 일이 어떻게 일어났는지 알기까지 상당한 시간이 걸렸던 과거와는 달리 이제는 인터넷을 통해 실시간으로 세계 곳곳에서 일어나는 일들을 동시에 접할 수 있다. 하지만 외국 정보를 즉각 입수할 수 있다 하더라도 그 내용을 파악하고 이해하는 데 많은 시간이 걸린다면 무슨 소용이 있겠는가? 게다가 이 정보들을 빨리 소화해 내는 일만이 글로벌 시대의 성공의 열쇠는 아닐 것이다.

우리의 입장과 상황을 즉각 제대로 알릴 수 있어야 균형 있는 국제사회의 일원이 될 수 있을 것이다. 일방적으로 받아들이는 자세가 아니라 우리의 것도 내보내야 한다. 정보를 교류하는 과정에서 상호 영향을 끼치는 '순환'의 개념으로 글로벌 시대가 전개되어야 바람직한 것이다. 때문에 외국어 능력은 세계화와 동반자적 개념으로 받아들여야 한다. 외국어를 알아야만 시시각각 들어오는 정보를 제때 처리하고 흡수할 수 있다. 세계화의 정보 게임에서 남보다 빨리 새로운 정보를 접하고 나아가 타인의 시각까지 알 수 있게 된다. 그래야 TV, 라디오에서 끊임없이 흘러나오고 인터넷에 널려 있는 정보도 즉각 자신의 것으로 소화해 낼 수 있고 남보다 앞설 수 있다. 내 손에 들어온 정보를 파악하고 활용하기 위해서는 '정보처리 기기'인 외국어 능력이 필수적이다.

세계화 시대란 결국 무한 경쟁 시대이며 정보 시대가 아닌가! 누가 먼저 상대를 파악하고 현명하게 대처하느냐에 따라 앞날의 성패가 좌우된다. 상대방은 나를 꿰뚫어 보고 있는데 나는 상대방을 제대로 파악하지 못한다면 결과는 뻔하다. 힘은 정보에서 나온다. 정보 능력은 외국어 실력을 전제로 한다. 즉 정보는 외국어로 손에 쥘 수 있는 것이다. 외국어는 힘이다. 외국어 능력은 인바운드 정보 파악을 위해서는 물론 우리의 것, 즉 아웃바운드 정보를 외부로 전달하는 데에도 필수라는 점은 이미 지적했다. 여기서 강조하고 싶은 점은 역설적으로 들릴지 모르나, 우리의 것을 지키고 더욱 풍요롭게 하기 위해서도 외국어를 잘해야 한다는 것이다.

품질 면에서 결코 뒤지지 않는 우리 상품이 왜 잘 안 팔리는가? 그동안 국가 이미지를 만들지 않았기 때문이다. 왜 우리보다 나을 것이 없어 보이는 태국에 그토록 많은 관광객이 몰려가는가? 얼마 전 미얀마를 다녀온 한 영국인 친구가 한국도 미얀마만큼 아름다운지 물었을 때 한 대 얻어맞은 기분이었다. 지금이라도 늦지 않았다. 빨리 우리를 제대로 알려야 한다. 더 이상 미얀마와 동일 선에서 비교되어서는 안 될 것이다. 한국도 미얀마만큼 아름다운가 하는 얘기가 나오지 않도록 외국어를 익혀 우리를 제대로 알려야 한다.

언어는 정보 전달이라는 측면에서 보면 하나의 수단에 불과할지 모른다. 그러나 우리의 독창적인 문물과 제도를 널리 소개하는 데 사용되는 수단이라는 점에서 외국어는 그저 단순한 수단으로 간주되어서는 안 된다. 외국어는 글로벌 시대의 '목표'가 아니며 '도구'로써 가장 기본적인 것이라 볼 수 있다. 녹슨 메스를 들고 집도에 임할 의사는 없다. 마찬가지로 세계화 주역으로서 역할을 다해야 할 우리의 후진들은 이제 더 이상 외국어를 뒷전으로 미루면 안 된다. 이제는 우리의 것을 제대로 알리기 위해서라도 외국어 실력을 닦아야 한다. 의사소통이 가능해야 우리와 다른 또는 앞선 생각을 가진 외국인들을 만나 대화도 나누고 자극도 받을 수 있지 않겠는가!

많은 사람이 해외여행을 하지만 그 나라 사람들과 말을 나누지 못한다면 어찌 그 여행에서 온전하게 살아 움직이는 생생한 경험을 쌓았다 할 수 있겠는가! 미국 영화는 물론 온갖 유럽 영화 나아가 일본 영화까지 물밀듯이 들어오는 요즈음, 외국어를 이해해 직접 알아듣고 같이 웃고 울 수 있어야 다른 세계의 이색적인 삶을 진정으로 이해할 수 있을 것이다. 대중문화 한류는 일본, 중국, 동남아를 강타한 후 세계로 흐르고 있다. 일본이 한국 드라마와 영화를 직접 접하려 한국어를 배우는 붐마저 이는 것 역시 같은 맥락에서 이해할 수 있다.

외국인들과 만나 식사를 하면서 꿀 먹은 벙어리가 아니라 서로의 관심사에 대해 얘기를 나눌 수 있다면 우리의 삶은 더 풍요롭고 윤택해질 수 있지 않을까? 정보란 도처에 산재해 있어 언제나 자신의 발전을 위한 양분으로 적극 섭취하고 활용할 수 있지만 받아들일 매체, 즉 외국어 능력이 갖춰져 있지 않다면 모두가 공염불일 뿐이다.

개인 경쟁 시대인 요즈음 나 자신을 제대로 알릴 기회가 늘 기다리고 있지 않기에 어쩌다 찾아오는 기회는 놓치지 말아야 하며, 필요하면 찾아 나서야 한다. 요즘과 같은 세상에 외국어도 모르고 어찌 나 자신을 적극적으로 알릴 수 있겠는가? 외국어라는 도구를 잘 갈고닦아 놓지 않으면 기회는 형편없이 줄어든다. 자, 지금 고개를 들어 세계 지도를 보라! 내가 두 다리를 딛고 숨쉬고 있는 우리의 한국은 비좁지만 세계는 광활하다. 하지만 외국어를 알면 세계는 지척으로 다가온다. 더 많은 기회가 주어지고 나 자신을 제대로 널리 알릴 수 있다.

글로벌 시대란 국가적인 차원에서 거창하게 진행되는 것만이 아니라 사소한 일상생활에서도 우리 개개인의 노력에 의해 이뤄진다. 그러기 위해서는 외국어를 열심히 익히는 일이 우선 중요하다. 개개인이라고 할 때 그 대상은 사회생활에 적극 참여하고 있는 사람들만을 의미하지는 않는다. 그야말로 모두가 외국어로 무장해야만 외국과의 교류도 각계각층에서 이루어질 수 있으며 우리나라도 당당히 선진국들과 어깨를 겨눌 수 있을 것이다.

Part 1

외국어 잘할 수 있다!

Be bold and courageous,
When you look back on your life,
You'll regret things you didn't do more than the ones you did.

대담하고 용기 있어야 한다.
삶을 돌이켜 볼 때 우리를 후회하게 만드는 것은
우리가 했던 일보다는 미처 하지 않은 일들이다.

01

자신의 약점을 빨리 파악하라

Key words _ 발음, 어휘, 문법, 열린 체계, 닫힌 체계

외국어를 잘하려면 발음이 문제인지, 어휘가 문제인지, 문법이 문제인지 빨리 파악해야 한다. 자신의 약점을 파악하는 일은 비단 외국어 공부에만 국한되는 이야기는 아닐 것이다. 상당수의 사람이 자신이 잘하는 것만 파고드는 데 비해, 성공한 사람들은 강점은 더 살리고 약점도 빨리 파악하여 적극 보완하는 데 남다른 노력을 기울인 사람들이라는 사실을 잊어서는 안 된다.

우리나라 고학력자들이 10년 이상 영어를 배우고도 외국 사람을 만나면 입도 뻥긋 못하는 첫 번째 이유는 외국인의 말을 알아듣지 못하기 때문이다. 비장의 무기로 외워 둔 영어를 몇 마디 하고 나면 상대방 외국인은 그가 영어를 잘하는 줄 알고 질문을 쏟아 내기 시작한다. 그런데 말이 들려야 계속 대답을 할 것이 아닌가! 이렇듯 듣기가 문제인 경우가 대부분인데 우리나라 사람은 자기가 영어로 말을 빨리 못하고 발음이 나빠서 외국인이 잘 못 알아듣는 것이 문제라고 생각한다. 우리나라 학생들의 영어 청취력이 세계 최하위권에 속한다는 신문 기사는 결코 과장된 것이 아니다.

외국어를 잘하려면 우선 언어의 체계를 이해해야 한다. 언어란 '닫힌 체계'의 문법과 '열린 체계'의 어휘로 구성되어 있다는 점을 명심한 후 다각적으로 공략해야 한다.

문법을 닫힌 체계라고 부르는 까닭은 일반적으로 문법은 '울타리'가 쳐져 있어, 다시 말해 그 내용이 한정되어 있어 일정 기간 배우고 나면 전체를 파악할 수 있기 때문이다. 반면 어휘는 시간이 지남에 따라 계속 변화하며 그 수가 증가하기 때문에 열린 체계라고 부른다. 그러므로 지속적인 노력을 기울여야만 어휘 실력이 향상될 수 있다. **꾸준한 듣기, 읽기, 쓰기, 말하기 노력만이 외국어 정복의 지름길이다. 이 책은 그 방법을 제시한다.**

02

문법을 꼭 해야 하나?

Key words _ 문법, 언어 사용법, 조립 방법, 닫힌 체계, 반복 연습

문법이란 어떤 언어를 사용하는 국민이 그 언어를 사용하는 습관이다. 그러므로 문법을 익힌다는 것은 어려운 법조문이나 수학 공식을 외우는 것이 아니라 어떻게 외국어를 사용하는가를 배우는 것이다.

외국어를 자동차에 비유하면 쉽게 이해할 수 있다. 영어라는 자동차는 일반적으로 8개 부품이 조립되어 이루어지는데 부품은 역할과 위치, 형태에 따라 명사, 대명사, 동사, 형용사, 부사, 전치사, 접속사, 감탄사 등이 있다.

자동차(영어)의 골격을 조립하는 방법은 크게 다섯 가지이다.

주어-동사
주어-동사-보어
주어-동사-목적어
주어-동사-간접 목적어-직접 목적어
주어-동사-목적어-목적 보어

골격을 구성하는 각 큰 파트를 조립하는 세부 방법도 알아둬야 된다.

예를 들어, 관사는 명사 앞에 온다. 이처럼 원어민들이 외국어를 사용하는 습관을 익히면 된다. 문법은 '왜 그러냐?'고 따지는 대상이 아니라 '아, 그렇구나' 하고 받아들이며 익혀야 하는 대상인 것이다. 조립 방법을 모르는 사람이 어떻게 자동차를 만들어 타고 다니며 구경을 할 수 있겠는가! 또 자동차를 재미있게 만들어 타고 다니며 즐기려면 자동차에 대해 잘 알아야 할 것 아닌가! 기름도 계속 넣어 줘야 할 것이다. 왜 자동차를 만들려면 조립 방법을 알아야 한다는 것은 인정하면서도 외국어를 통달하고자 하는 사람이 조립 방법인 문법을 게을리하려는가! 설명서에 자동차 조

03

어휘력을 늘리려면?

Key words _ 어휘력, 반복해서 외우기, 열린 체계, 기억, 단어장

시간이 흐름에 따라 변화하고 필요에 의해 계속 생성되는 어휘는 열린 체계에 속한다. 어휘력을 늘리기 위해서는 무엇보다도 자신이 읽은 글에서 나온 모르는 단어들을 반복해서 외우는 것이 최고의 방법이다. 어휘력을 늘리기 위한 책을 보고 단어만 따로 외우는 것은 특정 시험을 볼 때는 유리할지 몰라도 자신이 전후 상황, 즉 맥락 속에서 발견한 단어가 아니기 때문에 죽은 단어가 되기 쉽다. 제발 어휘만 따로 외우지 말라. 내일이면 아니 뒤돌아서면 잊어버린다. **글을 읽으면서 스스로 작성한 단어장을 들고 외우되 같은 단어를 사흘 이상 반복하여 외운다.** 즉 매일 새로운 단어와 함께 며칠 전에 이미 외운 것도 반복해 외우면 상당히 효과적이다.

써 놓은 글씨도 시간이 지나면 빛이 바래는데 심지어 형상도 없이 머릿속에 고여 있는 어휘력은 더욱 사라지기 쉽다. 단어를 외울 때는 영어 단어와 그 뜻을 한꺼번에 보지 말고, 뜻 부분을 종이나 손으로 가리고 일단 해당 단어가 무슨 뜻인지 기억해 내려고 노력한 다음 가렸던 부분을 확인해 보는 것이 더 오래 기억에 남는다.

궁금해요

Q 영어 단어를 외우려고 집에 있는 단어장을 봤습니다. proposal 제안, probe 조사하다, dislike 싫어하다. 하루에 100개씩 이런 식으로 보고 있습니다. 그런데 교수님, 이런 방법 말고 영영사전에 나와 있는 문장들을 통해 단어를 익히는 게 더 효과적인지 궁금합니다. 물론 단어장을 보면 시간이 절약되겠지만, 영어식 사고를 하는 데 혼란을 줄 것 같기도 하고, 모르겠습니다.

A 단어장을 보고 익힐 수도 있겠지만 들인 노력에 비해 잊어버리기도 쉽습니다. 가능하면 맥락 속에서 그 뜻을 익힌 후 단어장에 정리해 놓은 다음 며칠 주기로 계속 반복하여 익히세요. 더 효과가 있습니다.

Q 영영사전을 뒤지다 보니 한 단어에도 수많은 뜻이 있었습니다. 이 수많은 뜻 중에 하나만 보나요, 아니면 맨 위의 것만 골라서 보나요?

A 자신이 읽고 있는 글의 맥락을 살펴가며 부합되는 뜻이 나올 때까지 보세요. 경우에 따라서는 첫 번째일 수도 있고 어떠한 경우에는 두세 번째이기도 합니다. 외국어 학습은 인내심을 요합니다. 때로는 더뎌도 누가 대신 못해 주고 자신이 다해야 합니다. 내 몸에 밴 실력이어야 필요할 때 실제 상황에서 사용할 수 있습니다.

Q 문맥 속에서의 뜻이라는 것이 단순히 그 문장의 내용을 이해하는 것인지 아니면 교수님이 영영사전을 통해 익히라는 영어의 틀을 익히라는 건지 궁금합니다.

A 문맥이란 글의 앞뒤를 보고 단어 하나만 보는 것이 아니라 어휘가 사용된 전체 앞뒤를 함께 보는 것을 말합니다. 어떤 단어도 혼자 사용되는 것이 아니라 상황과 맥락 속에서 사용되기 때문입니다. "항구에 배가 들어왔어(이 경우 타는 배)", "배가 맛있어(먹는 배)" 등 우리는 늘 앞뒤 맥락을 보고 뜻을 파악합니다.

04

발음이 문제예요?

Key words _ 악센트, 커뮤니케이션 걸림돌, 억양, 어조, 언어의 멜로디

사춘기 이후 외국어를 배운 사람들 중 특히 발음에 자신이 없다는 얘기를 하는 사람이 많다. 하지만 원어민과 똑같이 발음하지 못해도 의미를 이해하는 데 지장이 없을 정도라면 의사소통에는 아무 지장이 없다. 미국의 국무장관을 지낸 헨리 키신저 박사의 예는 시사하는 바가 많다. 키신저 박사는 사춘기를 독일에서 보내고 미국으로 이민 갔기 때문에 영어로 말할 때 독일어 악센트가 강하게 남아 있지만 항상 유려한 표현으로 청중을 사로잡았기 때문에 그의 영어가 문제가 된 적이 없다.

외국어에는 우리말에는 없는 발음이 있기 때문에 외국어를 배우는 초기 단계에서 발음을 구별하는 데 어려움을 겪는 것은 당연하다. 예를 들면 r과 l, f와 p, v와 b, s와 th 같은 발음을 구별하는 데 어려움을 느끼는 사람이 많다.

국내 대기업에 근무하는 한 팀장이 하루는 학교 연구실로 전화를 했다. 국제회의를 개최해야 하는 데 처음이라 잘 모른다며 이것저것 묻더니 "을레이트는 어떻게 되나요?" 하는 게 아닌가? '을레이트? 가만 있자, 이게 무슨 소리지?' 맥락으로 파악해 보니 통역 요율, 즉 rate를 묻는 것이었는데 발음을 잘못해 late로 들린 것이다. r 발음은 혀가 입천장에 닿지 않고 오므려서 울려내는 소리로 r로 시작되는 단어를 발음하기 전에 '우'를 붙여서 발음하면 효과적이다. l은 혀가 입천장에 살짝 닿으며 나는 소리로 l로 시작되는 단어를 발음하기 전 '을'을 붙여서 발음하면 된다.

상당수의 한국인들이 잘못 발음해 혼동을 일으키거나 다른 뜻으로 이해하는 단어가 또 하나 있다. 'region(지역)'이 좋은 예다. '리즌'으로 발음해 원어민들이 'reason(이유)'으로 알아듣고는 문맥상 의아해 한다. 내 'region' 발음이 'reason'은 아닌가, 원어민과 맞닥뜨려 실수하기 전에 빨리빨리 체크해 보고 고치자.

발음에 대해 장황하게 설명할 생각은 없지만 이렇듯 상대방이 말뜻을 이해하는 데, 즉 커뮤니케이션을 하는 데 걸림돌이 되는 발음은 반드시 고쳐야 한다.

여기서 짚고 넘어가야 할 것은 악센트와 발음의 차이이다. 한국 사람이 한국식 악센트(한국인들이 말하는 습관, 억양 inflection, 어조 tone, 말하는 가락과 멜로디 등을 뜻한다)가 있는 것은 괜찮지만 발음이 잘못되면 문제다. 그리고 한국식 악센트가 있는 사람이 너무 굴리면서 말하거나 억지 발음을 하면 오히려 더 어색하고 가식적으로 들린다. 예를 들어 한국 말에서는 분명 'p'라는 발음이 있는데 napkin을 발음할 때 'nafkin(내흐킨)'으로 또 러시아를 평정한 한국 과자류의 자존심 초코 pie를 초코 fie(화이)로 억지 발음 하는 사람이 의외로 많다.

궁금해요

Q 처음 외국어를 공부할 때 발음기호부터 공부하는 것에 대해서 어떻게 생각하십니까? 그리고 발음기호를 어떻게 공부하는 것이 효과적인가요?

A 발음기호를 알고 시작하는 것이 좋습니다. 물론 언제부터 배우느냐에 따라 다소 차이는 있으나 사춘기 이후 혼자 외국어를 익힐 경우 기본을 알고 하는 것이 도움이 됩니다. 발음은 큰소리로 제대로 된 발음을 따라 하는 것이 많은 도움이 됩니다. 요즈음은 전자 사전들이 잘 만들어져 있어 원어민 발음들을 직접 들을 수 있습니다. 원어민과 똑같이 발음하는 것을 목표로 한다면 만족스럽지 않을 수도 있으므로 정확한 발음에 역점을 두는 것이 좋습니다. 외국어 사용의 최종 목표는 의사소통이지 않습니까?

Q 발음을 따라 하다 보면 기능어 같은 경우는 거의 들리지 않던데요. 실제로 거의 들리지 않는 것인지 아니면 아예 발음을 원어민들이 하지 않는 것인지 궁금합니다. 예로 "How've you been?"이 "How you been?"으로 들리는데 똑같이 "How you been?"으로 발음해야 하나요, 아니면 "How've you been?"으로 발음해야 옳은 것인지요?

A 자연스럽게 발음이 되면 그대로 하면 좋습니다. 하지만 특정 부분에서만 그렇게 되고 나머지 부분에서는 안 된다면 다 발음을 해서 전체를 한 덩어리로 하는 것이 좋습니다. 일부분만 원어민같이 하는 것보다 전체가 같은 형태로 발음되는 것이 좋습니다. 원어민같이 하는 것이 중요한 것이 아니라 상대방이 알아들을 수 있는 정확한 발음이 관건입니다.

05

감(感)으로는 더 이상 안 된다

Key words _ 수동적인 지식, 능동적인 지식, 알아보는 단계, 아는 단계, 전환

사람들은 보통 어떤 외국어 표현을 듣고 즉시 이해하면 자신의 외국어 수준이 상당하다고 속단하는 경향이 있다. 하지만 막상 말할 기회가 왔을 때 써먹으려면 도무지 생각이 나지 않는 경험을 누구나 가지고 있을 것이다. 이 경우 자기가 이해한 영어 표현은 수동적인 지식으로 남아 있을 뿐 '능동적인' 지식으로 전환되지 않은 것이다. 다시 말해 그 표현을 '알아듣고 알아보는' 것이지, 진정 '아는' 것은 아니라는 얘기다.

그렇기 때문에 막상 외국인을 만나 "점심때 뭐 먹었어요?"와 같이 매우 간단한 말을 물어보려고 해도 그 쉬운 표현인 "What did you have for lunch?"가 제대로 생각이 안 나고 '먹다'니까 단순히 'eat'를 떠올리면서 "What did you eat for lunch?"라고 말하게 되는 것이다. 문법적으로 틀리지는 않지만 원어민들이 쓰는 자연스러운 표현이 아니다. 영어권 사람들이 "what did you have for lunch?"라고 질문을 했을 때 그 말을 알아듣고"hamburger"라고 답할 수 있다고 만족한다면 그 이상의 발전을 기대하기는 힘들다. 여기서 중요한 것은 단순히 알아듣는 단계에서 나아가 필요할 때 꺼내 쓸 수 있도록 능동적인 지식으로 전환하는 것이다. 매일매일 축적되는 언어 지식들이 과연 능동적인 지식으로 전환되어 있는가를 확인해 보고 부족한 점이 있다면 끊임없이 보완하려는 노력을 해야 한다.

햄버거를 먹었다고 말을 할 때도 사람들은 그냥 "hamburger"라고 하는 데 물론 뜻은 통하지만 정확한 표현은 아니다. "a hamburger"라고 해야 옳은 표현이다. "점심때 뭐 먹었어요?"라는 질문에 우리말로 "햄버거" 하면 되지 굳이 "햄버거 하나"라고 할 필요가 없다. 오히려 듣는 사람은 '언제 두 개 먹었다고 했나'라는 생각이 들 수도 있다. 그러나 영어로 말할 때는 일반적으로 명사 앞에 관사가 온다. 외국어 문법이란 별게 아니다. 앞서 언급했듯이 그 나라 사람이 그 나라 말을 사용하는 습관

아닌가! 평상시 대화에서도 "a hamburger"까지 듣는 것을 목표로 해야 한다. "들어라, 그러면 들릴 것이다!"

그러므로 그저 알아보는 것 같은 '감(感)'으로 자신의 외국어 수준을 자랑하지 말고 자신이 정말로 아는 것인지를 계속해서 검증해야 한다. 대부분의 사람들은 책이나 신문을 읽을 때 혹은 TV를 보거나 라디오를 들을 때 뜻이 무엇인지만 파악하려 할 뿐 그 내용이 어떻게 표현되었는지를 제대로 기억하지 못한다. 그렇지만 외국어를 잘하려면 전체적인 의미 파악은 물론 영어 표현까지 정확하게 알고 기억하려고 노력해야 한다. 그래야만 나중에 현장에서 직접 '써먹을 수' 있다.

궁금해요

Q 요즘 AP뉴스를 받아쓰기 하고 있는 대학생입니다. 3분 정도의 그리 길지 않는 길이지만 시작한 지 얼마 되지 않아 잘 알아듣지는 못합니다. 특히 a, the 등의 관사나 has, have, will, would 등의 조동사 그리고 접속사 등은 아주 약하게 발음되거나 거의 들리지 않는 경우가 많습니다. 어떻게 해야 할까요?

A 사춘기 이후 외국어를 익힌 사람들이 가장 힘들어 하는 부분이 바로 관사들입니다. 잘 안 들리고 감으로 하기엔 역부족이기 때문입니다. 우선 문법 실력을 다지는 것이 중요합니다. 그다음 수많은 경우의 수를 접해 보도록 노력해야 합니다. 그래도 원어민과 같은 감각은 어렵지만 많은 성과를 거둘 수는 있습니다.

Constant dropping wears away a stone.

낙숫물이 댓돌을 뚫는다.

06

짚고 넘어가야 할 우리의 현 상황

Key words _ 영어, 공용어, 의사소통, 외국어 교육방법, 실용성

외국어를 익히는 구체적인 방법을 소개하기 이전에 우리에게 상황적 한계가 있음을 말해야겠다. 크게 두 가지를 들 수 있는데 첫 번째는 현실적인 한계이고 두 번째는 교육 방법이다.

우선 현실적인 이유를 살펴보자. 우리나라는 인도나 필리핀과 같은 나라와는 달리 한국어를 모국어로 쓰고 있으며 영어의 경우 외국어(foreign language)로 배우고 있다. 반면 인도나 필리핀의 경우에는 영어를 공용어(official language)로 쓰고 있다. 인도의 경우 영국으로부터 독립한 1947년부터 모든 행정 서류가 공용어인 영어(official communication language)와 힌디어(national language)로 되어 있을 뿐 아니라, 18개 주요 언어(major languages)와 844개의 방언(dialects)이 사용되고 있어 서로 다른 부족 간 공용어를 사용하지 않으면 의사소통이 어렵고 나아가 일상생활이 불가능하다. 현재로서 우리나라에서는 영어가 외국어이므로 어쩔 수 없는 한계지만 앞으로 글로벌화에 힘입어 나아지리라고 생각한다.

두 번째로 외국어를 시작하는 시기와 외국어 교육 방법이다. 우리나라는 최근에야 초등학교 3학년부터 학교에서 영어를 가르치기 시작했다. 그동안의 문법, 독해 등 읽기 위주의 교육에서 탈피해 회화 등 커뮤니케이션, 즉 의사소통 중심으로 교육 방법이 전화되고 있는 것은 고무적인 일이다. 지금 초등학교에 입학한 아이들은 공교육을 통해 가능성이 어느 정도 열려 있지만, 이 책을 읽을 대부분의 독자들은 의사소통 위주의 교육을 받지 못한 상태이다.

우리가 처한 현 상황을 탓해 봐야 무슨 소용이 있나? 현실은 현실로 받아들이고 해결 방안을 찾는 것이 현명하다. 자, 그렇다면 우리의 이러한 외국어 한계를 어떻게 극복할 것인가?

이제 외국어 교육 방법이 실용성이 관건인 의사소통 위주로 바뀌고 있다. CNN과 같이 널려 있는 대중매체나 인터넷을 활용하여 쉽게 영어를 접할 수 있을 뿐만 아니라, 우리도 세계를 보고 또 우리를 보는 외부의 시각도 알 수 있어 제대로 된 세계관도 가질 수 있다. 외국어를 저절로 익히게 되고, 외국어를 수단으로 사용하여 직접 세계를 바라보는 눈을 갖게 되니 맛이 다르고 또 그 효과는 배가 된다. 그러므로 앞서 언급했듯이 커뮤니케이션에 중점을 둔 외국어 익히는 방법을 구체적으로 소개하고자 한다.

최정화식 외국어 통달법이란?

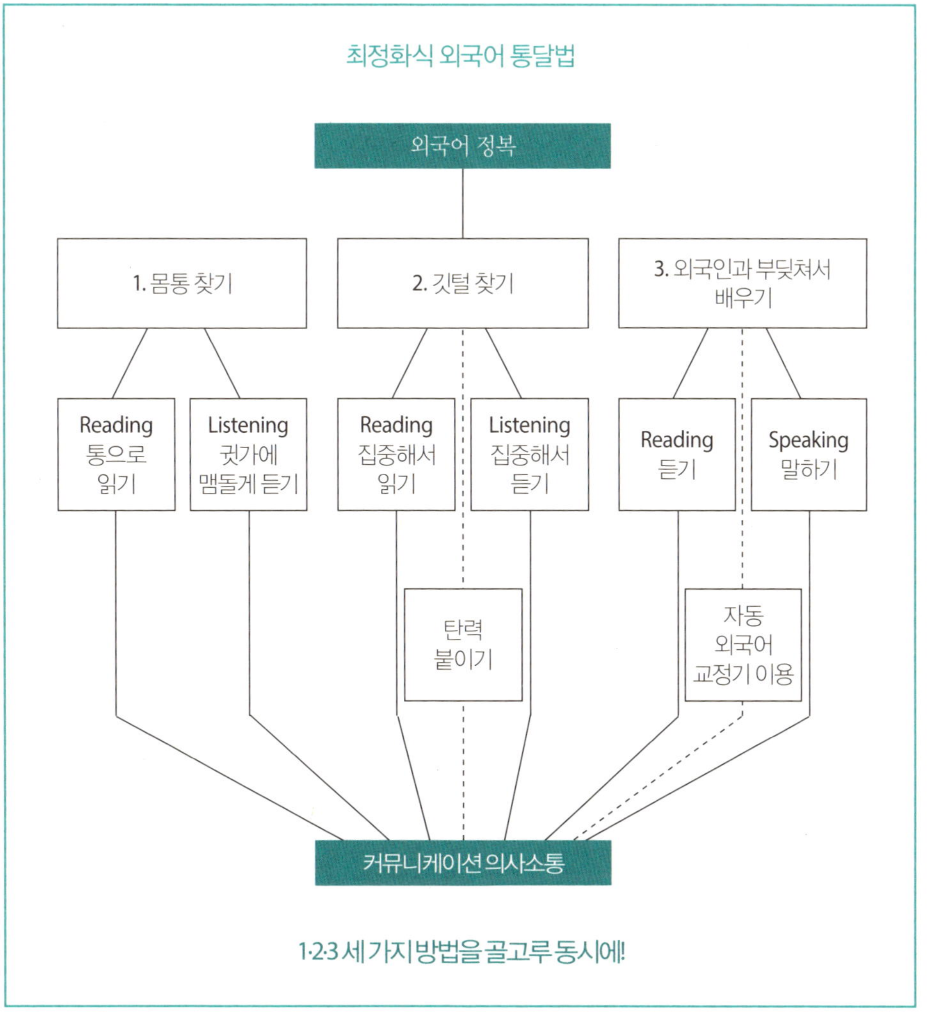

몸통 찾기

몸통 찾기는 어떻게 하나요?

Reading

01

통으로 읽기

Key words _ 흘려 읽기, 전체 뜻 파악, 문어체, 구어체, 관심 분야 글

외국어를 잘하려면 우선 책을 많이 읽어야 한다. 여기서 중요한 것은 사전을 보지 않고 쭉 읽어 나가면서, 즉 흘려 읽으며 전체의 뜻을 파악하는 '몸통 찾기'이다.

처음에 모르는 단어가 많이 나오더라도 개의치 않고 계속 읽어 나가면 글의 맥락과 표현 방식에 점차 익숙해지게 된다. 전체적인 뜻을 파악하는 연습을 하면 빠르고 즉각적인 이해력이 저절로 길러진다.

아무리 바쁘고 힘들더라도 1, 2주에 한 권씩 여러 분야의 책을 골고루 읽으면 언어 지식은 말할 것도 없고 언어 외적인 주제 지식까지도 보너스로 얻을 수 있으니 그야말로 일석이조의 효과이다. 외국어를 잘하는 것도 좋지만 우선 자신이 하는 일이 재미가 있어야 오랫동안 할 수 있다.

:: 어떤 글을 어떻게 읽을까?

처음 읽는 외국 소설이 딱딱하고 어려우면 지레 겁을 먹거나 흥미를 잃게 되므로 쉽게 빠져들 수 있는 재미있는 책부터 읽으면 좋다. 주위에서 쉽게 구할 수 있는 《Newsweek》나 《Time》지도 좋고 어려우면 그림이나 사진이 많은 패션 잡지부터 봐도 좋다. 기사를 읽을 때 일반 문어체가 너무 딱딱해서 잘 이해가 안 되면 구어체의 비교적 쉬운 인터뷰 기사를 먼저 읽는 것이 바람직하다.

인터뷰 기사들처럼 쉬우면서도 중요한 여러 표현을 담고 있는 기사를 자주 접하는 것이 좋다. 다음에 설명할 '집중해서 읽기'의 필수 과정인 능동적인 지식으로 만들기에도 알게 모르게 많은 도움이 된다. 인터뷰 표현에 대한 세부 설명을 곁들인 이유는 문어체보다 구어체 표현이 일반적으로 쉽고 나중에 써먹을 수 있는 표현이 많다는 것을 보여 주기 위함이다. '통으로 읽기' 과정에서는 표현 하나하나에 신경 써 가며 읽는 것이 아니라 쭉쭉 읽어 나가며 대의를 파악하는 것, 즉 몸통 찾기가 핵심이다.

:: 관심 분야의 글을 읽어라

재미있으면 쉽게 읽힌다. 흥미진진한 글이면 어떤 내용이어도 좋다. 외국어를 잘하려면 우선 외국어로 쓰여진 글을 많이 접하고 읽어야 하는 것 아닌가? 스포츠를 좋아하는 사람이면 축구, 테니스, 골프에 관한 외국어 책이나 잡지를, 영화를 좋아하는 사람이면 외국어 영화 잡지를, 한마디로 자기가 흥미 있어 하는 글을 찾아 읽으면 효과적이다. 만화면 또 어떤가?

위선의 가면을 벗어던져야 외국어를 잘할 수 있다. 시사 문제에 관심도 없으면서 영어 시사 주간지를 폼으로 들고 다니지 말라. 연예 기사에 관심이 많다면 《People》, 《Us》, 《Hello》, 《Vanity Fair》, 《OK!》와 같은 잡지가 영어 실력을 늘리는 데 훨씬 도움이 된다. 또 《Cosmopolitan》, 《Elle》, 《Vogue》 같은 가벼운 잡지들도 재미 삼아 읽기에 부담 없다.

:: 무슨 책을 읽을까?

여기서 짚고 넘어가야 할 것은 외국어로 적힌 신문이나 잡지라고 다 좋은 것은 아니라는 점이다. 내가 파리에서 유학을 하던 당시 영어권 교수님들은 이왕이면 '신빙성'이 있는 좋은 글을 읽어 보라면서 영어 신문으로는 《International Herald Tribune》을, 잡지로는 《The Economist》를 정독하라고 권하셨다. 프랑스어권 교수님들은 신문으로는 《Le Monde》, 잡지로는 《L'Expres》와 《Le Point》, 《le Nouvel Observateur》를 추천해 주셨다.

나의 경우 추리 소설을 좋아하기 때문에 짬이 나는 대로 영어와 프랑스어로 된 추리 소설을 읽는다. 영어는 추리 소설의 고전이라고 할 수 있는 애거사 크리스티 소설을 모조리 읽었으며, 존 그리샴의 법정 스릴 소설『그래서 그들은 바다로 갔다』와『의뢰인』 등 가벼운 흥미 위주의 소설을 나오는 대로 구해 읽었다. 추리 소설을 탐독한 덕에 인수 합병(M&A) 분야 통역이나 고엽제 사건 번역을 총괄할 때 많은 도움이 되었다. 눈에 띄는 대로 익혀 두면 언제고 활용할 기회가 생긴다. 최근에는『다빈치 코드』와 로버트 그린의『권력의 법칙』, 로버트 기요사키와 샤론 레흐트가 같이 쓴『부자 아빠 가난한 아빠』, 게일 에반스의『남자처럼 일하고 여자처럼 승리하라』 등을 재미있게 읽었다. 조만간 이 책들을 읽으며 익혀 둔 경영·관리 부분의 어휘들을 사용할 기회가 생길 것 같은 예감이다. 프랑스어 소설로는 심농의 추리 소설을 즐겨 읽었다.

나도 처음에는 무슨 뜻인지 제대로 파악도 못한 채 단지 페이지를 넘기는 재미에 원서를 읽었다. 그래도 계속 읽다 보면 숲이 보이고 대의가 잡힌다. 모르는 단어가 줄줄이 나온다고 초조해 하지 말고 꾸준히 읽는 것이 무엇보다 중요하다.

:: 모르는 단어를 두려워하지 말라

특히 어휘력이 부족한 경우 모르는 단어가 많이 나오면 사전을 찾고 싶은 유혹을 더 강하게 느끼게 된다. 그러나 몸통 찾기로 읽을 때는 모르는 단어가 있어도 사전에서 그 즉시 찾으면 안 된다. 사전을 찾다 보면 한 시간이 지나도 몇 문단 못 읽게 된다. 사전만 뒤적이다 시간을 다 보내게 되는 것이다. 자연히 내용 파악이 안 되니 흥미는 떨어지고 그토록 갈망하는 영어 실력은 제자리걸음을 면할 수 없다.

우리는 신문을 볼 때 모르는 한자가 나온다고 일일이 옥편을 찾지 않는다. 영어도 마찬가지다.

모르는 단어가 나오면 글의 맥락 속에서 그 뜻을 유추하려고 노력하라. 그러다 보면 자신도 모르는 사이에 고도의 상상력을 동원한 지적 작업이 이루어져 나중에라도 쉽게 단어를 익힐 수 있다. 고민 없이 사전에서 쉽게 그 뜻을 알아낸 단어는 쉽게 잊어버리지만 단어의 뜻을 상상력을 동원해 숙고하다가 나중에 사전을 찾아 그 뜻을 알게 되면 그 단어는 오랫동안 기억하게 된다.

몸통 읽기를 할 때 모르는 단어가 나오면 그냥 연필로 줄을 치고 넘어가면 된다. 하루에 정한 분량을 다 읽은 후 줄 쳐 놓은 단어를 영영사전에서 찾아본다. 영영사전으로도 도무지 뜻을 감 잡을 수 없다면 핵심 단어는 영한사전을 찾아봐도 된다.

외국어 학습의 동인(動因)은 '즐거움'이다. 영영사전이 가장 좋은 방법이지만 계속 찾아도 의미를 파악할 수 없는 수준이라면 영한사전이라도 찾아서 감을 잡아야 재미를 느낄 수 있다. 재미가 있어야 영어 책을 계속 읽어야겠다는 욕구가 생긴다. 학습 효과가 크다고 영영사전만 붙잡고 있을 수는 없다. 그러나 영영사전을 찾다 보면 꼬리에 꼬리를 물고 찾게 되고 그러다 보면 여러 가지 표현을 익힐 수 있는 장점이 있다. 외국 영화도 마찬가지다. 자막에 의존하지 않고 보는 것이 가장 좋지만 영화를 아무리 봐도 잘 들리지 않아 무슨 스토리인지 감을 잡지 못하면 더 이상 영화를 보고 싶은 마음이 사라진다. 이런 경우 차라리 살짝 살짝 한글 자막을 보면 스토리 이해에 도움이 된다. 체한 부분이 뚫리고 아! 이렇게 번역했구나 하며 또 배울 수 있는 것이다.

궁금해요

Q 통으로 읽기를 할 때, 소리 나는 대로 즉 발음을 읽으라는 건가요, 아니면 문장 하나하나의 뜻을 이해하는 건가요? 문제는 읽다 보면 어느덧 소리 나는 대로 읽고 있습니다. 그래서 다 읽고 보면 머릿속에 남는 것이 별로 없습니다.

A 통으로 읽기는 모르는 단어가 나와도 그냥 쭉쭉 읽어 나가는 것이 좋다는 뜻입니다. 흘려 읽으며 큰 흐름을 파악하는 것입니다. 그다음 집중해서 읽기인 깃털 찾기에서 표현 하나하나까지 신경 써서 읽으면 되는 것입니다. 몸통 찾기에서 숲을 보고 깃털 찾기에서 나무를 보는 것입니다. 읽고 난 후에 머리에 큰 줄기만 남아도 몸통 찾기 초기 단계에서는 괜찮습니다. 중요한 것은 깃털 찾기를 병행하여 하나하나 다지는 단계를 함께하는 것입니다. 무조건 하려 들지 말고 자신이 관심이 많은 분야의 글을 우선적으로 읽고 들으려 하는 것이 좋습니다. 관심이 가는 주제에 대해서는 기본적인 호기심으로 보다 쉽게 이해할 수 있습니다. 조바심 갖지 말고 조금씩 익혀 나가다 보면 잘 이해하게 되고 그러다 보면 영어를 대하는 것이 즐거워집니다.

02

외국어책 어디서 구입해 언제 읽나?

Key words _ 대형 서점, 원서, 인터넷 서점, 아마존, 공항 서점, 규칙적 습관

요즈음은 예전과 달리 서울 시내의 대형 서점에서 각종 원서를 쉽게 구할 수 있을 뿐 아니라, 아마존(www.amazon.com) 등 인터넷 서점도 국내 서점처럼 쉽게 이용할 수 있다. 아시아에서는 특히 홍콩, 싱가포르 등 영어권 공항 서점에서 한창 인기 있는 영어 책들을 쉽게 구할 수 있다.

일반 서점에서는 몇 쪽 뒤적이는 정도에서 그치지만, 인터넷 서점에서는 저자 소개는 물론 각종 서평을 볼 수 있고 가격도 저렴해 여러모로 경제적이다. 인터넷 서점은 일반 쇼핑몰과는 달리 회원 가입을 하지 않아도 책을 살 수 있다. e-메일 주소, 이름, 전화번호, 받을 주소 등을 기입하면 된다. 인터넷 서점은 작가, 책 제목, 주제, 출판사 ISBN(International Standard Book Number/국제표준도서번호)으로 검색할 수 있다는 장점이 있다. 이 중 하나만 알아도 아마존 정글에서 찾아낼 수 있다. 검색을 하면 리스트가 나오고 책마다 제목, 저자, 발행 연도, 표지 종류, 가격 등이 소개된다. 외국 서적은 딱딱한 양장 표지의 하드 커버와 문고 형식의 페이퍼백으로 표지 종류에 따라 가격이 다르다. 원하는 책을 찾았으면 우측 상단의 카트에 담기(Add to Shopping Cart)를 클릭한다. 여러 권 사고 싶으면 다시 서적 코너로 돌아가고, 결제를 하려면 결제 버튼(Proceed to checkout)을 클릭하면 된다.

e-메일을 입력하는 난에 대해 잠시 살펴보기로 하자. e-메일 주소를 입력하고, 처음 방문한 사람은 신규 고객(I am a new customer)임을 확인한 후 사인 버튼(sign in using our secure server)을 누른다. 이름과 주소를 입력하는 난이 나오면 영어로 기입한 다음 확인 버튼(Continue)를 누른다. 그다음 배달 방법을 고르는 배달 화면이다. 배달 시간에 따라 기본(standard Shipping), 항공(World Mail), 특급(International Priority)이 있다. 배달 방법을 선택한 후 결제를 할 수 있는데 결제 시에는 패스워드가 필요하므로 설정한 후 기억을 해 두어야 한다. 아마존에서는

카드 결제만 가능하며 카드 종류, 번호, 유효 기간 등을 입력한 후 주문 확인 버튼(Place Your Order)을 누르면 된다. 인터넷 서점으로 제 집에서 원서와 CD를 구입하는 일은 자장면을 시켜 먹는 일처럼 쉬워졌다.

참고로, 국내 주요 인터넷 서점 주소는 다음과 같다.

- 교보문고(kyobobook.co.kr)
- 예스24(Yes24.com)
- 알라딘(aladin.co.kr)
- 인터파크(book.interpark.com)
- 영풍문고(ypbooks.co.kr)

그렇다면 바쁜 하루 일과 중에 언제 읽는 것이 좋을까? 나의 경우는 학교에서 돌아와 샤워와 식사를 한 뒤 읽고 싶은 책을 집는다. 뭐든지 시작이 힘들지, 일단 시작만 하면 그다음부터는 할 만하다. 단 30분이라도 규칙적으로 읽는 습관을 들이는 것이 중요하다. 지하철로 출퇴근하는 직장인들이나 학생들은 그 시간대를 활용하면 좋다. 사람이 너무 많아 도저히 책을 펼쳐 들고 읽을 수가 없다면 워크맨을 끼고 듣기 연습을 해도 좋다. 무엇보다도 시간 나는 대로 자신이 배우려는 외국어와의 지속적인 '만남'을 갖는 것이 중요하다.

외국어 배우기는 이성 교제와 같은 단계를 거친다. 처음 만날 때 대담한 용기가 필요하고, 관계가 발전하기 위해서는 지속적인 관심과 애정을 쏟아야 하는 것이다. 남녀 간에도 자주 오랫동안 만나야 '결실'을 맺을 수 있지 않은가? 하물며 외국어라는 '이방인'을 정복하기 위해서는 더 많은 시간과 노력을 투자해야 하지 않을까?

몸통 찾기 연습 핵심 정리

초급 | 무엇보다 영어에 흥미를 붙이는 것이 급선무이기 때문에 글이 많은 책이나 잡지는 피한다. 비주얼한 자료, 예를 들면 만화나 사진, 그림 등이 있어 내용을 파악하는 데 도움을 줄 수 있는 잡지나 책을 읽도록 한다.

중급 | 흥미 위주의 잡지, 인터뷰 기사, 재미 있는 소설책을 중심으로 매일 30분 정도 읽으며 내용 전개에도 신경을 쓴다. 정해 놓은 양을 다 읽은 후 모르는 단어를 영영사전에서 찾는다.

고급 | 소설책을 매일 30분 이상 읽는다. 모르는 단어에 얽매이지 말고 많은 양을 읽도록 노력한다.

Remember that the more you know, the less you fear.
아는 것이 많을수록 두려움이 적어진다는 사실을 기억하라.

01

귓가에 맴돌게 듣기

Key words _ 멜로디에 익숙해지기, 맴돌게 듣기, 외국어에 노출, 방송, 인터넷

아침에 일어나면 무조건 TV나 라디오를 켜 놓고 회사나 학교에 가기 전까지 필요한 외국어에 귀를 노출시켜라. 이렇게 하면 집중해서 듣지 않아도 외국어의 멜로디에 익숙해지는 데 도움이 된다. 크게 정신 집중을 요하지 않는 일을 할 경우에는 늘 라디오나 TV를 켜 놓아 그 외국어가 맴돌게 하는 것이 중요하다.

영어의 경우는 CNN이나 BBC 방송, 프랑스어는 F2, TV5 방송, 일본어는 NHK 방송이 추천할 만하다. 나의 경우에는 다림질을 할 때, 집 안을 정리할 때, 식사 준비를 할 때 늘 외국어 방송을 켜 놓는다.

얼마 전 한 일간지에서 이런 기사를 읽었다. 아이에게 매일 영어 테이프를 틀어 주었더니 40개월 된 아이가 아버지의 질문에 정확한 영어로 답을 했다고 해서 천재가 아닌가 하고 온 집안이 한바탕 소동을 벌였다고 한다. 굳이 천재가 아니더라도 아이는 늘 외국어를 듣는 환경에서 자라면 말을 자연스럽게 하게 되어 있다. 성인도 지속적으로 외국어에 노출되어 있으면 우선 그 언어의 멜로디에 익숙해지고 그다음 내용까지 들리게 된다.

꼭 집중해서 뜻을 파악해 가며 듣는 방법만이 효과적인 청취 훈련은 아니다. 요즈음은 각 가정에 많이 설치되어 있는 케이블 TV를 이용해도 좋고 인터넷을 통하면 무궁무진한 채널을 접할 수 있다. 인터넷 검색만으로 원하는 언론사나 방송사에 바로 접속이 가능한, 실로 편리한 시대에 살고 있다.

무심결에 귓가에서 맴도는 외국어 멜로디는 당장에는 효과가 없는 듯 보이지

만 장기적으로는 자연스러운 외국어를 구사하는 데 결정적인 역할을 한다.

문법적으로는 완벽한 영어를 구사하는 데 무슨 이유에서인지 영어처럼 들리지 않는 사람이 있다. 영어가 귀에 맴돌도록 듣기가 충분히 이루어지지 않아 영어의 멜로디를 파악하지 못했기 때문이다. 한 언어의 멜로디를 익히는 것은 노래를 할 때 음정을 맞추는 것과 같다. 박자는 맞는데 음정이 틀리면 어떨까 상상해 보면 언어의 멜로디가 얼마나 중요한지 알 수 있을 것이다. 그저 자나 깨나 통달하고 싶은 외국어에 귀가 노출되도록 하라.

TV가 외국어 교육에 미치는 영향은 지대하다. 네덜란드나 덴마크 같은 나라에서는 국내 방송에서 재미있는 영어 드라마를 방영하고 있다. 화면에 자막이 나오면서 대사는 영어를 그대로 들려주는 것이다. 뉴스 시간에도 CNN, NBC 같은 미국 뉴스 프로그램이 중요한 부분을 차지하고 있다.

하루아침에 귀가 '뻥' 하고 뚫리지는 않는다. 가는 빗줄기가 언젠가는 바위에 구멍을 뚫듯이 각고의 노력을 하면 자신도 모르는 사이에 서서히 귀가 뚫린다. 이것은 직접 경험해 보지 않은 사람은 실감하지 못할 것이다.

궁금해요

Q 외국어를 공부할 때 '귀가 트인다'는 말을 듣는데 '귀가 트인다'는 것은 무슨 뜻인지요? 원어로 하는 TV 방송을 볼 때 모든 단어를 다 알아들을 수는 없어도 전체적인 방송의 내용과 흐름을 알아들을 수 있고 뜻은 모르지만 원어민이 하는 발음은 알아들어서 사전을 찾아보며 의미를 체크하는 정도도 귀가 트였다고 말할 수 있는 단계인가요?

A 네, 소리가 들리고 의미가 포착이 되는 단계를 말합니다. 물론 소리는 들리나 뜻을 모르는 단어들도 있겠지만 대부분의 소리들이 들리고 이해도 어느 정도 되는 것을 뜻합니다. 우리가 의사소통을 하는 상황은 실로 다양하므로 특정 분야에 한해 들리는 것은 곤란합니다. 처음에는 본인의 관심 분야에서 시작해도 여러 분야로 듣기, 읽기, 말하기 대상을 넓혀 가는 것이 중요합니다.

Never underestimate your power to change yourself.
당신을 변화시킬 수 있는 당신의 힘을 과소평가하지 말라.

02

하면 된다!

Key words _듣기 훈련, 국내파, 방송, 자연 습득, 외국어에 노출

듣기 훈련의 모범으로 내가 자주 소개하는 제자가 있다. 한때 KBS TV 〈9시 뉴스〉의 영어 음성 다중 방송 동시통역을 맡았던 한 제자는 통번역대학원에 입학하기 전 수년 동안 하루에 10시간씩 AFKN 방송과 '연애'했다고 한다. 그러다 보니 운동을 할 시간이 없어 살이 찌고 애인도 못 사귀었지만 대신 영어 실력이 하루가 다르게 늘어나 마냥 즐거웠다고 한다. 자기가 좋아하는 일을 하니 솟구치는 그 즐거움을 무엇에 견주랴! 그 덕에 미국이나 영어권 지역에 한 번도 가 본 적이 없지만 미국에서 여러 해 살다 온 사람보다 더 정확한 영어를 구사한다. 당시 영어 뉴스 담당자 중 유일하게 영어권에서 생활한 경험이 없는 통역사임에도 불구하고 실력은 결코 남에게 뒤지지 않았다. 요즈음은 모교인 한국외국어대학교 통번역대학원에서 강의를 하고 있으니 역시 한 분야를 열정적으로 하다 보면 좋은 결과를 낳는 것 같다.

외국어는 하기 나름이다. 아무리 지능이 뛰어난 아이를 훌륭한 시설을 갖춘 도서관에 데려다 놓아도 누군가가 글을 가르쳐 주지 않으면 그 아이는 결코 글을 읽지 못할 것이다. 그러나 그 아이에게 계속 외국어를 들려주면 어떠한 교육이 없어도 그 언어를 자연 습득하여 말할 수 있게 된다. 틈만 나면 라디오나 TV를 켜 놓아 외국어를 충분히 들을 수 있는 환경을 조성하라. 일조량이 부족하면 식물이 제대로 성장하지 못하듯이 외국어에 '노출'되는 시간이 절대적으로 부족하다는 사실이 대부분의 '국내파'들이 가진 최대의 약점이란 사실을 기억해야 한다.

손쉽게 외국어를 듣는 방법으로 TV를 늘 켜 놓는 것이 좋은 것은 알겠는데 과연 어떤 프로그램이 더 좋으냐는 질문을 받는다. 나의 경우에는 CNN의 〈래리 킹 라이브〉 토크쇼가 많은 도움이 되었다. 지금도 열심히 보는 프로그램으로 주로 현안에 관련된 게스트와 나누는 대화로 생생한 구어체를 익힐 수 있고 영어 외적

지식도 동시에 넓힐 수 있다. AFKN의 〈60 Mimutes〉도 한 시간에 세 개 정도 토픽을 심도 있게 다루어 영어 그 자체와 주제 지식에 많은 도움이 된다. 외국어를 자유자재로 구사하는 사람치고 원서를 많이 읽지 않는 사람이 없으며 원어 방송을 많이 듣지 않는 사람이 없다. 어느 날 갑자기 '빛이 보이는' 일은 없다. 외국어는 꾀를 피우는 '여우'식으로는 안 된다. 그저 우직한 '곰'처럼 해야 되는 것이다.

지난해 나는 미국의 테니스 스타 비너스 윌리엄스가 서브 넣는 장면을 찍은 두 장의 사진을 보고 놀라움에 입을 다물지 못했다. 각기 다른 시합에서의 서브 장면인데 폼과 표정은 너무 똑같았다. 그 같은 정확한 포즈를 연출하기 위해서는 도대체 얼마나 피나는 연습을 했을까!

외국어는 조건반사적으로 입에서 튀어나올 정도로 끊임없이 연습을 해야 한다.

귀에 맴돌게 듣기 핵심 정리

초급 | 쉬운 초보용 외국어 테이프를 틀어 놓는다. 초보자에게 어려운 외국어 방송은 단지 소음일 뿐이다.

중급 | 미리 알고 있는 주제 지식으로 몇몇 키워드 외에는 잘 알아듣지 못해도 대충 뜻을 이해할 수 있는 뉴스와 스토리 중심의 드라마 등을 듣는다.

고급 | 외국어를 배우는 사람들이 정복하기 힘들다고 하는 토론 프로그램이나 코미디 프로그램까지 모든 방송을 듣는다.

깃털 찾기

깃털 찾기는 어떻게 하나요?

Reading

01

집중해서 읽기

Key words _세부 표현, 동사, 주의 깊게 읽고 듣기, 집중력, 정확한 표현

이 훈련도 가능하면 매일 해야 한다. 앞서 말한 '통으로 읽기'가 양적인 측면에 중점을 두었다면 이 연습은 질적인 측면을 강조한 방법이다. 새로운 단어뿐만 아니라 숙어, 문장, 표현법, 전치사 같은 세부 사항까지 하나하나 주의를 기울여 체크하고 정리한다.

단어의 뜻은 항상 맥락 속에서 파악해야 한다. 관용 어법의 경우 특히 어떤 동사와 함께 쓰이는가를 숙지해야 한다. 단어나 관용 표현 등을 '따로 국밥'식으로 익히는 것은 외국어 표현에 도움이 되지 않는다. 문장, 더 나아가 맥락 속에서 배우고 익혀야 그 뜻을 정확히 파악하고 필요할 때 손쉽게 꺼내 쓸 수 있다. 그렇다면 구체적으로 어떻게 하는 것일까? 영어 표현에 세심한 주의를 기울인다는 얘기는 다음과 같은 식으로 영어를 공부한다는 뜻이다.

I want to take this opportunity to thank the organizers for inviting me to participate in this workshop.

이 워크숍에 참석할 수 있도록 초대해 준 주최 측에 감사한다.

→ '기회를 이용하다'는 take this opportunity로 표현하며 take란 동사를 쓴다.
→ thank ~ for inviting me to… 는 '~할 수 있도록 초대해 준 …에게 감사한다'의 뜻이다.
→ Participate in~ : ~에 참여하다.

다음 기사는 《International Herald Tribune》에 실린 글인데 주의 깊게 읽어 나가며 표현들을 익히자.

The North Korean leader, Kim Jong-Il, on his first foreign trip since taking power in the world's most isolated country six years ago, was amazed by computers, was hugged repeatedly by his Chinese hosts and said that he had stopped drinking and smoking, China's state-run press said Thursday.

International Herald Tribune, June 2, 2000

목요일 중국 국영 통신에 따르면, 북한의 지도자 김정일은 6년 전 세계에서 가장 고립된 나라에서 권좌에 오른 후 가진 첫 번째 해외여행에서 컴퓨터에 경탄을 금치 못했으며 영접한 중국 지도자들과 계속 부둥켜안으며 인사를 나눴다. 그는 술을 더 이상 마시지 않고 담배도 끊었다고 말했다.

→ '첫 번째 해외여행에서'란 표현으로 on his first foreign trip을 쓰는데 on이라는 전치사를 쓴다는 점에 유의한다.
→ '권좌에 오른 후'란 표현으로 since taking power를 쓰며 taking power이지 taking the power가 아니라는 점에 유의한다.
→ '컴퓨터에 경탄했다'는 뜻으로 was amazed by computers란 표현을 쓰며 컴퓨터 전체를 지칭하기 위해 복수를 쓴 점에 유의한다.
→ 술 마시기, 담배 피우기 뜻으로 drinking과 smoking을 썼으며, '끊다'라는 표현으로 stop을 썼는데 그다음에 동사 원형을 쓰지 않고 ~ing형을 썼다는 점에 유의한다.
→ '국영'이라는 표현으로 state-run을 쓴다는 점에 유의한다.

통으로 읽기, 귀에 맴돌게 듣기에 비하여 '주의 깊게 읽고 듣기'는 많은 집중력을 요하는 까닭에 서둘러야 하는 출퇴근 시간보다 자기만의 독립된 공간에서 하는 것이 바람직하다. 또한 정서가 안정되고 기분이 좋아야, 즉 최상의 심리 상태이어야 최대의 효과를 낼 수 있다.

:: 어떤 글을 어떻게 읽을 것인가?

우선 그날 배달된 영자 신문 중 관심이 많은 기사를 하나 택해 그 가운데서 열 줄 정도를, 앞서 소개한 방법으로 세밀히 분석한 후 외운다. 사춘기 이후 외국어를 배울 경우 모국어 습득 때와 같은 자연 습득은 불가능하므로 의도적으로 좋은 문구를 골라 외우는 것이 좋다. 예를 들어 국내에서 발행되는 영자 신문으로는 《The Korea Herald》와 《Korea Times》가 있는데 이들 신문 기사들 중에는 외국 통신사에게 보낸 기사도 있고 한국 기자가 영어로 쓴 기사도 있다. 자연스러운 영어 표현은 원어민이 쓴 외국 기사에서 배우고 한국과 관련된 표현, 즉 정당 이름이나 한국 기관 이름은 한국 기사를 참조하면 많은 도움이 된다.

예를 들어,

- 6자 회담 : six-party talks
- 금융감독원 : Financial Supervisory Commission,
- 전국경제인연합회 : The Federation of Korean Industries,
- 한미행정협정 : Status of Forces Agreement(SOFA)라고

이상의 내용들은 《The Korea Herald》나 《Korea Times》지에 잘 나와 있으므로 평상시 메모해 두었다가 필요할 때 활용하면 좋다.

참고로, 요즈음은 인터넷을 활용하면 쉽게 외국 기사를 접할 수 있다. Worldheadlines.com을 클릭하면 《ABC》, 《CNN》, 《The Financial Times》, 《New York Times》 등의 머릿기사를 쉽게 접할 수 있다. 또, Seouldaily.com을 클릭하면 《Korea Webweekly》, 《조선일보》, 《동아일보》, 《중앙일보》와 《The Korea Herald》, 《Korea Times》, 《서울신문 뉴스 네트》 등 기사를 바탕으로 한 한국 관련 영어 기사가 줄줄이 뜨므로 다운로드하여 인쇄한 후 집중해서 읽기 텍스트로 쓸 수 있다. 이

제 필요한 영어 텍스트를 구하는 일은 그냥 앉은 자리에서 해결된다.

기사 내용을 외운 후에는 제대로 외웠는지 노트에 한 번 써 본다. 시간적 여유가 있는 주말에는 기사 하나를 전부 읽고 열 줄 정도로 요약해 본다. 자신이 쓴 요약문의 표현이 제대로 됐는지를 확인하기 위해서는 귀찮고 힘들더라고 반드시 원어민에게 보여야 한다. 정확하지 않은 표현을 수없이 알고 있는 것보다 비록 적은 수이나마 정확한 표현을 아는 것이 중요하다.

:: 탐독하며 스트레스 풀기

나는 현안 문제를 다루는 시사 주간지뿐만 아니라 흥미 위주의 잡지도 많이 읽는다. 영어로는 《People》, 프랑스어로는 《Paris-match》 등을 종종 읽는다. 일단 재미가 있으니 몇 시간씩 시간 가는 줄 모르고 읽다 보면 골치 아픈 일도 잊고 스트레스도 저절로 풀린다.

얼마 전에 읽은 기사는 에스테 로더 화장품 모델인 리즈 헐리에 관한 글이다. 내용뿐만 아니라 표현도 재미있는 이 기사를 같이 살펴보자. 내용이 재미있다 보니 별도의 노력 없이도 표현을 쉽게 기억할 수 있다.

Poor baby-head-turner Elizabeth Hurley used a pink infant pacifier to forget her nicotine cravings during a beach outing on the Caribbean island of St. Barts. -is trying to kick her cigarette addiction.

뒤돌아볼 정도의 미인인 리즈 헐리는 세인트 바트 카라이브해 섬 해변 산책 때 담배를 피우고 싶은 욕구를 잊으려고 유아용 핑크색 고무 젖꼭지를 물었다.

→ head-turner: '머리가 돌아가게 하는 사람'이라는 뜻으로 리즈 헐리가 뒤돌아보게 할 정도의 미인이라는 뜻.
→ infant pacifier: 유아용 고무 젖꼭지
→ craving: (강렬한) 욕구, 보통 have a craving for~ '~를 갈망하다'라고 쓰는데 여기서는 nicotine craving라고 표현해서 니코틴, 즉 담배를 피우고 싶은 욕구.
→ beach outing: 해변 산책이란 뜻으로 outing을 썼다.

:: 전체로 받아들이기

많은 사람이 단어를 따로 암기하고 또 문법을 따라 외우는데 무엇보다 중요한 것은 좋은 영어 표현을 통째로 익히는 것이다.

예를 들면 '산책하다'하면 walk라는 단어만 따로 외우는 것이 아니라 Let's take a walk 하며 문장을 통째로 익히는 것이다. 대부분 '산책'하면 walk라는 단어만 떠올리지만 take란 동사와 함께 쓰이며 walk 앞에 a를 써서 take a walk라고 한다는 식으로 통째 표현을 익히는 데는 무심한 편이다. 외국인들도 한국말을 배울 때 "안녕하세요"하고 문장을 통째로 익히지, '안녕' 따로 '하세요' 따로 익히지 않는다.

다음과 같은 표현들을 통째로 익혀 보자.

Let's come to the heart of the matter.

본론으로 들어가자.

→ go가 아니라 come 동사를 쓴 점을 유의한다.

I'm looking forward to seeing you again.

다시 만나 뵐 수 있기를 바랍니다.

→ looking forward to 다음에 …ing를 쓴다.

I've been trying to reach you all day.

하루 종일 연락하려고 했어요.

→ '연락하다'로 reach를 쓴다.

집중해서 읽기 핵심 정리

1 | 원어민이 쓴 표현 중에서 잘된 글을 고른다. 상황별로 다양한 글을 접하도록 한다.

2 | 집중할 수 있는 시간대를 골라 핵심 단어뿐만 아니라 같이 쓰이는 동사, 전치사 등에 밑줄을 그으며 표현을 하나하나 살핀다.

3 | 집중해서 읽기를 마친 후 밑줄 친 표현을 외우며 정리한다. 정리가 끝나면 수시로 보며 완전히 몸에 밸 때까지 익힌다.

4 | 외운 내용을 써 보고 원문과 대조한다.

궁금해요

Q 외국어 학습법 '깃털 찾기' 중 내용을 완전히 소화한다는 말에서 '소화'의 기준이 무엇인지 잘 모르겠습니다. 어느 한 테이프를 골라 듣고 있습니다. 그 테이프 내용을 알고 있는데 그것이 완전히 다 소화한 것인가요?

A 여기서 '소화'란 내용을 다 이해하고 사용된 표현까지 익혀 잘 사용할 수 있게 되는 단계를 말합니다. 우선 이해가 선행되어야 하며 그다음 나온 표현들을 정확히 익혀 유사 상황에 처하면 조건반사적으로 표현들이 튀어나오는 단계에 이르는 것을 말합니다.

We don't know because we don't want to know.

우리가 모르는 이유는 우리가 알고 싶어 하지 않기 때문이다.

02

큰소리로 읽으며 체득하기

Key words _체득, 큰소리로 읽기, 입에 붙기, 감각, 부단한 연습

통째로 익힌 문구를 능동적인 언어 지식으로 전환하려면, 즉 자기 것으로 체득하려면 역시 큰소리로 여러 번 반복해 읽어야 한다. 그러다 보면 자연스럽게 표현들이 입에 붙게 된다. 단어 암기는 머리로 하지만 큰소리로 말하기는 입으로 말하면서 자기 귀로 듣는 것을 전제로 한다.

말은 글이 아니다. 말은 소리이다. 그러므로 말은 소리를 귀로 듣고 입으로 내면서 익혀야지, 눈으로 보면서 익힐 수 없다. 책을 많이 읽으면 전체 이해력이 향상되지, 소리를 내서 하는 말이 되는 것은 아니다. 그 이유는 간단하다. 눈으로 읽는다고 소리가 체득되지는 않기 때문이다.

어떤 소리가 들린다고 해서 듣는 소리를 모두 입으로 표현할 수는 없다. 입으로 소리를 내어 두뇌에 기억시킨 소리만 표현할 수 있다. 즉 자신에게 체득된 소리만 표현할 수 있는 것이다. 소리가 체득되면 생각과 동시에 입으로 말을 표현할 수 있다. 언어에는 음악적인 요소가 다분히 있기 때문이다. 소리 감각과 리듬 감각을 귀로 느끼지 못한 상태에서 문장을 따라 한다면 음정과 박자를 무시하고 노래를 부르는 것과 같다. 언어를 습득하는 데 있어서 언어 멜로디가 체득되지 않으면 문장구조 및 어순에 대한 감각이 제대로 생기지 않는다.

유행하는 노래를 익히기 위해 가사를 외우고 여러 번 따라 부르지 않는가? 몇 번 큰소리로 따라 부른 후에야 자신감이 생겨 남 앞에서도 노래를 부를 수 있는 것이 아닌가! 하물며 외국어를 익히기 위해서는 더 많이 큰소리로 따라 해야 표현도 자연스러워지며 자신감도 생기고 체득되는 것이다.

결론은 외국어는 학습보다는 연습을 통해 익히는 것이다. 학교 교실에서 배운 문법이나 어휘 등 지식 체계로 외국어를 배운 사람들은 막상 외국어를 사용하려면 배운 규칙이 생각나지 않아 말이 나오지 않는다. 하지만 부단한 연습으로 외국어를 익혀 몸에 밴 사람들은 외국어를 사용할 상황에 처하면 규칙을 생각할 필요 없이 습관적으로 몸에 익은 외국어가 자신도 모르는 사이에 거의 조건반사적으로 저절로 튀어나오는 것이다.

친하게 지내는 고등학교 후배가 하나 있다. 그 후배는 대학 졸업 후 결혼해 지금까지 20년 가까이 미국에 살고 있다. 서울에 나올 때마다 가끔 만나는데 아직도 영어로 말하는 게 자신이 없다며 나에게 외국어 클리닉의 의사가 되어 자신의 병(?)을 고쳐 달라고 하소연해 왔다. 얘기를 들어 보니 그 후배는 미국에서 미국인들과의 접촉은 거의 없이 한국인들과 어울려 살았다. 남편은 회사 일로 바쁘고 아이들은 모두 미국에서 태어났으니 자연 미국 친구들과 어울려 논다. 그러다 보니 후배는 혼자 집에 있는 시간이 많았다. 가끔 남편의 미국인 직장 동료들과 부부 동반으로 저녁 식사를 하는 데 그 자리에 가기가 너무 싫다고 한다. 미국에서 계속 살아야 하는 그 후배는 이제라도 영어 공부를 해야겠다며 나에게 도움을 청한 것이다.

사실 그 후배는 나보다 영어를 잘할 수 있는 환경에 있음에도 불구하고 영어를 하겠다는 굳은 의지가 없어 미국에서 20년이나 생활했어도 영어를 제대로 못하는 것이다. 나는 그 후배에게 우선 귀에 맴돌게 듣기를 하루에 적어도 두 시간 이상 하고 집중해서 읽기를 할 때에도 영어로 된 성경도 좋지만, 재미있는 소설 등 다양한 내용을 골라 하루에 열 줄씩 완전히 익히라고 했다. 또한 미국인들과도 정기적인 만남을 갖도록 노력하라고 조언했다. 성격상 미국인들을 자주 접촉하는 것이 정 힘들다면 혼자 방송을 녹음해서 반복해 들으며 무엇보다도 큰소리로 따라 하라고 했다. 물론 많은 열정과 끈기가 필요해 마흔이 넘은 주부가 하기에 부담스러울 수도 있지만 동기부여가 있는 이상 하면 된다!

외국어 공부는 누가 대신해 줄 수 없다. 읽고 듣고 말하기를 수없이 거듭해야 내 몸에 체득되어 상황에 처하면 조건반사적으로 튀어나오는 것이다.

궁금해요

Q 그냥 문장 중심으로 외우는 것이 더 좋을까요, 아니면 문단 전체를 통째로 외우는 것이 좋은가요? 예를 들어 신문 기사 중에 일부분을 뽑아 통째로 외우다 보면 문장 순서에 집중력이 분산되고, 나중에 외운 문장을 써먹으려고 하면 문단 내용은 생각나는데 정확한 표현이 생각이 안 나는 경우가 많거든요.

A 좋은 표현들은 문장 단위로 익히는 것이 좋습니다. 힘들게 문단 단위로 익힐 필요는 없습니다. 유사 상황에서 사용할 때 문단 단위로 사용할 확률은 거의 없으며 대부분 문장 단위로 활용할 수 있습니다. 적절한 표현들을 많이 익혀 체득이 된 상태로 있으면 필요 시 자연스럽게 꺼내 쓸 수 있어 좋습니다. 중요한 것은 조건반사적으로 튀어나올 때까지 표현들을 입에 붙도록 익히는 것입니다.

Use it or lose it

사용하라 그렇지 않으면 잃을 것이다.

01

집중해서 듣기

Key words _세세한 표현에 집중, 대충 듣기 금물, 상황과 문맥, 반복해서 듣기, 완벽하게 듣기

우선 라디오 방송을 10분 정도 녹음해 듣는다. 이때 내용 파악뿐만 아니라 표현에도 주의를 기울인다. 아직 듣기가 초보 단계라고 생각되면 5분 정도 분량에서 시작하면 된다. 특히 어떤 어구의 핵심 단어를 들었을 때 그 단어에만 신경 쓰지 말고 어구를 구성하는 전치사, 동사까지도 잘 듣고 외우도록 해야 한다.

외국어를 어느 정도 듣고 이해는 하지만 말할 때 표현이 미숙한 이유는 듣기 훈련 단계에서 핵심 단어로만 뜻을 대충 파악하고는 세세한 표현에 신경을 쓰지 않기 때문이다. 한 번 들은 표현을 나중에 활용하고 싶어도 적절한 동사나 전치사 등이 생각나지 않아 아예 포기하거나 양복바지에 운동화 신은 것 같은 어색한 표현을 쓰게 된다.

내용을 완전히 '소화'했다고 생각되면 이제 들은 내용을 써 본다. 그런데 대부분의 경우 뜻은 파악했으면서도 막상 들은 내용을 써 보려면 표현이 잘 생각나지 않기 마련이다. 다시 녹음된 내용을 여러 번 반복해 들으며 정확한 표현을 쓸 수 있을 때까지 연습한다. 귀에 맴돌게 듣기와는 달리 집중해서 듣기를 할 때 무엇보다도 중요한 것은 듣고 또 듣고 반복해서 내용을 완벽하게 들어야 한다는 점이다. 매일 대강 다섯 시간을 듣는 것보다 귀찮더라도 같은 내용을 수없이 반복해 들어 단 한 번이라도 그 내용을 완벽하게 들은 경험을 한 사람만이 듣기에 발전에 있다. 대충 듣기는 금물이다. 앞서 언급한 귀에 맴돌게 듣기와는 별도로 집중해서 듣기는 문장 하나하나를 완벽하게 듣는 것이 중요하다는 사실을 잊어서는 안 된다.

집중해서 듣기는 하루 10분을 초과하지 않는 것이 좋다. 10분 분량을 정확하게 다 들으려면 사람에 따라서는 서너 시간도 걸리기 때문이다. 나의 경우도 처음에는 두세 시간 걸렸는데 국제회의통역사가 되는 과정을 밟으며 10분 분량의 테이프나 방송을 제 시간 안에 들을 수 있게 되었다. 이 훈련을 할 때 반복해서 들어 내용이 다 들리기 시작하면 들은 내용을 문장별로 써 보도록 한다. 그러다 보면 귀에는 들리는데 전혀 모르는 단어들이 있음을 알게 된다. 그래도 즉시 사전을 찾아보지 말고 들리는 대로 철자를 쓴다. 이런 식으로 전체 내용을 문장별로 다 쓰고 나면 영·영 사전이나 불·불 사전을 찾아본다. 이런 사전은 기본적인 단어를 사용해 쉽게 설명해 놓았기 때문에 사전을 뒤지는 것 자체가 학습 효과가 크다. 상황과 문맥은 없이 대응어만 써 놓은 영·한 사전이나 불·한 사전보다 뜻을 제대로 파악할 수 있을 뿐 아니라 자신도 모르는 사이에 기본적인 여러 문장구조와 주변 어휘도 많이 접하게 되어 일석이조의 효과를 거둘 수 있다. 단어를 찾다 보면 단어를 설명한 문장 속에 모르는 단어가 나와 답답하고 시간만 낭비한다 생각이 들 수도 있다. 하지만 이 방법은 외국어를 익히는 데 상당히 도움이 된다는 사실을 기억하라.

궁금해요

Q 저는 이어폰으로 계속 듣기를 하고 있는데 언젠가 한 번 어학기를 외부 스피커로 연결해서 들어 본 적이 있습니다. 이어폰을 끼고 듣는 것과 외부 스피커를 통해서 듣는 것과는 상당한 차이가 느껴졌습니다. 혹자는 listening은 "이어폰을 끼고 하면 안 된다"라고까지 말을 하던데 사실인가요?

A 큰 차이가 없습니다. 물론 이어폰 없이 외부 스피커로 나오는 소리도 잘 듣고, 이어폰을 끼고도 잘 들을 수 있으면 더 이상 바랄 바가 없지요. 그냥 들어도 잘 들을 수 있어야 합니다. 이해력이 좋으면 별 문제가 되지 않으나 초보 단계에서 이어폰이 없으면 예민하게 반응할 수도 있습니다. 그러나 이해력 증진을 하면 문제가 되지 않습니다. 우리의 모국어라 이해력이 최고인 한국어로는 이어폰을 끼고 듣든 그냥 스피커로 듣든 잘 들리지 않습니까?

Q 얼마 전부터 AFN을 시청하고 있습니다. 드라마 〈Prison Break〉를 볼 때마다 전혀 알아 들을수가 없습니다. 전 대학생으로 토익 점수는 900점이 넘어 영어를 아주 못한다고는 생각하지 않는데 thank you나 hello 정도밖에 안 들립니다. 어떻게 해야 〈Prison Break〉의 대사를 알아들을 수 있을까요?

A 우선 어떤 내용을 듣고 이해한다는 것은 다루는 주제에 대한 이해가 선행되어야 하는 것입니다. 우선 그 분야에 대한 지식이 있어야 하고 일상 회화에서 쓰는 표현도 많이 알고 있어야 합니다. 잘못 알아듣는다고 걱정 말고 우선 잘 알아들을 수 있는 시사 문제나 관심 있는 분야에 대한 토론을 많이 듣도록 하세요. 그다음 일상생활을 다루는 드라마로 넘어가면 좋습니다. 『한국인들이 오해하는 현지 영어 표현』 책도 참고하면 좋습니다.

02

받아쓰기

Key words _받아쓰기, 듣기 능력 향상, 휴지(休止), 강세, 숨쉬기

자신의 외국어 듣기 능력을 테스트해 볼 수 있는 가장 좋은 방법이 바로 외국어 뉴스나 연설 같은 것을 녹음해 놓고 받아쓰는 것이다. 글을 쓰는 속도가 말의 속도보다 느려서 테이프를 중간중간 끊는 것은 지극히 당연하다. 하지만 글을 쓰는 속도 때문이 아니라 그 이상으로 자주 테이프를 중단하게 되면, 다시 말해 같은 내용을 여러 차례 들어야 받아쓰기가 된다면, 외국어를 생각만큼 잘 알아듣는 것이 아니다. 수십 번을 들어도 받아쓰기가 안 된다면 이는 듣기가 거의 안 되는 상태라고 봐야 한다.

받아쓰기는 외국어 듣기 능력을 향상시키는 데에도 큰 도움이 된다. 한마디도 못 알아듣던 〈CNN〉 뉴스도 한두 단어씩 열 번 스무 번 반복해서 들으면 그 단어만큼은 알아들을 수 있다. 물론 이런 식으로 받아쓰기를 하자면 5분 뉴스를 다 받아쓰는 데 2, 3 시간 정도 걸리지만, 이 연습을 매일 하면 상당히 빨리 듣기 실력이 향상될 뿐 아니라, 적당히 큰 흐름만이 아니라 한 단어 한 단어를 다 듣게 되는 능력도 생기게 된다. 오늘부터 당장 시도해 보라! 전혀 못 알아듣는 내용을 다 받아쓴 후 처음부터 다시 들으면 그 모든 내용이 다 들리는데, 그때의 뿌듯함은 경험해 본 사람만이 알 수 있다. 결국 실천에 옮기느냐 옮기지 않느냐가 모든 걸 좌우한다.

말하기와 함께 빼놓을 수 없는 것은, 원어민이 말할 때 언제 pause 즉 휴지(休止)하고, 어디에 강세를 두는가에도 신경을 써야 한다는 점이다. 휴지를 한다는 것은 숨쉬기와 같기 때문에 원어민은 자연스럽게 배우지만 모국어가 아닌 외국어로 배우는 사람은 그 방법을 배워야 한다.

심리학자이자 언론인이며 마인드 맵 이론의 창시자인 토니 부잔은 "인간의 두뇌를 잘 이해하면 영상 기능과 어휘 기능 간에 새로운 균형이 있다는 사실을 알

게 된다"고 말했다. 그에 따르면 "기억력은 활성화 과정의 영향을 받는다. 따라서 한 단어에서 연상된 단어가 새로운 단어로 연결되어 퍼져 나간다"는 것이다. 또한 어떤 것을 다른 것과 연관시킬 수 있다는 사실을 깨닫기만 하면 두뇌는 즉시 연상 결합 작용을 시작한다. 연상 결합은 기억과 창조력 향상에 있어 중요한 요소이며 우리의 두뇌가 육체적인 경험을 지각하기 위해서 사용하는 통합 장치이고 기억과 이해를 돕는 열쇠이다.

영상은 실로 방대한 뇌 피질 기능, 즉 색상, 형태, 선, 입체, 촉각, 시각적 리듬 그리고 특히 상상력을 최대한으로 이용하고 있다. 그러므로 영상은 단어보다 더 자극적이고 폭넓은 연상 작용을 일으키므로 창조적인 사고를 가능하게 하고 기억력을 강화시킨다고 한다.

영영사전 찾아 나가기 예를 들어 보면,

Case 1

→ keynote address : an address designed to present the issues of primary interest to an assembly(as a political convention) and often to arouse unity and enthusiasm called also keynote speech

address 단어를 모르면 또 영영사전을 찾는다.

→ address : a formal communication, esp: a prepared speech delivered to a special audience or on a special occasion

communication 단어를 모르면 또 영영사전을 찾는다.

→ communication : a verbal or written message

Verbal 단어를 모르면 또 영영사전을 찾는다.

→ verbal: relating to, or consisting of words

Case 2

→ blue chip : a consistently successful and profitable venture or enterprise
venture 단어를 모르면 영영사전을 찾는다.

→ venture : an undertaking involving chance, risk or danger; esp : a speculative business enterprise

영영사전을 읽으면서 단어의 뜻을 알아내려면 끊임없는 상상력이 필요하다. 앞에서도 언급했지만 사전 속의 여러 예문을 접하면서 어휘력, 기본적인 문장 구조, 실생활에서 쓸 수 있는 살아 있는 표현을 저절로 익힐 수 있다.

궁금해요

Q 저는 일어 공부를 한 지 한 3년 정도 되었지만 아직도 깊이 있고 정확한 표현은 많이 부족합니다. 그래서 일본 드라마나 토크쇼를 자막 없이 몇 번 반복해서 본 후 그냥 받아 적기를 하면서 공부하고 있습니다 이런 공부 방법이 외국어 향상에 도움이 되는 건가요? 시간이 오래 걸리는 만큼 받아 적는 양이 너무 적은 것 같아 시간낭비만 하는 건 아닌가 걱정도 됩니다.

A 지금 하는 방법에 많이 읽고 듣기를 병행하며 어휘도 익혀 가며 해야 상승 효과가 있습니다. 문법을 다지거나 어휘의 뜻을 익히지 않고 무조건 듣기만 한다고 언어 능력이 향상되는 것은 아닙니다. 많이 읽고, 듣고, 말하고, 써 봐야 합니다. 물론 맥락 속의 어휘도 계속 익혀 나가고 반복을 거듭하여 체득해야 합니다. 언어는 구성 요소를 골고루 할 때 상승 작용을 일으킬 수 있습니다. 또 여러 주제에 대한 배경 지식도 있어야 이해가 용이해지는 것은 주지의 사실입니다.

03

무엇을 어떻게 들어야 하나?

Key words _ 일기예보, 뉴스, 큰 줄거리 몸통, 세부 내용 깃털, 반복과 연습

처음 집중해서 듣기 연습을 시작하는 사람에게는 비교적 일정한 표현 유형 내에서 몇 가지 정보만 바뀌는 일기예보를 녹음한 뒤 반복해서 들으면서 내용을 써 보면 좋다.

일기예보가 제대로 다 들리면 그다음 단계로 뉴스를 택한다. 뉴스는 자기가 어느 정도 알고 있는 국내외 현안을 주로 다루기 때문에 처음에는 핵심 키워드 한두 단어만 알아들어도 뜻을 이해했다고 착각할 수 있다. 하지만 이러한 함정에 빠져서는 안 된다. 큰 줄거리인 몸통은 물론 세부 내용 즉 깃털까지 다 들을 수 있는 단계가 되어야 한다. 그래야만 비로소 사용된 영어 표현까지 신경을 쓸 수가 있기 때문이다.

인터넷으로 영어를 배울 수 있는 무료 사이트가 있다. www.dailyeng lish.com에 들어가 매일 이메일로 3분짜리 AP뉴스를 받아 볼 수 있는데 음성 파일로 전달되므로 발음 연습도 함께할 수 있다.

뉴스 다음 단계로는 토크쇼, 대담 프로그램이나 토론 방송이 좋다. 구어체일 뿐만 아니라, 찬반 입장이 대조를 이루며 진행되어 흐름을 따라가기가 그만큼 수월하다. 다음으로 연속극이 좋고, 역시 가장 어려운 내용이 코미디 프로그램이다. 처음에는 왜 웃는지 이해할 수 없는 경우가 많다. 이는 말이 귀에 들리지 않기 때문이 아니라 문화적인 차이가 있기 때문이다. 따라서 코미디 프로그램은 가급적 상당한 수준에 도달했을 때 듣는 것이 좋다. 그저 자꾸 들어야 한다. 외국어 공부에 왕도가 있다면 꾸준한 반복과 연습이다.

궁금해요

Q 통으로 듣기 즉 흘려 듣기와 집중해 듣기의 비율을 어느 정도로 하는 것이 좋은지요? 예를 들어 흘려 듣기 7, 집중해 듣기 3 이라든지 그 정도를 알려 주세요.

A 몸통 찾기로 듣는 흘려 듣기는 시간이 나는 대로 하면 좋고 집중해서 듣기는 최소 하루 2-3시간을 투자하는 것이 좋습니다. 비율을 굳이 수치화한다면 초기에는 7:3, 어느 정도 들리면 5:5로 하면 좋습니다. 몸통 찾기 단계에서는 언어의 전체적인 멜로디에 익숙해지는 것이 중요하며, 집중해서 듣기는 이해한 내용을 제대로 전달하는 것 즉 정확히 표현하는 것이 중요합니다. 많이 대충 아는 것보다 적은 양이라도 정확히 아는 것이 외국어의 사용 단계에서는 중요합니다. 물론 많은 양을 정확히 아는 것이 제일 좋지요.

04

언제 들어야 하나?

Key words _능률, 집중력, 같은 시간대, 효과적인 청취, 연상작용

사람마다 하루 중에서 가장 능률이 오르는 시간대가 있다. 필자의 경우 이른 아침에 집중력이 배가하는 '아침형'이다. 자기가 어떤 타입인지 아는 것도 중요하지만 더 중요한 것은 현재 소중한 자신의 시간을 낭비하게 하는 일들을 하나하나 따져 보는 것이다. 외국어를 열심히 하기로 마음을 먹었다면, 이는 앞으로 일정 시간을 외국어를 배우고 익히는 데 할애하겠다는 각오를 한 것이다. 시간은 어디서 살 수 있는 것이 아니지 않는가? 외국어에 투자하는 시간만큼 우리는 다른 일에서 시간을 빼내 와야 한다.

필자가 경험한 방법 중에서 가장 효과적이었던 것은 매일 일정 시간대에 일정 시간을 떼어 외국어에 투자하는 것이다. 나는 새벽 5시에서 8시까지 외국어 공부를 위해 시간을 할애하고 있다. 그러다 보니 하루도 푹 쉬는 날이 없어 얼마 전부터는 일주일에 하루는 되도록 푹 쉬려고 한다. 일주일 동안 쌓인 피로를 풀고 재충전하는 것이다. 논스톱(non-stop)보다 효율적인 것 같다. 그렇다고 외국어에서 완전히 손을 떼는 것은 아니고 영화를 보거나 외국인 친구들을 만난다. 매일 일정 시간대에 외국어 공부를 하는 것이 좋은 이유는 간단하다. 계속 같은 시간대에 외국어 공부를 하다 보면 결국 습관으로 몸에 배게 되며 자연스럽게 일상생활의 일부가 된다. 또 주위 사람들도 그 시간은 외국어 학습 시간이라는 것을 알기 때문에 되도록 그 시간대에는 방해하지 않으려고 한다.

우리가 집중할 수 있는 시간은 보통 20분이다. 20분 정도가 지나면 '앞으로 얼마나 더 해야 하나?', '오후에 약속이 있는데…' 등 잡념이 생기기 시작한다. 고도의 집중력을 요하는 동시통역을 세 사람이 한 조로 되어 진행되는 이유도 20분이 지나면 집중력이 떨어지기 때문이다. 자연스럽게 번갈아 통역한다. 집중력도 자신의 노력과 훈련으로 늘릴 수 있다. 주위에서 1시간 정도까지 늘리는 경우는 흔

히 본다. 일반적으로 학교에서 수업을 50분 하고 10분 쉬는 데는 다 이유가 있는 것이다. 열심히 한답시고 서너 시간 죽치고 앉아 있는 것은 큰 도움이 되지 않는다. 그러므로 혼자 외국어 학습을 할 때에도 1시간 정도 한 다음 음악을 듣든가 산책으로 잠시 머리를 식혀 주는 것이 좋다.

효과적인 청취의 핵심은 집중이다. 100% 주의를 집중하지 않은 상태에서는 결코 제대로 청취가 되지 않는다.

집중해서 듣기 핵심 정리

1 | 5~10분 분량의 내용을 녹음한다.

2 | 집중해서 듣는다.

3 | 들릴 때까지 반복해서 듣는다.
귀찮더라도 완벽하게 들릴 때까지 들어라.
이것이 집중해서 듣기의 핵심이다.
대충 들으면 아무리 많이 들어도 소용이 없다.

4 | 다 들리면 들은 내용을 문장별로 써 본다.

5 | 모르는 단어가 나오면 우선 소리 나는 대로 적어 놓은 후 단어들을 영영사전에서 찾는다.

6 | 영영사전에서 찾는 도중 모르는 단어가 나오면 또 찾는다.

7 | 찾는 도중 연상되는 단어가 있으면 또 찾는다. 우리의 두뇌가 연상 작용을 일으키면 기억하기 쉽기 때문이다.

05

뇌 활동을 증진시키려면?

Key words _뇌 활동, 음식, 음악, 휴식과 수면, 운동

과학전문지 《New Scientist》에 따르면, 뇌 활동을 증진시키려면 그저 열심히 책을 읽거나 공부만 하는 것이 아니라 좋은 음식, 음악, 적절한 휴식, 운동 등 생활 습관을 바로잡아야 한다. 이 잡지가 소개한 미국, 영국 등 여러 나라 학자의 조언을 종합한 생활 습관 개선, 약물과 의학의 적절한 사용 등 머리가 좋아지는 비결을 함께 살펴보기로 하자.

뇌는 인체에서 가장 욕심이 많은 조직으로, 사람이 먹는 음식은 그 사람의 생각에 큰 영향을 준다. 공부나 일을 시작하기 전에는 아침 식사를 하는 것이 중요하다. 뇌는 포도당을 꾸준히 공급해 줄 때 가장 활성화하며 아침을 거르는 사람은 공부, 업무 수행 능력이 뒤처진다는 연구 결과도 이미 많이 나와 있다. 영국 얼스터 대학의 바버라 스튜어트는 훌륭한 아침 식사로 단백질이 풍부한 콩이 든 토스트를 꼽았다. 점심으로는 오믈렛과 샐러드가 좋고 요구르트 디저트로 마무리하면 오후의 스트레스에 대비할 수 있다. 저녁에는 딸기 등 과일을 먹는 것이 좋다.

음악은 생각을 끌어올려 준다. 단, 음악 소리가 지나치게 커지지 않도록 주의해야 한다. 미국 위스콘신 대학의 심리학자 프랜시스 라우셔는 10년 전 연구에서 모차르트 음악을 들은 사람들이 수학적, 공간적 추리력이 뛰어나다는 결과를 얻었는데, 이것은 일명 모차르트 효과라고도 한다. 음악 교육을 받은 6세 어린이는 별도 교육을 받지 않은 어린이에 비해 지능지수가 2, 3점 높다는 연구 결과도 나온 적이 있다.

신체적 운동은 근육과 뇌를 동시에 증진시켜 준다. 1주일에 3번 30분씩 운동하는 것만으로도 학습 능력과 집중력이 15% 좋아지며 특히 나이 든 사람일수록 그 효과가 눈에 띌 정도로 좋다. 또 캘리포니아 소재 설크연구소의 프레드 게이지는 성인에게서도 새로 뇌세포가 성장할 수 있고 이는 운동을 통해 더 촉진된다는 연구 결과를 내놓은 바 있다.

수면을 충분히 취하지 못하면 뇌에 나쁜 영향을 주어 기획, 문제 해결, 학습, 집중, 기억, 경계 능력 모두 타격을 받는다. 샌디에이고의 캘리포니아대학(UCSD) 션 드러먼드는 "21시간 계속 깨어 있다면 당신의 능력은 법적으로 판단하여 술 취한 사람과 비슷하다"고 지적한 바 있다. 훈련 뒤 낮잠을 자면 도움이 된다고 조언한 학자도 있다.

켄터키 대학 치매 전문가 데이비드 스노던은 연구 결과에서 수녀들은 적당한 활동, 영적ㆍ긍정적 태도, 필수 영양소의 충분한 섭취 등으로 뇌를 건강한 상태로 유지할 수 있었다고 분석했다. "악을 생각하지 말고, 행하지 말며, 듣지 말라"는 한 수녀의 말도 시사하는 바가 크다. 이 밖에 주의력을 모으고 정신을 산만하지 않게 하는 것이 기억력을 높이는 가장 좋은 방법이 될 수 있으며, 동작이나 사물과 연계하여 생각하는 습관도 기억력에 도움이 된다고 조언했다.

06

탄력 붙이기

Key words _탄력 붙이기, 즉흥적 구사, 달리 표현하기

외국어 실력이 일정 수준에 도달한 사람일수록 더욱 부단한 노력이 필요하다. 이 단계에서 어떻게 하느냐에 따라 명암이 갈리기 때문이다.

외국어를 잘하려면 같은 의미를 뜻하는 여러 표현을 익힌 뒤 필요에 따라 즉흥적으로 구사할 수 있어야 한다. 우리말도 마찬가지지만 외국어 특히 영어로 말할 때 같은 뜻을 말하더라도 같은 표현을 반복 사용하면 상대방이 지루함을 느끼는 것은 물론 말의 격도 낮아 보인다. 같은 얘기를 하더라도 사이사이 표현을 바꿔 주면 즉 달리 표현을 해 주면 얘기의 격이 한층 높아질 것이다. 특히 자주 쓰이는 표현은 목록을 만들어 체계적으로 익히면 외국어 표현력에 탄력이 붙는다.

알아 두면 요긴하게 쓸 수 있는 표현을 일부 소개하면 다음과 같다.

내 생각에는

→ It is my belief that

→ It is my viewpoint

→ If you are asking me

→ The way I approach this

→ As I evaluate the situation

→ For my part

→ As far as I am concerned

→ I belong to those who believe

→ It just came to my mind

→ I can't get rid of the idea

→ I feel inclined to say

→ I am convinced that

→ I'd like to point out that

→ The point is

→ Don't you agree that

모두 ~라고 생각합니다.

→ Everyone will agree

→ No one would dispute that

→ The consensus is

→ By common consent

→ It is well known that

→ No one will deny that

→ It is beyond dispute that

→ We may take for granted that

맞는 말씀입니다(상대방의 의견에 동의할 때).

→ You're right.

→ That's true.

→ Definitely.

→ That's just what I was thinking

→ I couldn't agree with you more.

→ That's a good point.

~해도 됩니까?

→ Let me

→ Allow me

→ May I

→ With your permission

→ If you will allow me

~할 생각은 추호도 없다.

→ It is by no means my intention

→ In no way shall I touch on

→ Nothing is more foreign to me than

→ There is no question of my

→ I never dreamt of

→ I am the last man to think that

→ I am not in the least thinking

맞는 말씀이긴 하지만~(상대방의 말을 정중하게 반대할 때)

→ Yes, that's quite true, but…

→ Well, you have a point, but…

요즈음은 국가 원수나 정부의 수반들도 국익을 위해 세일즈 외교에 심혈을 기울이고 있다. 경제적인 측면을 전적으로 배제한 만남은 거의 없다 해도 과언이 아니다. 뿐만 아니라 우리 일상생활에서도 경제에 대한 관심이 전례 없이 높아졌다. 주식 투자를 비롯한 재테크가 생활의 일부가 되었을 정도이다.

경제 문제와 관련하여 가장 기본인 증가, 감소 등의 표현을 많이 알아 두면 필요할 때 즉시 활용할 수 있다. 한 번 살펴보기로 하자.

증가를 나타내는 단어로는

increase / upturn / raise(월급 인상) / growth / gain / progress / advance / headway(생산성 향상)

감소를 나타내는 단어로는

decrease / reduction / lowering(가격 인하) /
downturn / drop / downswing / decline / setback /
cutback / loss(생산성 저하)

경기 침체를 나타내는 표현은

recession / stagnation / depression / crisis / lag / doldrums / stalemate / paralysis / slump / collapse / downslide / crash/flop

이럴수록 자극이 필요한데 '자극'을 의미하는 영어 표현은

stimulus / momentum / impetus / thrust / incentive / spur / foster

자극을 받아 노력을 경주하고 지원을 강화해야겠다. 이 경우 '강화'를 뜻하는 단어는

strengthening / reinforcement / hardening / sharpening

때로는 긴축정책을 펴는데 '긴축'은

restriction / squeeze / tightening / slowdown 등을 쓸 수 있다.

긴축정책을 쓰다 보면 결국 경기는 회복되는데 '회복'을 뜻하는 단어로는

restoration / revival / recovery / rally / pick-up / rehabilitation / rebound / revitalization 등이 있다.

경기가 회복되면 경제 협력도 확대할 수 있다. '확대'라는 표현은

Expansion / broadening / widening / enlargement / amplification

앞에서 본 바와 같이, 같은 뜻이라도 여러 다른 표현을 쓸 때 맛이 달라진다. 샐러드를 먹을 때 늘 같은 소스를 뿌려서 먹으라는 법은 없지 않은가?

외국인과 부딪쳐서 배우기

외국인과 부딪쳐서 배우기는 어떻게 하나요?

01

외국인과 자주 만나라

Key words _ 부딪쳐서 배우기, 실전 경험, 공포감 없애기, 자주 만나기, 공들이기

말은 하면 할수록 늘게 마련이다. 그래서 외국인과 만나 평소에 익혀 둔 표현을 활용하고, 정확한지 검증받을 수 있는 기회를 가져야 한다.

실전 경험이 없고 한국에서만 영어를 배운 사람들은 외국인을 만나면 말이 잘 안 나온다고 어려움을 호소한다. 이런 사람들은 무엇보다도 외국인 공포감을 없애는 훈련부터 해야 한다. 여기에는 따로 비방(秘方)이 없다. 그저 자주 만나야 한다. 한국 사람끼리도 자주 만나야 벽이 허물어지고 편안한 관계가 되듯이 외국인과도 자주 만나야 두려움이 없어지고 편하게 얘기할 수 있는 것이다. 외국어를 잘하려면 99%의 용기와 1%의 노력이 필요하다.

나는 유학을 마치고 귀국한 이후부터 지금까지 정기적으로 영어권과 프랑스어권 친구들을 만나고 있다. 물론 여러 외국 친구들을 지속적으로 만나는 데 드는 시간, 마음 쓰기, 비용 등이 만만치 않다. 하지만 평상시 '공들인' 덕분에 그들은 일이 아무리 바빠도 내가 도움을 요청하면 두 팔을 걷어붙이고 나선다. 여유가 생

기면 외국인 친구를 사귄다는 식의 수동적인 자세는 외국어를 배우는 데 있어 금물이다.

자기 생각을 피력하거나 주장을 내세우는 기술을 배우는 데 도움이 되는 책으로 마뉴엘 J. 스미스가 쓴 〈아니라고 말할 때 나는 죄를 짓는 기분이다(when I say no, l feel guilty)〉가 있다. 다양한 상황을 제시하면서 각각의 상황에 대처하는 대화 기술을 풍부한 실례를 들어 설명하고 있다. 외국인 친구를 사귀기 전에 읽어두면 여러모로 도움이 될 것이다.

외국인들과 접촉을 통해 외국어를 익히려면 우선 4C(Comfortable, Communicative, Cooperative, Courageous) 정신으로 무장해야 한다. 4C 정신은 외국인들과의 만남에 특히 필요하다. 우선 Comfortable, 동서고금을 막론하고 모든 관계는 편해야 한다. 친구도, 애인도 서로가 편해야 그 관계가 오래 지속될 수 있다. 하물며 문화가 다른 외국인과의 관계가 지속되려면 편해야 할 것이다. 상대방인 외국인이 한국인인 나를 편하게 느낄 수 있어야 한다. 그러기 위해 나 자신이 상대방 문화권 패턴으로 처신할 수 있어야 한다. 이를 위해서는 무엇보다도 에티켓이 중요하다. 서양 에티켓은 상대방에게 호감을 주고, 폐를 끼치지 않으며, 상대방을 존중하는 기본 정신을 토대로 한다. 상대방에게 호감을 주기 위해 항상 "Thanks"라는 말을 사용한다. 거절을 하거나 부정을 할 때도 "No, thanks"다. 다른 사람과 부딪치면 "Excuse me" 또는 "I'm sorry"로 의외로 간단하고 쉬운데 일상생활에서의 실천의 문제이다.

두 번째로 Communicative, 즉 서로 이야기가 통해야 할 것이다. 소위 주파수가 잘 맞지 않는다면 말은 할 수 있을지 몰라도 진정한 대화를 기대하기는 힘들 것이다. 서로가 '통할 수' 있다는 것은 외국어뿐만 아니라 문화까지 이해하고 받아들이는 것을 전제로 한다. 필자의 경우 스포츠를 좋아하는 미국인 친구 프랭크를 만나면 그의 관심사인 골프에 대해 물어보고, 휴가 때는 철저히 여행을 즐기는 프랑스 친구 마르틴을 만나면 지난번 다녀온 발리가 좋았는데 가 보라고 하며 모아 둔 휴양지 브로셔를 주는 등 늘 공동의 관심사에 대해 이야기하려고 노력한다.

세 번째로 Cooperative, 서로 도움이 되어야 한다. 어쩌다 외국인과의 만남에는 성공했는데 자신이 추구하는 외국어 배우기에만 급급한 나머지 상대방이 원하는 것이 무엇인지를 간파하지 못한 채 배려를 소홀히 한다면 곧 그 관계는 끝날 것이다. 한국 지리를 잘 모르는 미국인 친구를 위해 이민국에 같이 가서 비자받는 일을 도와주는 등 작은 도움을 아끼지 않는다면 만남이 적극적으로 발전할 수 있을 것이다.

마지막으로 Courageous, 용기가 있어야 한다. 틀리면 어쩌나 하는 두려움에서 벗어나 용기 있게 부딪쳐 보라!

한때 일본 여성들이 결혼 조건으로 3고(高), 즉 고신장, 고학력, 고소득을 내세웠으나 이제는 키가 작아도 좋고, 학벌도 상관없고 수입도 신경 쓰지 않는다고 한다. 단지 3C를 갖춘 남성을 찾는다고 한다. 능력 있고 경쟁력 높은 여성들이 대거 일터로 진출함에 따라 편하고(Comfortable), 대화가 되고(Communicative), 외조도 잘해 주는(Cooperative) 남편을 선호하기 때문이다. 외국어를 잘하려면 4C를 갖추어야 하니 일본 여성의 남편감 되기가 외국어 잘하기보다 조금은 쉬워 보인다.

02

원어민 어떻게 만나나?

Key words _ 원어민, 학교 선생님, 산지식, win-win 정신, 그룹 스터디

원어민을 어디서 어떻게 만날 수 있을까? 가장 손쉬운 방법은 학생의 경우 학교의 외국인 선생님, 즉 교사나 교수를 적극 활용하는 것이다. 하지만 세상에 공짜가 어디 있나? 외국인과 가까이 지내려면 시간과 돈을 투자해야 한다. 필요할 때만 연락을 취한다면 그 관계는 오래 지속될 수 없다. 한국어를 배우고 싶어 하는 외국인이라면 한국어도 가르쳐 주고 정기적으로 만나 음악회나 공연을 보러 가기도 하라. 그래야 상대도 만남이 즐겁지 않겠는가! 실제 상황에서 배우는 외국어는 책을 통해 배우는 수동적인 지식이 아니라 하나하나 살아 움직이는 능동적인 산지식인 만큼 그 뜻을 정확히 머리와 몸으로 받아들일 수 있어 오래도록 기억할 수 있다.

필자는 매사에 win-win 정신으로 임하려고 노력한다. 나 자신에게만 도움이 되고 상대방에게는 도움이 되지 않는다면 그 관계는 오래 지속될 수 없다. 그러므로 외국인과의 접촉도 win-win 정신에 따라 서로에게 도움이 되는 방법을 모색하는 것이 좋다. 파리 유학 시절, 내 주위에는 한국어를 배우고 싶어 하는 친구들이 없었다. 하지만 나는 외국 친구들에게 영어와 프랑스어를 배워야 한다는 절실한 필요가 있었다. 필요는 발명의 어머니라고 했던가! 그래서 주말에는 친구들을 초대해 그룹 스터디를 한 후 자장면이나 불고기 등을 만들어 색다른 음식을 맛볼 수 있는 기회를 주기도 했다. 식사 후에는 카드놀이밖에 모르는 친구들에게 화투를 가르쳤다. 한 영국 친구는 화투 놀이에 흠뻑 빠져 나중에는 자기 부모에게까지 화투를 가르쳐 주었다. 화투에 재미를 붙인 그녀의 부모는 방학이면 영국으로 나를 초대해 화투를 배우기도 했다. 덕분에 나는 영국에 머물면서 생활 영어를 알차게 배울 수 있었다.

훨씬 더 이전으로 거슬러 올라가 보면 필자는 중 2 때 미국인 친구와 펜팔을 시작했다. 1969년 당시 해외봉사단 피스코어(Peace Corps)로 오신 미국인 회화 선생님과 학교에서 접하는 것 외에 원어민과 어떠한 형태로든 정기적인 접촉을 갖는

다는 것은 하늘에서 별 따기 수준이었다. 그래서 생각해 낸 것이 펜팔이었다. 중학교에 진학하면서 영어로 뭔가를 쓰고 싶어 미국으로 이민 간 친구에게 부탁해 로스앤젤레스에 살고 있는 엔젤라를 소개받아 십여 년 동안 영어로 편지를 주고받았다. 그 덕분에 영어 쓰기에 상당한 진전이 있었다. 또래 미국인의 생활 방식과 사고방식도 이해할 수 있는 소중한 기회였다. 돌이켜 생각해 보면 참으로 진취적인 성격이었고, 그때도 마음먹은 일은 즉시 실천에 옮기는 행동파였던 것 같다.

그렇다면 국내에서는 원어민을 어디서 만날 수 있을까? 영어를 배우는 학생의 경우 미국 대사관 자료정보센터(kr.usembassy.gov/ko)나 주한 영국 문화원(britishcouncil.kr), 주한 캐나다 교육원(studycanada.ca/southkorea)을 자주 드나들다 보면 원어민을 만날 기회도 생긴다. 주한 영국 문화원의 경우, 문화원에서 마련한 쏠쏠한 프로그램(정규 회화 코스 외에도 듣기 말하기 집중반, 시사 토론반, 비즈니스 영어반 등 특별 코스가 마련되어 있음)으로 영어에 관심이 있는 학생뿐만 아니라 일반인들에게도 매우 인기가 높다. 또한 다양한 영어 강좌가 개설되어 있어 방학을 이용해 강좌를 듣는 학생도 상당수이다.

주한 캐나다 교육원에서는 단계별 회화 프로그램과 이민이나 유학 또는 여행을 떠나기 전 실용 영어를 배울 수 있는 한 달짜리 강좌도 개설하고 있다.

미국 대사관 자료정보센터에서는 서적, 정부 간행물, 잡지 등 방대한 DB를 갖추고 있을 뿐 아니라 온라인 DB를 통해 미국 일간지 기사, 의회 기록, 정부 기록 등도 볼 수 있다.

프랑스어의 경우 프랑스 문화원이나 알리앙스 프랑세즈를 다니면 프랑스인들과 자연스럽게 친해질 수 있다. 프랑스 문화원에서는 거의 매일 프랑스 영화를 상영하며 신문이나 잡지, 도서를 편안하게 열람할 수 있는 환경을 제공하고 있다. 약간의 회비를 내면 정기 회원으로 가입할 수 있고 이 경우 도서, 음악 CD 등을 빌릴 수 있다. 또 샹송 클럽, 드라마 클럽, 토론 클럽 등 다양한 모임에도 참여할 수 있다.

독일어의 경우 남산에 위치한 독일 문화원 괴테 인스티튜트에서 독일어 강좌뿐만 아니라 영화도 감상할 수 있으며 여러 프로그램의 혜택을 받을 수 있다.

일본어도 종로구에 위치한 주한 일본대사관 공보문화원에서 다양한 프로그램을 제공하고 있으므로 적극적인 참여를 권하고 싶다.

가만히 집에 있는데 원어민이 찾아오지는 않을 것이다. 그러니 이제부터 밖으로 나가 발로 뛰며 직접 찾아야 한다. 인터넷 영어 채팅을 통한 원어민과의 만남도 바람직하다. 단 채팅 속도가 워낙 빨라 일정 수준에 오른 사람이 아니면 쉽지 않다. 올해 한국외국어대학교 통번역대학원에 입학한 학생 중에 몇 년 전 응시했다 낙방한 경험이 있는 학생이 한 명 있다. 실력이 예전에 비해 부쩍 향상돼 있어서 그동안 무엇을 했냐고 물었더니 아프리카를 대상으로 수출입을 하는 회사에서 6년간 근무했다고 한다. 바이어들이 오면 상담 통역을 하고, 무역 서신을 쓰고, 팩스도 주고받는 등 현장에서 몸으로 부딪쳐서 외국어를 익히다 보니 다른 학생들보다 앞서 나갈 수 있게 된 것이다. 외국어를 현장에서 부딪치며 익힌 좋은 예라 할 수 있다.

궁금해요

Q 영어로 채팅을 하면 영어 실력이 향상될까요?

A 네, 많이 향상될 수 있는 방법 중 하나입니다. 하지만 속도가 있는 의사소통이라 자신의 실력이 이미 상당 수준이어야 영어 채팅이 가능합니다. 단 채팅하면서 잘 모르는 표현들이 있으면 그냥 넘어가지 말고 채팅이 다 끝난 후 하나하나 찾아보면 더 많은 도움이 됩니다. 채팅뿐 아니라 매사 모르는 것이 있을 때 메모했다가 나중에 다시 확인하는 과정을 거치면 더 많은 발전을 할 수 있습니다. 결국 많이 부딪쳐서 실제로 써 보는 것이 중요합니다.

Meet regularly with someone who holds vastly different views than you.

자신과 다른 생각을 가진 사람을 정기적으로 만나라.

03

겁 없이 부딪쳐라

Key words _ 재미, 대화, 실전, 외국인과의 접촉, 실생활에서 쓰는 표현

우리말이든 외국어든 모든 언어는 자연스러운 생활, 재미있는 일이나 대화를 통해서 쉽게 습득할 수 있다. 외국어 회화에서는 특히 실전이 중요하다. 그러므로 외국어를 잘하려면 무엇보다도 외국인과 많이 접촉해야 한다. 외국인과 대화 도중 틀리면 어떻게 하나 혹은 내 말을 못 알아듣기라도 하면 어떻게 하나 두려워하지 말고 겁 없이 부딪쳐야 한다. 한국 사람이 외국어를 못하는 것은 너무나 당연한 일이 아닌가! 한국어 못한다고 겁먹은 외국인이 없으니 우리도 전혀 걱정할 필요가 없다. 오히려 최선을 다하지 않는 모습이 더 부끄러운 일이다.

흔히 외국어를 어느 정도 배웠다는 사람들도 의외로 쉬운 문제로 어려움을 겪는 경우가 많다. 쉬운 발음과 문장구조인데도 제대로 알아듣지 못하거나 즉시 그 뜻을 알아채지 못하는 경우가 부지기수이다. 국내파라면 누구나 한 번쯤은 겪었을 법한 예를 한 가지 소개하겠다.

미국에 처음 도착해 패스트푸드 가게에 들어갔을 때 점원이 여기서 먹겠느냐 아니면 갖고 갈 것이냐는 뜻으로 “Here or to go?”라고 물었는데 “히어를 먹겠느냐 아니면 투 고우”를 먹겠느냐로 잘못 이해한 경험이 있을 것이다. 이는 기초 문법이 모자라거나 영어를 등한시했기 때문에 못 알아듣는 게 아니다. 토플이나 토익 점수가 좋은 사람도 막상 이 같은 상황에 부딪치면 비슷한 실수를 한다. 미국에서 십 년 가까이 살다가 한국에 돌아온 한 학생의 얘기에서 우리는 많은 것을 느끼게 된다. “미국에서는 교과서가 큰 의미를 갖고 있지 않아요. 한국에서는 교과서 중심으로 독해와 문법을 주로 다루니까 딱딱하고 지루해요. 한국 교과서에 나오는 표현들은 미국 실생활에서 쓰이는 표현들이 아니고요”.

듣기 능력 테스트를 대학 입시에 포함시킨 것은 고무적인 일이다. 물론 말하기 능력 테스트도 대학 입시에 포함되어 있기는 하지만 솔직히 말하기 테스트라고 부를 수가 없다. 정지되어 있는 문항이 살아 움직여야 되는 커뮤니케이션, 즉 의사소통을 대신할 수는 없는 것 아닌가.

어려서 외국어를 접한 아이들은 성인에 비해 발음도 좋을 뿐 아니라 외국어 습득 속도가 정말 놀라울 정도로 빠르다. 도대체 그 이유가 무엇일까? 엄청난 시간과 정열을 투자하는 데도 성인의 외국어 습득 효율이 떨어지는 이유는 무엇일까?

언어학자인 슈만(Schumann), 가드너(Gardner)와 램버트(Lambert)의 공동 연구에 의하면,

첫째, 어린이는 성인에 비해 또래 그룹에 속하고자 하는 욕구가 크므로 외국어 습득에 대한 동기부여가 그만큼 크다. 예를 들어 아이가 부모를 따라 이민을 간 경우 그 나라 어린이들과 같이 어울리고 싶기 때문에 어른보다 빨리 그 나라의 말을 배우는 것이다.

둘째, 어린이는 아직 자아의식이 약해(less self-conscious) 수줍음을 덜 타기 때문에 어른만큼 실수에 민감하지 않다. 따라서 그만큼 쉽게 배울 수 있다.

셋째, 아이들은 새로운 환경에 처해 있을 때 그 문화와 일체감을 느끼고 자신을 그 문화와 동일시하는 경향이 강하므로 그만큼 외국어를 쉽게 배울 수 있다.

04

동기를 부여하라

Key words _ 융화 동기부여, 수단 동기부여, 성인, 국제어, 정보화 시대

외국어를 잘하고자 하는 욕구, 즉 동기부여(motivation) 얘기가 나왔으니 성인에게도 적용되는 동기부여에 대해 잠깐 살펴보자.

동기부여는 크게 융화 동기부여(integrative motivation)와 수단 동기부여(instrumental motivation) 두 가지로 나눠 볼 수 있다. 융화 동기부여는 외국어를 사용한 덕분에 의사소통이 가능하고 나아가 인간적으로도 가까이 지낼 수 있게 되는 것이다. 수단 동기부여는 예를 들어 외국어를 함으로써 직장을 얻거나 외국어로 채팅을 함으로써 친구를 사귀거나 외국인 친구와 해외여행을 하게 되는 것을 말한다. 아이들의 경우 융화 동기부여가 강하고 성인의 경우 수단 동기부여가 크다.

이제 영어의 경우에는 외국어(foreign language)의 단계에서 국제어(international language)의 단계로 전이되고 있다. 영어는 더 이상 미국 말, 영국 말이 아닌 세계어가 되었다. 이제 스스로에게 "영어를 해야겠다"는 동기부여를 해 보자. 인터넷 정보화 시대에는 영어가 필수이고 어느 누구도 영어 학습을 대신해 줄 수 없으며 바로 자기 자신이 노력해야 한다는 점을 피부로 느껴야 한다.

궁금해요

Q 불어도 특별하게 유창하다고 장담할 실력도 아니고, 영어도 그저 다른 직장인들만큼 적당한 토익 점수의 무난한 실력인데, 이 두 외국어를 같이 공부하는 게 여간 어려운 일이 아닙니다. 영어 어학 연수 시 그나마 실전에서 갈고닦았던 불어마저 잊게 될까 봐 걱정이 많이 됩니다. 어떻게 해야 할까요?

A 두 외국어를 할 때 처음에는 혼동이 올 수도 있으며 이는 지극히 당연한 현상 중 하나입니다. 늘 불어를 읽고 듣고 말하며 영어도 같은 정도나 그 이상으로 읽고 듣고 말하고 쓰도록 하세요. 저도 통역사 활동을 한 지 28년이 되었지만 아직도 아침마다 영어, 불어를 읽고 듣고 합니다. 외국어 능력은 수많은 반복에 의해 표현들이 입에 붙고 몸에 배어야 하는, 즉 체득되어 사용할 수 있는 능력이지, 머릿속에 고여 있는 능력이 아닙니다. 꾸준히 두 언어를 사용하는 것이 관건입니다.

05

실수를 두려워하지 마라

Key words _ 실수, 또래, 원어민, 재미, 부딪치며 체험

영어 교육 전문가 코넬리우스 박사는 "영어는 어린이처럼 배워라. 실수를 두려워하면 영어를 배울 수 없다. 복잡하게 생각하지 말고 열심히 듣고, 외우고, 말하는 것이 영어를 익히는 데 가장 좋다"고 말했다.

그렇다. 어린이는 실수에 둔감하다. 또래와 사귀려는 욕구도 강하다. 이것이 어른들과는 근본적으로 다른 어린이들의 특성이다. 반면 어른들은 실수에 민감하고 자기를 지키려는 욕구가 강하다. 때문에 모르는 것이 있어도 창피하다는 생각에 묻지를 않는다. 무릎이 깨지지 않고 걸음마를 배울 수 없듯이 실수 없는 성공은 없다.

다른 사람들이 원어민과 맞부딪치며 체험한 실수를 통해 자신의 약점도 돌아볼 수 있다. 여기에 소개한 이야기는 한국외국어대학교 통번역대학원 학생들이 직접 체험한 것들이므로 그만큼 현실성이 높아 독자들도 다음의 사례에 공감하리라 생각한다. 등장인물이 자기라고 생각하며 재미있게 읽어 주기를 바란다. 그렇게 하면 독서 효과도 커진다.

❖ 예시 일화

성환이는 미국 유학을 가서 미국인 룸메이트와 방을 같이 쓰게 되었다. 책에서 배운 대로 자기소개를 무사히 끝낸 성환은 '내 영어도 이만하면 쓸 만하군' 하며 흡족해 했다. 그러나 방심할 때 복병이 찾아오는 법. 며칠 후 미국인 룸메이트가 저녁을 먹고 들어오더니 "Why don't we have a drink to break the ice?" 하면서 성환의 반응을 살폈다. 뭐라고? 아닌 밤중에 홍두깨도 유분수지, 술 마시는 것까지는 좋은데, 한여름에 어디서 얼음을 깨자는 걸까!

여기서 break the ice는 '얼음을 깨다'가 아니라 '탁 터놓고 이야기하다'라는 뜻이다. 그러므로 "Why don't we have a drink to break the ice?"는 술이나 한잔하면서 서로 좀 친해 보자는 뜻이다.

궁금해요

Q 안녕하세요? 저는 미국에서 대학교를 다니고 있어요. 1년 정도 되니까 그렇게 안 들리던 말도 많이 알아듣는 편이고 말도 많이 하려고 해서 일상적인 얘기하기나 단순한 영어 정도는 구사할 수 있는데 수업 시간에 교수님께 질문하거나 다른 학생들과 팀 프로젝트 할 때 제 얘기를 영어로 제대로 구사하기가 어려워요. 좀 길고 논리적이고 학술적인 말은 영어로 하기 참 힘들더라고요. 어떻게 스피킹 스킬을 늘리는지 궁금합니다.

A 좋은 질문이며 대부분의 유학생이 실제로 부딪치는 문제점들이라 생각됩니다. 친구들과 그룹 스터디를 하며 들은 내용을 영어로 다시 요약해 논리적으로 말하는 연습을 정기적으로 하면 도움이 됩니다. 입학 후에도 하루 3-4시간 이상씩 이 연습을 하면 괄목할 만한 발전이 있습니다. 말하는 능력은 체득되어야 하므로 방법만 알고 실제 연습을 안 할 경우 체득되지 않아 실전에서는 맥을 못추는 것입니다. 체득되어 체화될 수 있는 단계에 이르도록 친구들과 일주일에 3번 이상 그룹 스터디를 해 보세요.

Q 주로 말하기 부분의 실력 향상을 목적으로 대부분의 시간을 다른 방법(신문 읽기, 단어 암기, 라디오 듣기 등등)보다 문장 혹은 장문의 글들을 암기하는 데 할애하였습니다. 그러나 다양한 혹은 장문의 글들을 암기했음에도 실제 대화에서 느끼는 것은 머릿속의 공허함뿐입니다. 전형적인 암기 위주 공부 방법의 한계일까요?

A 사춘기 이후 외국어를 익힌 (필자를 포함한) 사람들에게 좋은 표현을 통째로 익히는 방법은 바람직합니다. 단어를 하나하나 익히는 것보다 표현을 한 덩어리(예 : He passes for an American)로 익히는 것입니다. 언어의 표현력은 결국 체득되어야 하므로 상황에 처하면 조건반사적으로 표현이 튀어나오도록 익혀야 합니다. 어렸을 때 자연 습득이 아닌 사춘기 이후 학습에 의해 외국어를 익히는 사람들에게는 입에 표현이 붙을 때까지 익혀 체득하는 것이 관건입니다. 많이 읽고, 들으며, 말하고, 쓰는 것을 동시다발적으로 해 나가야 상승 효과가 있습니다.

06

자동 외국어 교정기를 이용하라

Key words _자동 외국어 교정기, 알아보는 단계, 아는 단계, 답변, 자연스럽게 고쳐 주기

외국인과 말할 기회가 주어지면 말하고 싶은 내용을 모두 말하려고 노력해야 한다. 물론 처음에는 날씨, 가족 상황과 같은 일상적인 얘기를 나누게 되지만 그 수준에 머물러서는 안 된다. 이러한 일상적인 얘기를 영어로는 small talk이라고 하는 데 가능하면 다양한 주제에 대해 토론을 벌임으로써 대화의 수준을 높이도록 고삐를 조여야 한다. 이렇게 함으로써 책에서 배운 피상적인 지식을 실전에 응용해 볼 수도 있고, '알아보는' 단계의 수동적인 지식을 '아는' 단계의 능동적인 지식으로 바꿀 수도 있다.

그렇기 때문에 외국인들과 대화할 수 있는 기회를 적극 활용하라. 그들과 대화를 나누다 보면 그들이 틀린 말이나 표현을 꼭 고쳐 주려고 해서가 아니라도, 우리가 던진 질문에 대한 답변을 하는 과정에서 잘못 표현한 말을 자연스럽게 제대로 고쳐서 표현하므로, 주의를 기울이기만 하면 올바른 표현법을 배울 수 있다.

예를 들어 김 이사가 미국인 친구 Tom을 만나 안 부장의 영어 실력에 감탄해 마지않으며 다음과 같이 말했더니

"He speaks English so well, He often passes as an American."

Tom이 답하기를

"Oh, he often passes for an American."

Tom은 자연스럽게 미국 사람으로 간주된다는 표현이 pass as가 아니라 pass for라고 수정하며 넘어가는 것이다.

예술의 전당에서 북한 어린이들의 공연을 보고 나오며 미희가 Jane에게 말했다.

"They gave good impression."

이 말을 들은 Jane이 답하기를

"They made a good impression."

Jane은 좋은 인상을 주었다는 뜻이 give good impression이 아니라 make a good impression이라고 자연스럽게 수정을 하고 넘어간 것이다.

앞의 예에서 보았듯이 상대방의 표현에 세심한 주의를 기울이면 많은 것을 배울 수 있다. 상대 외국인은 틀린 표현을 고쳐 준다는 생각 없이도 '자동 외국어 교정기' 역할을 톡톡히 하는 것이다.

자동 외국어 교정기 이용 핵심 정리

1 | 주위에서 자동 외국어 교정기 역할을 할 외국인을 찾아낸다.

2 | 자동 외국어 교정기의 도움을 극대화하려면 나 자신이 늘 각성 상태에 있어야 한다. 자동 외국어 교정기가 제대로 작동(?)을 해 열심히 고쳐 줘도 나 자신이 듣지 못한다면 아무 소용이 없기 때문이다.

3 | 자동 외국어 교정기가 아무리 자동이라도 교정할 내용이 있어야 그 역할을 해낸다. 외국인을 만날 기회가 생기면 끊임없이 입을 열어라. 외국어를 배울 때만큼은 침묵은 금이 아니라 독이다.

07

콩글리쉬는 이제 그만!

Key words _ 콩글리쉬, 잘못된 표현, 외국인 자동 교정기 활용, 대화, 반응

우리가 일상생활에서 자주 쓰는 표현 중 잘못된 표현이 한두 개가 아닌데, 이 기회에 제대로 알아 두자. 외국어를 잘하는 '비법' 중의 하나가 오늘 할 일을 내일로 미루지 않는 것 아닌가?

핸드폰 : cellular phone/mobile

휴대폰을 hand phone이라고 하는 것은 잘못된 표현이다. 싱가포르에서나 hand phone을 휴대폰으로 알아듣는다.

TV의 황금 시간대 : prime time

golden time이 아니다. 참고로 노년기는 golden years, 황금률은 golden rule 이다.

대학생들의 M.T. : Membership Training

M.T.는 Membership Training의 약자로 대학생들이 어느 단체에 가입한 회원도 아닌데 M.T.라고 말하는 것은 잘못된 표현이다. M.T.는 회원들만의 연수 프로그램을 뜻한다.

호텔 프런트 : reception desk

미국 사람에게 호텔 front에서 만나자고 하면 호텔 밖에 나가 호텔 앞에서 기다린다. 그러므로 호텔 입구 홀 안의 체크인하는 데서 만나려면 "Meet at the reception desk"라고 해야 바이어를 제대로 만날 수 있을 것이다.

비닐봉지 : plastic bag

미국 슈퍼마켓에 가서 비닐봉지를 vinyl bag이라고 하면 아무도 못 알아듣

는다. 참고로 신용카드는 plastic이라고도 한다.

미국 슈퍼마켓에 가면 "paper or plastic?"이라고 묻는데 이것은 종이 봉지(손잡이 없는) 에 담아 드릴까요, 비닐봉지에 담아 드릴까요?라는 뜻이다.

헬스 : gym

헬스 클럽에 다닌다고 하려면 I work out in a gym이다. Health는 건강이라는 뜻이지, 장소를 뜻하지는 않는다. '운동하다'는 뜻으로 exercise를 쓸 수도 있지만 work out을 흔히 쓴다.

외국인과 실전을 통해 익히기 핵심 정리

1 | 외국인과 만날 수 있는 상황을 만든다.

2 | 말을 많이 한다.

3 | 자기 얘기만 하지 말고 상대방의 말에 귀를 기울인다.

4 | 전화하기, 식사하기, 운동하기, 쇼핑하기 등 다양한 상황을 만들어 생생하게 살아 있는 표현을 익힌다.

5 | 익힌 표현을 사용해 보고 상대방의 반응을 살피며 자동 외국어 교정기 역할을 최대로 이용한다.

08

모국어 실력, 중요한가?

Key words _모국어 중요성, 무(無)언어자, 신문, 유의어, 사자성어

외국어가 인생의 전부라고 생각하며 외국어에만 매달리는 후배들에게 꼭 얘기해 주고 싶은 게 바로 모국어의 중요성이다. "우리말을 못하면서 외국어를 잘할 수 없다"라고 단정적으로 말할 수 있다. 물론 우리말보다 외국어를 더 잘하는 사람을 가끔 볼 수 있다. 그런 사람의 경우 그 외국어가 모국어이거나 아예 모국어가 없는 無언어자(alingual)이다. 이 無언어자들은 훌륭한 통역사가 되지 못한다. 그 이유는 간단하다. 동시통역의 경우 주로 모국어로 통역을 하는 데 일상 대화를 언뜻 듣기에는 무난하지만 긴장 속에서 들은 메시지를 분석 종합하여 거의 동시에 전달하는 데는 부족하기 때문이다.

보통은 모국어보다 외국어를 더 잘할 수 없다. 모국어 수준이 탁월하지 못하면 외국어 구사 능력도 결코 좋아질 수 없다. 통역사가 되는 것을 목표로 하지 않더라도 외국어를 잘하고 싶으면 우리말도 공들여 가꿔 나가야 한다.

우리말 공부를 하는 방법을 소개하면 다음과 같다.

첫째, 매일 우리나라 신문을 읽되 정보 습득보다는 우리말 표현 그 자체에 신경을 써야 한다.
언어란 늘 변화해 항상 새로운 표현이 등장하게 마련이므로 이들 표현을 익혀 두어야 한다. 특히 말은 입으로 내뱉음으로써 존재 가치가 생기므로 표현을 단지 눈으로만 익혀서는 안 되고 입으로 여러 차례 직접 발음해 봄으로써 완전히 자기 표현으로 만들어야 한다.

둘째, 뜻이 비슷한 유의어에 특히 주의를 기울여야 한다. 유의어는 사용되는 맥락이나 분위기에 따라 뉘앙스를 달리하는 경우가 많다. 우리말에는 한자어가 많은데 이들 한자어가 대응하는 순수 우리말과 어떤 뉘앙스 차이를 갖고 사용되는지 평소에 철저히 익혀 두어야 한다.

유의어를 많이 알수록 표현도 다양하게 구사할 수 있다.

셋째, 속담이나 사자성어(四子成語)를 많이 알고 있으면 큰 도움이 된다. 이러한 표현들은 수사학적으로 뛰어난 효과를 갖고 있으므로 많이 익혀 두면 필요할 때 적재적소에 사용할 수 있다. 문자 그대로 해석될 때와 비유적으로 사용될 때 뜻이 달라지는 관용 표현도 많이 익혀 두면 좋다.

넷째, 영어가 모국어인 사람도 자기가 잘 모르는 분야의 영어 논문까지 쉽게 이해할 수 없듯이 아무리 우리말로 쓴 글이라도 자기가 잘 모르거나 관심이 없는 분야의 글은 쉽게 읽히지 않는다. 따라서 관심 분야를 평소에 꾸준히 넓혀 가면서 다양한 분야의 글을 접해야 한다. 그리고 자신이 약하다고 생각되는 분야의 글은 하루에 5분 정도 소리 내어 읽으면서 어색한 발음을 고치거나 글의 논리적 흐름을 잡아내는 훈련을 하도록 한다.

다섯째, TV를 보거나 라디오를 들을 때에도 정보 취득뿐만 아니라 표현에까지 신경을 쓰고, 유려한 표현이 나오면 메모하며 소리 내어 익혀 둔다.

여섯째, 언제나 국어를 정확하게 구사하려고 노력하자. 친한 사이일수록 말을 대충하는 경향이 있는데 이는 잘못된 어법을 습관 들이는 원인이 된다. 잘못된 언어 습관을 갖다 보면 올바른 어법을 잊어버리게 된다. 조금만 주의를 기울여 보면 존댓말이나 호칭 등을 잘못 사용하는 사람이 의외로 많음을 알 수 있다. 또 '가리키다'와 '가르치다', '개발'과 '계발' 등과 같이 비슷한 말을 혼동해 쓰지 않도록 노력한다.

일본의 경우 젊은이들의 모국어 구사 능력이 저하되는 현상을 우려하여 법령 세정까지 단행했다. 일본의 젊은 세대들이 인터넷 보급, 게임 문화 확산 등으로 읽고 쓰는 문화에서 멀어지고 있다는 우려가 일면서, 일본 국회가 '문자(文字)·활자(活字)의 날' 제정에 나서는 등 대책 마련에 나선 것이다. 이런 움직임은 최근 30대 이하 젊은 층 가운데 신문을 전혀 읽지 않는 비율이 20% 이상에 달하는 등 이른바 '신문 이탈현상', '활자 이탈현상'이 가속화되면서 일본어를 구사하는 '언어력(言語力)' 저하가 더 이상 방치할 수 없는 사회문제가 되고 있다는 판단에 따른 것이다.

이와 관련된 한 법안에는 지방자치단체에 필요한 수의 공립도서관을 설치하고 사서(司書)와 자료를 충실히 할 것을 촉구하고 있다. '언어력' 향상을 위한 교육 강화 방안으로 사서교사 육성 방안을 제시하고, 외국 서적 번역 출판에 대한 국가 지원 방안도 포함돼 있다. 법안은 '문자·활자 문화'를 '활자로 표현된 것을 읽고 쓰는 것을 중심으로 이뤄지는 정신적 활동, 출판 활동과 문장을 다른 사람에게 제공하기 위한 활동 및 문화적 유산'으로 정의했다. 법안은 또한 '국어'가 문화·활자 문화의 기반이란 사실을 고려하고, 학교 교육과정을 통해 읽고 쓰는 능력을 기초로 하는 언어력 함양 등을 기본 이념으로 제시했다.

일본 정부가 지난 2002년 12~30세를 대상으로 실시한 '정보화 사회와 청소년'에 관한 여론조사에 따르면, '신문을 전혀 읽지 않는다'는 응답 비율이 22.3%로 20년 전에 비해 3배 이상 늘어났다. 이런 여론조사를 토대로《마이니치[每日] 신문》이 실시한 여론조사에서는 '일본어 능력 저하가 활자 이탈 현상에서 비롯된 것'이란 응답이 78%에 이르렀다. 이에 따라 '어린이들에게 신문을 보게 하는 학부모 모임' 등 시민 단체들의 움직임도 활발하게 이뤄지고 있다.

09

외국어 공부에 필요한 환경?

Key words _ 학습 효과, 실내온도, 신선한 공기, 바른 자세, 쾌적한 공간

최고의 학습 효과를 낼 수 있는 쾌적하고 편안한 환경은 어떤 것일까? 외국 책에 소개된 내용을 정리해 보았다. 이 환경은 외국어를 익히는 데도 적용될 수 있다.

- 실내 온도를 너무 덥지도 춥지도 않게 18~23도 정도로 유지한다.
- 가능하면 우리의 눈에 가장 피로를 덜 주는 자연광을 이용한다.
- 틈틈이 두뇌에 필요한 신선한 공기를 충분히 들이마신다. 신선한 공기는 지각력과 정신적 원기를 북돋아 준다. 갑갑하다고 느껴지면 밖으로 나가 가벼운 산책을 하거나 거실로 나와서 왔다 갔다 하는 것이 좋다. 움직인다는 사실, 심리적으로 공부에서 잠시 벗어났다는 사실이 중요하다.
- 책상, 의자 등의 가구는 편안하면서도 긴장을 풀어 주고 바른 자세를 유지시켜 줄 수 있도록 디자인된 것을 선택한다.

  오랜 시간 앉아 있다 보면 발을 쉬게 해 줄 공간이 필요하므로 책상 밑 발받침대 기능을 하는 작은 정리 박스를 마련해 주는 것도 좋다.
- 좋아하는 그림이나 사진을 걸어 놓고 때에 따라서는 마음에 드는 음악을 들을 수 있는 매력적이면서도 쾌적한 공간으로 만든다. 그래야 학습 욕구가 왕성하게 생겨난다.

  사람에 따라서는 조용한 환경에서 공부가 잘되는 사람이 있는가 하면, 음악 소리가 들려야 공부가 잘되는 사람이 있다. 나는 아무 소리가 안 들리는 조용한 공간에서 일을 해야 집중이 잘된다.

  캐롤린 브렘은 저서 『공부 다시 시작할까?』에서 바로크음악이 인간 두뇌 활동을 알파 상태로 올려놓아 이 상태에서 학습 능률이 가장 고조된다고 말했다.
- 영어를 공부하는 사람이라면 생활 공간의 일부를 미국이나 영국에 온 것 같은 분위기가 나도록 꾸미는 것도 한 방법이다. 이런 방법은 특히 아이들

에게 효과를 거둘 수 있을 것이다.

아이의 방을 미국의 가정집처럼 꾸며 주고 재미있는 영어 비디오를 보고 영어 게임을 할 수 있도록 해 주면 아이들은 자연스럽게 영어의 바다에 빠져들 수 있다. 아이가 영어 노래와 비디오의 스토리를 따라 하다 보면 영어 표현이 자기 것으로 체득되고 나아가 체화된다.

학습 공간도 시간도 결국 자신의 동기부여에 의해 크게 좌우된다. 동기부여가 확고하다면 공간도 시간도 확보할 수 있다. 결국 목표 달성의 가장 큰 힘은 확고한 결의이다. 여기서 잠깐 짚고 넘어가야 되는 것은 외국어를 자신의 취미와 연결시키는 것이다. 노래를 좋아하는 사람이라면 팝송을 열심히 들어도 좋고, 컴퓨터가 취미인 사람은 영어로 된 컴퓨터 게임을, 영화 감상이 취미인 사람은 외국 영화를 열심히 보면 자신도 모르는 사이에 외국어 표현들이 몸에 배 필요할 때 저절로 튀어나오는 것이다. 외국어를 잘하려면 외국어를 취미로 생각하고 꾸준히 익혀야 한다.

우리의 뇌는 좌뇌와 우뇌로 나뉘어졌는데 좌뇌는 언어 기능, 우뇌는 감정 기능을 조절한다고 한다. 그러므로 지적인 언어를 많이 사용하면 좌뇌가 발달하며 또 입과 볼 주위의 근육이 보기 좋게 정돈된다고 한다. 지적인 말을 많이 하면 언어 실력뿐만 아니라 얼굴 인상까지 좋아진다고 하니 그야말로 두 마리 토끼를 다 잡는 셈이 아닌가?

필자의 경우 30년 가까이 통역사 생활을 해 오고 있지만 한 번도 지겹다는 생각을 한 적이 없다. 그 이유를 곰곰이 따져 보니 성격상 사람 만나기를 좋아하는데 통역이란 직업이 나의 그런 성격과 잘 맞아떨어지기 때문인 것 같다. 성격에만 맞는다면 통역이란 즐기면서 기량을 닦을 수 있는 꿈의 직업이라는 생각이 든다.

10

외국어 시작은 언제부터?

Key words _ 조기교육, 사춘기, 좌뇌와 우뇌, 선천적 언어습득 능력, 학습

"언제부터 외국어를 배우는 것이 좋을까요?" 통역·번역학 박사라는 타이틀 때문인지 이런 질문을 자주 받는다. 모국어를 습득하는 시기에 외국어 교육도 이루어져야 하지 않느냐며 외국어 조기교육에 많은 엄마가 관심을 보이고 있다. 아이들은 어떤 언어를 익히든지 보통 생후 일 년이 지나면 말을 하기 시작하며 만 4세가 되기 전에 문장구조를 익힌다. 목이 마르면 "물 주세요" 정도는 할 수 있게 되는 것이다. 언어습득은 생후 18개월에서 6세 정도까지 가장 활발히 일어난다고 할 수 있다. 아이들은 그냥 듣는 대로 받아들이며 소리를 따라서 하고 자연스럽게 언어를 습득한다.

아이들에게 주입식으로 가르치려 들면 스트레스를 받을 수도 있고 반감을 갖게 될 수도 있다. 그러므로 재미있는 게임, 놀이 등을 통해 즐거운 마음으로 접근하게 해야 한다. 엄마와 같이 놀면서 외국어와 친해질 수 있는 환경을 만들어 주는 것이 중요하다. 자녀에게 외국어를 가르쳐 주고 싶어 하는 엄마들이 가장 자신 없어 하는 것 중의 하나가 발음이다. 그러나 영어에 대한 두려움을 떨쳐 버리고 발음이 좋지 않더라도 **엄마가 직접 생활 영어로 말하고 영어 동화책을 읽어 주어 아이의 흥미를 불러일으키고 관심을 끄는 것이 중요하다.** 일상생활에서 영어를 사용하려고 노력하는 것과 함께 아이에게 원어민의 목소리가 녹음된 테이프를 매일 일정 시간 들려주는 것도 무엇보다 중요하다.

한 친구의 아들이 외국에 체류한 경험이 없는데도 미국 명문 아이비리그 대학에 너끈히 입학했다. 그 친구에게 아들이 영어를 잘하게 된 비결을 물어보니 아이가 어렸을 때부터 하루도 빠짐없이 아침에 20~30분씩 영어 테이프를 들려주었다는 것이다. 처음에는 아이가 짜증도 내고 했지만 나중에는 생활의 일부처럼 받아들이게 되었다고 한다.

엄마들은 아이가 일상생활에서 자주 쓰이는 문구를 익히도록 기회가 있을 때마다 영어로 이야기해 주도록 노력하라. 예를 들어 "Did you sleep well(잘 잤니)?", "Did you enjoy your meal(잘 먹었니)?"를 영어로 해 주고, 형이 동생을 때려서 울면 "Say you're sorry to your brother(동생에게 미안하다고 해)"라고 말해 준다. "Put this in your piggy bank(돼지저금통에 넣어요)" 하며 동전을 넣도록 한다. 과자를 먹을 때도 하나씩 먹으며 "One, two, three…(하나, 둘, 셋…)" 하면 자연스럽게 영어로 숫자도 익히게 된다.

요즈음 케이블 방송 디즈니 채널은 한국어/영어 언어 및 자막 설정이 가능하므로 영어 설정 후 아이들에게 청취시키는 것도 좋은 방법이다. 아이가 가장 관심 있어 하고 재미있어 하는 것이 무엇인지 파악해 적극 활용하면 효과가 크다. 아이의 눈높이를 맞추고 같이 즐기며 많은 대화를 나누는 것이 중요하다.

인터넷을 통해서도 도움이 되는 외국어 학습 정보를 받아 볼 수 있다.

디즈니(www.disney.com) 등의 사이트에서는 아이들이 좋아하는 캐릭터, 영어 동화 등을 쉽게 대할 수 있다. 또 인터넷을 잘 활용하면 아이들이 심취할 수 있는 다양한 게임을 무료로 다운받는 등 교재 비용 절감은 물론 유익한 정보를 빨리 얻을 수 있다. 자녀의 외국어 교육에 조바심은 금물이다. 조급해 하지 말고 꾸준히 반복에 반복을 거듭해야 한다. 대부분의 경우 아이들은 6개월이 지나면 슬슬 알아듣게 된다.

외국인 학생이 많은 미국 캘리포니아, 그중 '실리콘밸리'로 불리는 지역 서쪽의 한 유치원에선 중국·일본·독일·크로아티아·멕시코 등 다양한 국적과 문화적 배경을 가진 아이들이 미국 아이들과 함께 수업을 받고 있다. 반에 따라 차이는 있지만, 한 반의 3분의 1 이상이 외국에서 온 아이다. 이들 대부분은 집에서 쓰는 언어와 학교에서 쓰는 언어가 다르다. 이곳 유치원 교사들이 이들을 위해 추천하는 방법은 다음과 같다.

우선 영어 환경에 많이 노출시킨다. 영어 공부에 대한 동기부여가 중요하므로 영어를 가능한 한 자주 접하고 흥미를 갖도록 한다. 또래 아이들끼리 영어를 익히는 만남의 기회를 만드는 것도 한 방법이다. 정기적으로 동물원이나 박물관 견학을 가서 아이들에게 자기가 본 것을 그리도록 한 후, 영어로 그 이름을 붙이도록 하는 것도 도움이 된다.

아이들이 '집'이라는 편안한 환경에서 스트레스를 받지 않고 영어를 말할 수 있다면 두려움 없이 영어에 익숙해질 수 있다. 일주일에 하루 이틀 정도는 온 가족이 영어 쓰는 날을 만들어 본다. 게임을 같이한다거나, 음식을 만든다거나, 저녁을 먹는 동안만이라도 좋다. 자꾸 반복해서 하다 보면 나아진다.

또 아이들에게 영어로 된 잡지나 그림책, 광고 등을 보여 주면, 아이들은 영어 뜻에 대한 감각을 얻을 수 있게 된다. 말하기뿐 아니라, 아이들에게 영어로 글을 쓰는 기회 또한 자주 만들어 준다. 영어로 일기나 편지 쓰기, 이야기 만들기 등을 하도록 하는 데, 영어로 말하는 친구와 펜팔을 맺어 주는 것도 그 한 방법이다. 영어에 익숙하지 않은 아이를 위해 펜팔 친구에게 편지에 그림을 같이 그려 주기를 부탁해도 좋다. 집에 있는 물건들에 사전을 찾아가며 영어로 이름표를 붙여 보도록 하는 것 또한 아이들이 단어를 익히고, 후에 문장 속에서 단어를 알아보는 데 큰 도움이 된다. 영어로 된 음악도 많이 들려준다. 영어 동요도 좋고, 노래에 맞추어 춤추고 따라 부를 수 있는 신나는 음악도 좋다. 한참 따라 부르다 보면 자기도 모르는 사이에 표현들을 익히게 되는 것이다.

어린 나이부터 영어책을 많이 읽어 주면 좋다. 특히 만 3~4세는 언어 발달에 중요한 시기다. 미국 아이들도 유치원 전의 유아기 때 책을 많이 접하지 않았던 아이들은 학년이 올라갈수록 책 읽기에 문제가 생기게 된다. 특히 영어 공부를 시작하는 아이에게는 '라임(Rhymes)'을 권한다. '라임'이란 같은 음이 반복되는 구전 동요 같은 것인데, 비슷한 발음이 반복되기 때문에 따라 하기 쉽고, 발음이 비슷한 단어를 함께 익히는 일석이조의 효과를 얻을 수 있다.

책과 함께 오디오 교재와 비디오 교재도 이용하면 좋은데, 같은 내용을 반복해서 들려주고, 그 후 오디오 교재를 들려준다. 그러면 오디오 교재 속의 음향 효과 등으로 인해서 아이들이 부모가 읽어 줄 때와는 또 다른 흥미를 가지며 되새겨 듣게 된다. 그리고 만약 같은 내용의 비디오 교재가 있다면 비디오까지 세 가지 매체를 돌아가며 아이들에게 반복해서 들려주는 것도 좋다. 비디오 교재는 시청 시간을 제한해서 조금씩 학습 보조 교재로 이용하면 적지 않은 도움을 받을 수 있다. 'Between the Lions'나 'Sesame Street' 같은 직접적인 교육 프로그램이나 'Blue's Clues'나 'Dora'같이 간접적인 학습 프로그램도 권할 만하다. 그리고 무엇보다 잠자기 전, 책 읽기를 습관화할 수 있도록 만들어 준다. 이러한 책 읽기의 습관화를 통해 아이들은 자연스럽게 영어 학습의 질을 높여 갈 수 있다.

미국의 유치원에선 단어를 하나 가르칠 때 그와 관련하여 아이들에게 많은 이야기를 들려주고, 끊임없이 예를 들어 가며 반복해 준다. 예를 들어, 동그라미를 가르친다면 동그라미를 직접 그려 주고, 또 동그라미가 나온 그림을 스크랩해 보도록 하면서 확실히 이해하도록 돕는다. 일상생활 속에서도 부모들 역시 이 과정을 되풀이할 수 있다.

미국의 신경 생물학자 레너버그(Lennerberg) 박사는 외국어를 모국어처럼 구사할 수 있으려면 적어도 사춘기 이전에 배워야 한다고 주장한다. 그에 따르면, 언어 발달은 뇌의 발달과 밀접한 관계가 있으며, 선천적 언어습득 능력(모국어 수준으로 외국어를 배울 수 있는 능력)은 사춘기 이전에는 가능하다고 한다. 사춘기가 지나면 선천적 언어습득 시 일어나는 뇌 활동과는 다른 과정을 통해 언어습득이 이루어지므로 외국어를 배우기가 힘들 뿐 아니라 원어민과 같은 수준의 구사 능력을 갖기는 거의 불가능하다고 한다. 사춘기 이후에 외국어를 배울 때는 모국어와는 전혀 다른 메커니즘을 작용하므로 모국어를 배우듯 자연스럽게 습득될 수는 없다는 얘기다.

스위스의 심리학자 피아제(Piaget)도 사춘기를 전후하여 인간의 인식 작용 과정에 변화가 일어난다고 했다. 즉 사춘기 이후 외국어 학습 시의 인식 과정은 모국어 습득 시 일어나는 과정보다는 오히려 수학 학습 시 일어나는 과정에 더 가깝다는 것이다. 피아제의 이론도 사춘기 이전에 외국어를 배우는 것이 좋다는 레너버그의 가설을 뒷받침해 준 셈이다.

1967년에 제기된 레너버그의 신경 생물학적 학설은 그동안 여러 차례 수정 보완되어 이제는 멀티플 크리티컬 피리어드(Multiple critical period) 개념이 크게 주목받고 있다. 즉 언어의 어느 측면을 보느냐에 따라 선천적 언어습득 능력이 쇠퇴하는 시기가 다르다는 응용 언어학자 셀리거(Seliger)의 주장이 바로 그것이다. 그의 주장이 뒷받침하는 몇 가지 연구 사례를 살펴보자.

워커(Werker)와 티스(Tees)의 연구 결과에 따르면 출생 당시에는 모든 언어의 음성학적 구별이 가능하지만 생후 6~8개월이 지나면 특정 언어 음운(phoneme)의 선천적 인지(認知) 구별 능력이 재편성되므로 그 이후에 듣는 음운은 구별하기가 힘들어진다. 예를 들어 한국 아이는 생후 8개월이 지나면 영어 음운 leave의 /i:/와 live /i/의 차이를 거의 구별하지 못하게 된다. 왜냐하면 한국어에 '이' 소리가 하나만 있기 때문이다.

언어 구조 습득 능력에 관한 존스(Johnson)와 뉴포트(New-port)는 연구를 통해 언어 구조 또는 문법의 선천적 습득 능력은 8세를 전후하여 쇠퇴한다는 사실을 발견했다. 하지만 일반적으로 어휘 습득 능력은 성인이 되어서도 쇠퇴하지 않는다는 사실을 우리는 주위에서 쉽게 볼 수 있다. 열린 체계의 어휘는 계속 변화·생성하는 데 이는 얼마나 다행인가! 어릴 때 외국에서 살지 않은 순수 '국내파'인 우리를 보더라도, 비록 한국어에는 없는 음운의 구별은 성인이 되어서도 여전히 어렵지만 서로 다른 어휘는 잘 구별해 가면서 지속적으로 어휘 수를 확대해 갈 수 있음을 알 수 있다.

이처럼 언어 능력의 어느 측면을 보느냐에 따라 선천적 언어습득 능력이 쇠퇴 또는 소멸하는 시기가 달라진다는 주장이 요즈음 강력한 설득력을 갖는다. 따라서 생물학적 측면에서 보면 외국어 조기교육이 바람직하다는 결론에 도달하게 된다.

궁금해요

Q 사춘기 이후 영어를 배우는 성인들은 결국 영어를 들으며 표현을 외워야 들린다고 합니다. 우리가 여러 번 테이프를 듣고 나서야 들리는 이유도 다 외웠기 때문이라는데요. 이 말에 대해서 어떻게 생각하시는지요? 만약 이 말이 사실이라면 사춘기 이후 영어를 배우는 사람들은 수많은 문장 유형을 듣고 결국에는 그 표현을 외워야 완벽하게 들린다는 이야기가 되는 건지요?

A 사춘기 이후에 외국어를 습득하는 경우는 어렸을 때 외국어를 익히는 것처럼 자연 습득하는 것이 아닙니다. 그러므로 좋은 표현을 통째로 외우면 직접 사용 시, 즉 표현할 때 많은 도움이 됩니다. 알아보는(듣는) 단계에서는 흘려 듣기가 가능하나 알아서 사용하려면 집중해서 듣기를 꼭 해야 합니다. 사용 단계에서는 많은 표현들을 익혀 알고 있으면 자연스레 말하거나 쓸 수 있습니다. 하지만 듣기에서는 문법에 능하고 수많은 어휘를 알고 있으면 다 외워 알고 있지 않아도 들립니다.

11

아무나 이중 언어자(bilingual)가 아니다

Key words _ 이중 언어자, 언어 집단, 공용어, 혼돈, 상승 효과

외국어의 중요성이 강조되다 보니 주위에서 자칭 bilingual(모국어 수준으로 두 개의 언어를 구사하는 사람)을 종종 만나게 되는데 알고 보면 모두 아니다. 사춘기 이전에 한 언어 환경에서 다른 언어 환경으로 옮겨 간 사람들만이 진정한 의미의 bilingual이 될 수 있다. bilingual에 대한 정의를 내릴 때 2개 국어에 관한 동등한 언어 지식이라고 흔히들 말하지만 이는 부적절한 정의라고 생각한다. 왜냐하면 언어 지식의 정확한 측정이 어려운 현실에서 하나의 지식을 다른 언어 지식과 비교하기는 불가능하기 때문이며, 또한 두 개의 언어로 똑같은 경험을 할 수 없는 것이 우리의 현실이기 때문이다.

한국 사람들 중에서도 work out(기업 구조 개선 작업)이라는 영어는 알지만 여기에 해당하는 우리말을 모르는 사람들이 있다. 그렇다고 해서 이들이 우리말을 모른다고 할 수 있을까? 물론 그렇지 않다. 이 점에서 'bilingual'은 문화와 사회적 수준이 엇비슷한 두 개의 언어 집단으로부터 동시에 그 일원으로 받아들여진 사람 이라고 정의한 티에리 박사의 bilingual론이 더 설득력 있다. 이 정의에 따르면 어떤 사람이 "그 사람 정말 영어 잘해"라는 평가를 받는다면 그 사람은 bilingual이 아니라 외국인으로서 영어를 잘한다는 뜻이다. 전혀 그런 얘기를 듣지 않는 사람이어야 그 언어 환경 일원으로 이미 받아들여졌다는 의미가 된다. 자신이 정말 bilingual인지 그렇지 않은지 쉽게 테스트해 볼 수 있는 방법이다.

공용어가 두 개 이상인 나라에서 아이들에게 어떻게 언어 교육을 시키는지 살펴보는 것도 도움이 된다. 스위스와 캐나다가 이 방면에서는 대표적이다. 캐나다에서는 영어와 프랑스어를, 스위스에서는 프랑스어, 독일어, 이탈리아어, 로망스어를 공용어로 사용한다. 캐나다의 수도 오타와와 우리 교민이 많이 사는 토론토는 영어권인 온타리오주에 속한다. 이 온타리오주에서 차로 몇 분만 달리면 프

랑스어권인 퀘벡주에 들어선다. 이런 환경에서 영어와 프랑스어 두 언어를 알지 못하면 일상생활을 하기가 불편하다. 자연히 영어와 프랑스어가 캐나다의 공용어로 지정될 수밖에 없다.

그런데 우리가 언뜻 생각하는 것과는 달리, 프랑스어권 초등학교 저학년에서는 영어를 먼저 가르치고 그 뒤에 프랑스어를 정식으로 가르치며, 영어권에서는 그 반대로 교육을 실시한다. 프랑스어권에 거주하는 학생은 집에서 프랑스어를 쓰다가 학교에 가면—적어도 초등학교 저학년 때에는—영어를 써야 한다.

처음 이 방법을 도입했을 때 두 가지 언어를 동시에 배우는 바람에 혼동이 오지 않을까 하고 걱정하는 사람이 많았다고 한다. 그러나 그동안의 연구 결과에 따르면 오히려 두 언어에 대해 이처럼 학교와 가정에서 별도로 그러나 동시에 진행될 때 상승 효과를 일으키며 지적으로도 빨리 성숙할 수 있다고 한다. 물론 간혹 어려움을 느끼는 아이들도 있겠지만 이는 단지 한 언어를 배울 때도 나타날 수 있는 현상이며 반드시 두 언어를 배우기 때문에 나타나는 현상을 아니라는 얘기이다.

우리나라도 외국어 교육을 커뮤니케이션, 즉 의사소통 기능 중심으로 전환하고 있다. 이제 영어 조기교육의 시비는 사실상 끝났다고 볼 수 있으며 초등학교의 외국어 교육은 필연이다. 실용 외국어 교육이 정착되어 가고 있다고 할 수 있다.

궁금해요

Q 저는 지금 중어중문학과 1학년에 재학 중인 학생입니다. 자꾸 중국어식으로 생각하고 읽다 보니 이젠 영어를 점점 잊어가는 것 같아요. 처음 대학 들어올 때는 난 영어도 잘하고 중국어도 잘할 수 있을 거야, 라고 생각했는데 요즘 들어 이러다 영어를 더 못하게 되는 건 아닌가 하는 생각이 들어요. 교수님께서는 불어와 영어 공부를 어떻게 병행하셨나요? 저도 교수님처럼 두 외국어 모두 능숙하게 하고 싶습니다.

A 한 외국어에 집중하다 보면 다른 언어를 다소 잊게 되며 사용 능력도 일시 저하되는 것은 사실이며 자연스런 현상입니다. 그러므로 가능하면 일정 궤도에 오를 때까지 두 언어를 조금씩이라도 매일 하도록 노력해야 합니다. 일정 수준에 오르면 일주일에 2~3번 정도만 해도 유지가 가능합니다. 하지만 아직 그 수준에 달하지 않았으므로 앞으로 몇 년은 힘들더라도 두 언어에 지속적으로 공을 쏟으세요. 세상에 그저 얻을 수 있는 것은 없습니다. 정성과 노력의 결실만이 오래 지속됩니다.

12

미국 외교관들의 외국어 교육

Key words _ 미국 외교연수원, 외국어 숙달, 나이, 기억력 감퇴, 의사소통

우리나라 외교안보연구원에 해당하는 미국 국무성 산하 외교연수원(Foreign Service Institute)에서는 외국어 교육이 어떻게 이루어지고 있을까?

미국 외교연수원에서는 미국 외교관들에게 60개 언어 교육을 실시하고 있다. 보통 6주 정도면 기초 코스를 마치며 외국어 숙달 훈련 기간은 최저 24주다. 수준은 외국어를 한마디도 못하는 0급에서 외교관 임무를 수행하는 데 필요한 3급, 현지 원주민 수준인 5급까지 있다. 이 연수원에서는 세계 60개 언어를 4개의 카테고리로 분류했는데 한국어, 일본어, 중국어, 아랍어를 미국 외교관들이 배우기에 가장 어려운 언어로 분류하였다. 반면 프랑스어, 독일어 등은 가장 쉬운 언어로 분류하였다.

이 연수원에서는 그동안 축적된 연수 결과를 분석하여 다음과 같은 결론을 내렸다.

첫째, 성인들도 집중적인 학습을 통해 원어민 수준의 외국어를 습득할 수 있다. 그러나 미국 외교연수원에서는 3급을 주 목표로 교육하고 있다고 한다. 3급이란 연수를 통해 배운 외국어로 외국 신문을 읽을 수 있고, 어느 정도의 어휘력과 전문 지식이 요구되는 특정 분야의 일을 정확히 처리할 수 있는 수준을 말한다. 연수생들의 평균 나이는 41세인데, 개인마다 어느 정도 편차가 있지만 이들 중 3분의 2 정도가 이 목표를 달성했거나 목표를 능가했다고 한다. 나머지 사람들도 대부분 목표에 근접했다.

둘째, 단기적인 기억력은 연수생의 나이에 반비례하지만, 연수생들의 단기 기억력 감퇴는 그동안 축적한 경험으로 보완한 결과 외국어 학습에 많은 도움이 되었다.

셋째, 대부분의 연수생들이 성인이 되고 나서 외국어를 배웠기 때문에 악센트나 발음에서는 원어민 수준에 미치지 못했다.

참고로 원어민 수준으로 발음이 완벽하려면 6세 이전, 문장 형태가 완벽하려면 15세 이전에 외국어를 익혀야 가능하다고 한다. 따라서 모두 성인인 연수생들에게 악센트가 3급 달성의 실질적인 기준이 되지는 않는다.

이 예에서도 보듯이 우리가 외국어를 유창하게 구사한다고 통념적으로 생각하는 외교관들도 원어민과 같은 수준의 외국어 구사를 목표로 삼는 것은 비현실적이다. 실용성을 강조한 즉 '부딪쳐서 써먹을 수' 있는 외국어 숙달이 우리가 지향해야 할 현실적인 목표인 것이다.

외국어로 의사소통을 하기 원하는 사람은 실수를 두려워하지 않는다. 그 이유는 간단하다. 왜냐하면 목표는 문법적으로 하나도 틀리지 않는 완벽함을 추구하는 것이 아니라 자신이 말하고자 하는 바를 전달하는 것, 즉 커뮤니케이션 하는 것이기 때문이다.

모든 외국어 학습법은 똑같다

토종 국내파로 한국외국어대학교 통번역대학원 한영과 재학 당시 불어를 시작하여
한·영·불 국제회의통역사가 된 제자 고은경 이야기

나는 중학교에 들어가서 처음으로 영어의 알파벳을 그리면서 배우기 시작한 전형적인 국내파이다. (1965년생인데, 지금은 다르지만 당시에는 중학교 가기 전에 영어를 조금이라도 배운 학생은 매우 드물었다.)

사실 처음부터 영어에 특별한 관심이 있었던 것은 아니다. 예습 복습을 게을리해서 한 학기가 지난 후에는 영어 성적이 매우 나쁘게 나왔는데, 그제야 정신이 번쩍 들었다. 그것도 역시 다른 이유가 아니라 앞으로 6년간은 영어와 수학이 성적에서 매우 중요한 비중을 차지한다는 것을 알고 있었기 때문이다. 그래서 이제는 예습 복습을 착실히 해야지, 하고 마음을 먹고 있을 무렵에 아버지께 나의 형편없는 영어 실력을 들켜 버렸다.

:: 아버지에게 배운 영어의 기초

아버지는 무역업에 종사하였는데, 영어를 잘하셨다. 아버지는 딸의 영어 실력에 충격을 받은 나머지 영어를 직접 가르치기 시작하셨다. 솔직히 나는 아버지를 무척이나 무서워했기 때문에 사태가 이렇게까지 악화된 것이 너무나도 원망스러웠지만 할 수 없었다.

아버지의 영어 강습 방식은 상당히 독특했다. 당시에도 이미 아는 학생이 거의 없었던 (아버지께서 학생 시절 쓰시던 것이므로) 『삼위일체』라는 구식 문법책과, 난이도에 따라 분류되어 출판된 중고생용 영어 동화, 소설 등을 사용하셨다. 『삼위일체』로 문법의 원리를 배우고, 요약판 동화나 소설로 독해 연습을 하였는

데, 독해 연습을 할 때는 한 페이지를 처음부터 끝까지 문법 설명과 함께 해석을 해 주신 후 다시 내가 해석을 해 보게 하셨다. 그런 후 같은 페이지를 큰소리로 세 번 읽고, 그다음에는 아버지가 책을 들고 한 문장씩 해석하면 나는 영어로 그 문장을 말해야 했다. 실질적으로 한 번 해석하고 세 번 읽는 동안 외워야 하는 것이었는데, 아버지를 무서워했기 때문에 혼나지 않으려고 대개의 경우 세 번 읽는 동안 한 페이지를 통째로 외우곤 했다. 이런 식의 수업을 일요일이나 휴일이면 아침 9시부터 밤 10시, 11시까지 하루 종일 했다. 당시에는 그래서 달력에 빨간 날만 보이면 겁부터 났지만, 그 덕분에 약 1년 만에 영어 문법을 다 배우고 독해력도 어느 정도 생기게 되었다.

영어 문법은 그 양에 한계가 있기 때문에 이렇게 단기간 집중적으로 노력을 투자하면 마스터할 수 있다. 그리고 예제를 많이 외우는 것이 글쓰기나 말하기에 큰 도움이 된다. 그런 면에서 그 당시에는 싫었지만 지금 생각해 보면 적절한 교습 방식이었고 또 내 영어 실력의 기초도 그때 닦인 셈이다.

:: 영국인 선교사에게 배운 영어 회화

중학교 3학년 때 내가 다니던 성당에 윌리엄이라는 영국인 선교사가 매주 일요일 저녁 미사 전 오후 시간에 영어 회화반을 운영했다. 영어에 재미를 붙여 가던 참이라 나는 그곳에 가기 시작했다. 처음에는 거의 대학생 위주로 몇 십 명이나 모였기 때문에 나 같은 중학생은 입도 뻥긋 못하고 그냥 구경만 하다가 돌아왔다. 그런데 몇 달 지나니까 매주 오는 고정 멤버가 점점 줄어서 몇 명 안 남게 되었다. 다른 재미있는 일이 많은 대학생들이라 일요일 오후 시간을 매주 투자하기가 쉽지 않았던 모양이다.

나는 따로 재미있는 스케줄도 없었으므로 고등학교 2학년 겨울방학에 이 강의가 폐강될 때까지 3년간, 학교 시험 때에도 빠지지 않고 매주 참여했다. 사람이 몇 명 되지 않았기 때문에 이런저런 토론도 하고(주로 신앙에 관한 것이었지만), 영어로 성가도 배우고, 크리스마스 땐 우리끼리 과자를 사 놓고 파티도 하는 등 참 재미있었다. (그 당시 중·고등학생들이 다 그랬지만) 영화관이나 제과점 출입을 통제받으며 학교와 집만 왔다 갔다 하던 나에게 일요일 오후 영어 회화 수업은 유일한 외출의 기회이자 오락거리였다.

고등학교에 진학하고 나서는 졸업을 할 때까지 평범하게 학교 공부로써 영어를 하였다. 다만 점점 수학을 못하게 되고 영어를 잘하게 되니까 점점 더 영어에 관심을 기울였던 것 같다. 영화 'Love Story'를 보고 감명을 받은 나머지 원서를 구해서 낑낑거리며 읽기도 하고, 올리비아 헷세가 나오는 영화 '로미오와 줄리엣'을 본 후엔 그 주제가의 가사를 알고 싶어서 노래 테이프를 몇 시간 동안 한 단어씩 끊어 들으면서 가사를 받아 적기도 하였다. 지금 생각하면 그냥 가사가 수록된 테이프를 사면 될 일이었는데 왜 그랬는지 모르겠다.

:: 영문과에 진학, 한 달에 1,000쪽 분량의 원서 읽어

나는 대학에서 내가 좋아하는 영어를 전공하였다. 연세대 영문과는 수업 강도가 매우 높은 걸로 알려져 있다. 영어 소설 수업 한 과목용 독서량이 한 학기에 원서 1천 쪽이 넘었다. 사실 이는 대학생에겐 엄청난 양이었다. 덕분에 대학교 시절에 고3 때보다 더 열심히 공부했다. 그것도 지겨운 줄 모르고. 나는 학교 수업 시간에 필요한 원서 읽기 외에 《Newsweek》를 구독해 읽으며 영어 읽기 능력을 키웠다. 그런데 단어를 꼬박꼬박 찾으면서 읽으려니 도저히 재미도 없고 읽을 시간도 없었다. 사실 전공 선택으로 소설 1과목, 희곡 1과목, 전공 필수인 영어 고전 문학이나 언어학 등 독서량이 많은 것을 듣다 보니 학과 공부만으로도 벅찼다. 교재와 참고 서적을 합해 한 학기에 영어 서적 독서량만 3, 4천 쪽에 달했다. 시험 기간을 빼고 한 달에 최소한 1천 쪽은 읽어야 했던 것이다. 그러니 도저히 《Newsweek》까지 공부하듯 읽을 수가 없었다. 몇 주를 그냥 한 페이지도 제대로 못 읽고 넘기다가 아예 전략을 바꿔 전철을 타고 있을 때 같은 자투리 시간에 단어를 찾지 말고 재미로 읽기로 했다. 그랬더니 의외로 매주 꼬박꼬박 읽게 되었는데, 그건 일단 재미있기 때문이었다. 외무부 장관을 지낸 한승주 교수의 칼럼은 꼭 찾아 읽었던 기억이 난다. 재미가 있었으므로 매주 꽤 많은 내용을 읽을 수 있었고, 또 그러다 보니 정말 궁금한 단어는 표시했다가 나중에 찾아보게 되었다. 이것 역시 확실한 '통으로 읽기' 연습이 되었던 셈이다.

영어 회화 실력을 향상시키기 위해 학교의 외국어학당에서 영어 회화 수업을 들었다. 학교 부설의 외국어학당은 처음 과정을 시작할 때 시험을 봐서 등급을 정한 후, 매 학기가 끝날 때마다 담당 선생님이 다음 등급으로 진급을 시킬 것인지

유급을 시킬 것인지를 결정하게 되어 있다. 그렇게 해서 8단계의 과정을 모두 이수하고 나면 외국어학당 졸업장을 주었다. 그 졸업장이 취직할 때 도움이 된다고 해서 이 과정에 많이들 등록했는데 워낙 꾸준히 다녀야 되는 과정이므로 중간에 포기하는 사람이 많았다. 나는 1학년 여름방학에 4등급으로 시작해서, 학기 중에도 계속 다녔으므로 2학년 말에 외국어학당을 졸업했다. 그 후로 영어 회화는 전공 수업을 듣는 것으로 만족했는데, 2학년 이후 점점 더 전공 과목 학습량이 늘어났기 때문에 결과적으로 일찍 어학당 전 과정을 마치기를 잘한 셈이다.

:: 과외 공부 가르친 덕에 영어 문법책 100번 독파

한편, 영문법의 경우 아르바이트로 고등학생을 가르친 덕을 톡톡히 보았다. 나는 내가 아버지에게 배운 대로 영어 동화나 소설로 독해 연습과 외우기를 시켰으며 (문법 교재는 『삼위일체』가 아니라 『성문기본영어』와 『성문종합영어』로 버전 업(?)했지만),단 두세 줄이라도 영어 일기를 쓰게 해서 고쳐 주었다. 내가 가장 오래 가르쳤던 학생의 경우 고2 겨울방학 무렵에 독해 연습용 교재로 헤밍웨이의 『무기여 잘 있거라』를 사용하기도 하였다. 매번 학생을 가르치러 갈 때마다 단어 시험과 문법 시험을 간단하게 보았다. 범위는 지난 3회분 수업 분량. 그러므로 내가 가르치는 학생은 언제나 같은 대목을 세 번은 복습해야만 했다. 수업을 할 때도 학생 앞에서 해답을 찾아보는 망신을 당할 수는 없으므로 그날 수업할 분량에 해당하는 문법 연습 문제를 미리 풀어 보고 갔다. 학생에게 문법 시험 문제를 낼 때도 시중에 나와 있는 문법 문제집을 모조리 사서 내가 훑어본 다음 종합하여 몇 문제씩 출제하였다. 같은 내용에 대해 세 번 이상 시험을 보았기 때문에 나는 문제를 외울 정도가 되었다. 언제나 이런 식으로 진도가 다른 두세 명의 학생들을 가르쳤기 때문에, 『성문기본영어』와 『성문종합영어』의 문법 문제는 각각 100번 이상 푼 것 같다. 그리고 단어 시험 역시, 학생 앞에서 즉석으로 채점해 주면서 내가 틀릴 수가 없으니 단어를 부르면서 철자를 다시 한 번 외우곤 했다. 그래서 나는 영어 맞춤법이 매우 정확하다.

그 후 통번역대학원에 들어가기로 마음먹고 수소문해서 재학생을 만나 보았더니 일단 토플 시험부터 쳐 보고 600점이 안 되면 응시도 하지 말라기에, 서점에 기출 문제집을 사다가 시간을 재 가며 서너 회분을 풀어 본 적이 있다. 학원에서 따로 토플 강좌를 들은 적이 없는데도 매번 600점이 거뜬히 넘는 걸 보고, 스스로도 열심히 애들 가르친 보람이 있다고 생각했다. 문법 문제는 대부분 두 번 생각할 것도 없이 문제를 읽는 동시에 답이 보였기 때문이다. 조건반사처럼. 그 뒤로 내가 늘 주장하는 바이지만, 우리가 알아야 할 문법은 고등학교 때 다 배운다.

:: 미국 영화 대사가 귀에 들어오다

영어 듣기의 경우, 중3 때부터 영어 회화를 열심히 했으므로 기본적인 듣기는 되는 편이었다. 아마 대학교 3학년 때였던 것으로 기억된다. 고등학교 다니는 막내 동생의 중간고사가 끝난 날 동생에게 영화 구경을 시켜주었다. 〈람보 2〉였다. 그 영화의 내용을 기억하는 사람은 알겠지만 액션 위주의 영화라 영화 대사가 정말 쉽다. 첫 장면부터 갑자기 영어 대사가 귀에 들어오기 시작했다. 옆에 자막이 보였기 때문에 더 귀에 쏙쏙 잘 들어온 것이리라. 그래도 미국 영화를 보는데 갑자기 대사를 알아듣게 된 것은 너무나도 놀라운 경험이었다. 외국어 실력이란 점진적으로 향상되는 것이 아니라 실력이 누적되었다가 갑자기 한 단계씩 향상되는 법이라는 것을 알고 있었지만, 막상 그것을 경험하고 보니 마치 마술과도 같이 느껴졌다.

며칠 뒤 친한 친구를 만나 갑자기 영어가 들리는 게 너무 신기했다며 영화의 내용을 얘기해 주었는데, 어찌나 집중해서 들었는지 영화 전체의 대사를 영어로 다 외우고 있었다.

:: 통번역대학원 입학 위해 영어 받아쓰기 시작

대학교 4학년이 되어 통번역대학원 입시 준비를 위해 미국인 교수의 충고에 따라 영어 받아쓰기를 시작했다. AFKN의 5분짜리 라디오 뉴스를 매일 녹음하고 알아들을 때까지 한 단어씩 끊어 가며 받아썼다. 한마디도 못 알아듣는 내용이라도 한 단어씩 끊어서 열 번이고 스무 번이고 반복해 들으면 그 단어는 들린다. 그러면 그다음 단어를 공략했다. 처음엔 이런 식으로 5분을 받아쓰는 데 3시간이 넘게 걸렸다. 그렇게 낑낑거리며 한 번 받아쓴 내용을 처음부터 다시 들어보면, 모든 단어가 다 들린다. 5분 뉴스를 위해 3시간 넘게 노력한 결과이지만 이것은 마치 어디서 공짜로 돈이 생긴 듯 기쁘고도 신기했다. 이런 식으로 받아쓰기를 매일

6개월 정도 한 것 같다. 나중엔 받아쓰기를 하지 않고도 거의 다 알아들을 수 있게 되었다.

쓰기 연습은 따로 많이 하지는 않았지만 엄청난 독서량이 바탕이 되었던 것 같다. 국어든 영어든 많이 읽으면 문장이 좋아지는 법이니까. 다만 미국인 교수들의 수업 시간에 제출하는 리포트를 쓸 때는 일단 한국어로 초안을 작성하고 영어로 옮기는 방식을 택하지 않고 죽이 되든 밥이 되든 처음부터 영어로 썼다. 한국어로 초안을 작성하는 것이 아무래도 편하므로 그렇게 하는 친구도 많았지만, 영어 문장이 좋아지기 위해서는 영어로 생각하고 영어로 쓰는 버릇이 들여야 한다는 생각에 처음엔 좀 힘들어도 아예 한국어 초안은 한 번도 작성하지 않았다. 하다 못해 보고서의 서론, 본론, 결론에 들어갈 요점을 써 보는 제1차 초안 작성도 영어로 했다.

:: 해외파들 때문에 기죽었지만 다시 피나는 노력 시작

4학년 겨울방학 때 입학 시험을 치르고 통번역대학원에 입학하고 보니 어린 시절을 외국에서 보낸 이른바 '해외파'가 반수 정도 되었다. 첫 수업을 하고 나서는 기가 막히다는 생각밖에 들지 않았다. 외국에서 자란 학생들의 영어는 내 영어와는 비교가 되지 않을 정도로 훌륭했다. 의사소통의 차원이 아니었다. 그 학생들은 미국인같이 발음하고 미국인 같은 논리와 제스처, 표정을 가지고 있었다. 촌스러운 내 눈엔 그 아이들이 영어를 하는 동안은 그냥 미국 사람으로 보였다. 처음으로 세상은 불공평하다는 생각을 했다. 남들은 그냥 자라면서 저절로 얻은 것을 나는 노력으로 메워야 한다는 것을 깨달았기 때문에 그리고 내가 아무리 노력해도 그들과 똑같이 될 수 없다는 것을 알았기 때문에.

한 학기 정도 지나면서 해외파 중에도 국어 실력 때문에 야단맞는 학생도 있고, 논리와 분석력이 부족하다고 야단맞는 학생도 있는 것을 보고 결국 우리는 야단맞는 분야가 다를 뿐이구나 하고 생각하게 되었지만 그래도 개강 첫날의 그 충격은 잊을 수가 없다. 그리고 그건 내가 그 후 통번역대학원 재학 2년 동안 피나게 노력하는 동기가 되었다. 나에게는 정말 노력으로 메워야 하는 부분이 너무 컸다. 여전히 영어 과외는 두세 건을 하고 있었으므로, 그 외의 시간은 모두 학교에서 보내기로 마음먹었다. 어차피 집이 북가좌동이라 통번역대학원이 있는 이문동에 가려면 134번 버스를 타고 종점에서 종점까지 가야 했으므로 차가 밀리지 않는 새벽과 밤 시간에 통학하는 편이 유리하기도 했다. 그래서 아침 7시 15분 정도에 등교하고, 아르바이트가 없는 날 저녁엔 밤 10시 이후까지 도서실에서 공부하다 집으로 갔다.

학교에 가기 위해서나 과외를 가르치러 가기 위한 교통수단을 이용할 땐 무조건 단어와 문장을 외웠다. 《The Korea Herald》나 《Newsweek》 등의 신문, 잡지에서 모르는 단어와 유용한 표현 그리고 마음에 드는 문장을 단어장에 써 넣되, 한 쪽을 반으로 갈라 왼쪽엔 영어, 오른쪽엔 한국어를 썼다. 문장의 경우에는 한국어 번역을 썼다. 그리고 종이로 반쪽을 가리고 맞든 틀리든 한 번 해보면서 외웠다. 내가 국내파라 영어 표현이 약하므로 주로 한국어에서 영어로 가는 쪽으로 많이 외웠다. 자연스럽게 영어 표현이 몸에 밴 것이 아닌 이상 이렇게 '미련하게' 외워서 실제 상황에서 무조건 튀어나오게 하는 수밖에 없었다.

그리고 단어장을 펼치고 외울 때는 항상 그날 외워야 할 것부터 시작해서 3일 정도 거슬러 올라가서 외우고, 일주일 전의 분량도 한 번씩 반복했다. 나는 흔들리는 차 안에서 글을 읽으면 예나 지금이나 멀미를 하는데, 그때는 선택의 여지가 없었으므로 강행했다. 그랬더니 나중엔 하루 종일 메스꺼운 상태가 되어 버렸다. 절박하다 보니까 혼자 차 안에서 중얼거리는 나를 이상하게 바라보는 시선에도 별로 신경이 쓰이지 않았다.

그리고 통번역대학원에 같이 진학한 대학교 같은 과 동기 동창 현주와 1년 동안 매일 통역 스터디를 하기로 약속하고 이를 실천했다. 음악을 틀어 놓은 카페나 제과점에서도 스터디를 많이 했기 때문에 나중엔 조용한 교실에서는 정말 집중이 잘됐다. 우리는 1년 동안 무조건 서로 영어로 얘기했다. 이것 역시 386 세대인 나로서는 하기 힘든 결심이었지만—나는 영어를 잘하는 것을 조금 창피해 하면서 대학을 다녔다—하루 종일 영어를 하는 환경을 인공적으로 만들기 위해선 어쩔 수 없었다.

그 외의 시간에는 도서실이나 Lab에서 혼자 공부하였는데, 특히 매일 아침 등교 후 한 시간씩 텍스트를 눈으로 보면서 즉각적으로 소리 내어 번역하는 시역(sight translation) 연습을 했다. Lab에서 내 목소리를 녹음하면서 했는데, 아침 7시엔 Lab이 모두 텅 비어 있었기 때문에 혼자 연습하기엔 안성맞춤이었다. 그런데 자기가 통역하는 걸 녹음해서 들어 본 사람은 알겠지만 마구 더듬거리며 번역하는 자기 목소리를 듣는 건 매번 충격이자 고문이었다. 그렇게 비참할 수가 없었다. 이

것이 남의 귀에 들리는 내 목소리라고 스스로를 채찍질하며 매일 연습했다. 1년쯤 지나자 대개의 텍스트를 매끈하게 번역할 수 있었다.

:: 《Newsweek》 한쪽 분량은 한 번에 외워

그렇다고 통번역대학원 2년을 수도승이 고행하듯 다닌 건 아니다. 오히려 내 인생 중 가장 재미있었던 기간이었다. 난 통번역대학원에 입학할 때만 해도 통역에는 전혀 관심이 없었고, 졸업장을 따서 좋은 데 취직하는 것이 목표였다. 그런데 통역 연습이란 걸 한두 번 해 보니 너무나도 재미가 있었다. 남이 하는 말을 한 번 듣고 완전히 이해해서 머릿속에서 재구성한 후 동일한 논리와 뉘앙스를 넣어, 그러나 문화적인 점은 청중의 문화에 맞추어 재생산해 내는 일은 아주 매력적인 작업이었다. '정말 이것이 나의 길이구나' 하는 생각이 저절로 들 정도였다. 그래서 통역 스터디는 사실 공부가 아니라 오락이었다. 특히 분석력을 향상시키기 위하여 1학년 1년 동안은 노트를 전혀 하지 않고 암기해서 통역을 했는데, 처음에 한 문장도 되 뱉어 내기가 힘들던 것이 점점 한 문단, 두 문단, 기사 한 꼭지로 양이 늘게 되자 정말 흐뭇했다. 운동선수가 열심히 연습해서 기록을 경신하는 쾌감이 이런 것일까! 노트를 하기 시작 바로 직전인 1학년 말엔 《Newsweek》 한쪽 분량을 한 번에 외웠다. 그런 후 핵심 내용을 나름대로 적는 노트 테이킹을 하기 시작했기 때문에 난 지금도 노트하는 양이 적고 듣기 위주로 통역을 한다.

통역 스터디 외의 다른 공부 중 잡지 등을 읽고 TV를 시청하는 것은 오락의 범주에 속했지만, 단어와 문장 외우기와 테이프가 들릴 때까지 반복해서 듣기는 노동이었다. 단어 외우는 행위 자체가 재미있는 사람이 누가 있겠는가! 나의 오락을 좀 더 즐기기 위해서 하는 준비운동이니까 군말 없이 자발적으로 한 것일 뿐이다. 그래서 난 가끔 궁금하다. 아무리 훌륭한 피아니스트라도 과연 매번의 연습을 즐길 수 있는 걸까?

:: 프랑스어에도 도전장을 내밀다

통번역대학원 2학년 가을, 파리 통번역대학원인 ESIT에 유학 갈 프랑스 정부 장학생 선발 시험이 있었다. 봄에 그 소식을 들은 나는 프랑스어도 모르면서 무모할지라도 도전해 보고 싶어졌다. 사실 그때까지 통역 자체는 너무 재미있었지만 험난한 프리랜서의 세계에서 생존할 자신이 없어서, 학창 시절의 마지막 순간까지 통역 스터디를 즐기다가 자비 유학은 형편이 안 되니까 졸업 후 취직을 하려던 참이었다.

영어를 잘하는 사람은 프랑스어도 빨리 배운다는 교수님의 말을 철석같이 믿고 통역대학원 2학년 봄부터 가을까지 그야말로 벼락치기로 프랑스어를 공부했다. 다행히 장학생 선발 시험에 합격하여 프랑스로 유학을 간 나는 이번에는 프랑스어를 '미련하게' 외우면서 공부했다. 처음으로 프랑스어 문법 문제집을 사서 문제를 풀던 날, 나중에 종이를 가리고 반복할 수 있도록 한쪽 옆에 답을 적으면서, 또 시작이구나 하고 한숨을 쉬었던 기억이 난다. 그래, 또 시작이었다. 영어 실력을 늘이기 위해 노력할 때와 똑같은 방법으로 나는 프랑스어를 정복해 나갔다. 사실 외국어란 어느 나라 말이든 학습법은 같지 않은가?

외국어를 잘하는 비결 10가지

필자가 주위에서 만난 국내파 외국어의 달인들이 외국어를 습득한 과정을 살펴보면 몇 가지 공통점이 있다. 그 내용을 정리하면 대강 다음과 같다. 외국어를 공부하는 사람들에게 많은 도움이 되리라 생각한다.

첫째 | 문법책은 필독한다. 문법이 흔들리면 이는 모래 위 성 쌓기나 다름없다.

둘째 | 문법이란 기본기가 갖춰지면 외국어 방송이나 테이프를 들으며 실제 상황의 회화를 익힌다.

셋째 | 무엇이든 접하기 쉬운 외국어 접촉 방법을 찾아 늘 가까이한다. 회사에서는 인터넷, 집에서는 케이블, 위성 방송 등을 적극 활용한다.

넷째 | 그날 배운 것은 반드시 그날 복습한다. 복습해야 할 양이 많아지면 자신의 것으로 체화시키기가 어렵다.

다섯째 | 테이프를 들을 때, 비디오를 볼 때에도 대충 넘어가지 않고 모든 대사가 완벽하게 들릴 때까지 듣고 또 듣는다.

여섯째 | 인내가 필요하다. 외국어 실력은 계단식으로 향상된다. 매일 꾸준히 했는데도 답보 상태인 것 같아 답답하다가도 어느 날 실력이 부쩍 향상된 것을 느끼게 된다.

일곱째 | 얼굴에 철판을 깔아야 한다. 외향적이고 좀 뻔뻔한(?) 사람이 외국어로 빨리 말할 수 있다. 좀 틀리더라도 개의치 않고 하고 싶은 말을 하는 담력을 키우는 게 중요하다.

여덟째 | 새로운 것을 계속 추구한다. 같은 뜻이라도 늘 다른 표현을 익혀 사용하는 습관이 몸에 배게 한다. 유사 표현을 많이 알고 있어 적절히 사용할 줄 알아야 하고 기회만 생기면 직접 써 보도록 한다.

아홉째 | 외국어 공부할 때 중요한 것은 듣지만 말고 큰소리로 따라 해야 한다. 듣기, 말하기를 동시에 해야지, 듣기에만 치중하면 외국인을 만났을 때 입이 떨어지지 않는다.

열째 | 30분이라도 빠짐없이 거르지 않고 매일 외국어를 접하는 것이 중요하다. 뭔가 일을 저지르는 것같이 며칠 반짝하고는 도중하차 하지 말고, 즐기며 꾸준히 한다.

Part 2

통역·통역사

Success is not a place at which one arrives,
but rather the spirit with which one undertakes and
continues the journey.

성공이란 우리가 도달해야 하는 곳이라기보다는
그 여정을 시작하고 계속하도록 해 주는 기개(氣槪)이다.

01

글로벌 시대의 세계인, 통역사

Key words _ 글로벌 시대의 첨병, 세계화는 말이다, 문학번역원, 커뮤니케이션, 외교의 촉매자

글로벌리즘, 세계화 등등의 말은 이제 미래 시제가 아니라 현재진행형이다. 우리나라 역시 세계화라는 필연적인 패러다임하에서 주변부로 밀려나지 않기 위해 다각적인 노력을 기울이고 있다. 어느 부분에서는 이미 세계화가 진행되고 있고, 이러한 작업은 앞으로도 계속되어야 한다.

세계화 시대로 접어들면서, 사회 전반적으로 이와 관련된 여러 가지 변화가 많이 생겼다. 이러한 변화와 아울러서 '세계적'이라는 수식어가 붙는 말도 많아졌다. 이러한 상황은 아마 직업 세계에 있어서도 결코 다르지 않은 듯하다. 특히 '통역사'라는 직업은 '세계의, 세계를 위한, 세계에 의한' 직업이라 해도 절대 지나친 말이 아닐 것이다. 사실 우리는 대화, 즉 커뮤니케이션을 하지 않으면 살아갈 수 없다. 나라와 나라가 협상을 하거나 교류를 할 때도 마찬가지이다. 그러나 안타깝게도 우리는 구약에 등장하는 '바벨의 언어', 즉 언어의 다종다양성이라는 근본적인 한계를 벗어날 수 없다. 그런 의미에서 세계화에 따른 가장 큰 불편이자 장애는 바로 '언어의 문제'일 것이며, 그렇기 때문에 역으로 '세계화는 곧 말이다'라는 이야기가 나올 수 있다.

세계화란 외국을 아는 동시에 우리 자신을 알리는 것이기도 하다. 많은 사람이 외국을 알기 위한 측면에서 '세계화는 말이다'라는 주장에 공감한다. 그러나 이제는 보다 적극적으로 '우리'를 세계에 알린다는 측면에서 '세계화는 말이다'라는 주장을 펼쳐야 하지 않을까?

세계화의 첫걸음은 바로 커뮤니케이션의 도구인 언어를 갈고닦는 것이다. 그리고 그 일을 하는 사람은 더 많이 늘어나야 한다. 지구촌에서는 시시각각 수없이 많은 일이 일어나고 있다. 그래서 각 나라의 정상들끼리도 만나야 하고, 이 나라

경제인과 저 나라 경제인도 서로 만나 대화를 나눠야 한다. 어디 그뿐인가? 사람과 사람이 만나는 자리에서는 그 종류가 어떤 것이든 간에, 상호 간의 관계를 이어 주는 교량 역할을 하는 사람들이 필요하다. 국제화·세계화 시대가 열리면서 서로 다른 언어와 문화를 가진 각 나라의 사람들이 정치, 경제, 법률, 문화, 과학, 기술과 그 밖의 여러 분야에 대해 회의를 해야 하는 경우가 점점 더 많아지고 있는 것이다. 그런데 이때 각자의 이해관계를 충족시키기 위해서는 무엇보다도 커뮤니케이션이 원활히 이루어져야 한다. 따라서 여러 언어로 이루어지는 커뮤니케이션을 용이하게 하고, 서로 다른 문화를 연결시키는 역할을 할 사람이 필요한데 그 사람이 바로 통역사, 특히 '국제회의통역사'인 것이다. 이런 면에서 '통역사는 글로벌 시대의 첨병이자 외교의 촉매자'라고 부를 수 있다.

그렇다면 통역사란 과연 어떤 직업인가? 이 직업의 세계 속엔 어떤 희망과 보람이 있는가? 그리고 어떻게 그 통역사의 세계를 향해 발을 내디딜 수 있을까? '통역사'라는 신세계를 향하여 첫발을 내딛고자 하는 사람들을 위해 필자는 이 책을 통해 가장 쉽고, 빠르고, 효과적인 길로 안내하고자 한다.

02

통역의 태도

Key words _ 언어의 혼란, 일인칭, UN, 역관, 사역원

자만해진 인간이 드디어 신에 도전하여 벽돌로 피라미드형 '바벨탑'을 하늘 높이 쌓았다는 얘기가 구약성서의 첫 장인 창세기에 나온다. 그러나 결국 신처럼 높아지고자 하는 인간의 과욕 때문에 바벨탑은 무너지고, 나아가 인간의 의사소통 도구인 언어도 여러 가지로 나뉘게 되었다.

즉 인간은 민족신 야훼의 홍수와 같은 심판을 피하기 위해 탑을 쌓기로 한것이나, 야훼는 노아의 홍수 이후 물로써 대심판을 하지는 않겠다고 약속하였는데, 그 약속의 표징이 무지개였다고 한다. 야훼는 자만한 인간의 도전을 중단시키기 위해 인간의 언어를 혼란시켰으며, 결국 이를 계기로 인간은 온 세상 곳곳으로 흩어지는 아픔과 서로 다른 언어를 사용해야 하는 고통을 겪게 되었다는 것이다. 그래서 이 지명을 바벨 또는 바빌론이라고 불렀다. 그 뜻은 '그가 언어를 혼잡하게 하셨다'는 내용이다. 물론 이것은 성경에 나오는 이야기이다.

이 이야기를 믿는 사람도 있고 믿지 않는 사람도 있지만 분명한 것은, 아주 오랜 옛날부터 인간의 말은 민족과 지역, 국가마다 천차만별이었다는 점이다. 때문에 그 옛날부터 서로 간의 효과적인 의사소통을 위해 누군가의 통역이 필요했으리라는 것이다. 하지만 의외로 통역이 매춘과 함께 가장 오래된 직업이라는 사실을 아는 사람은 별로 많지 않다.

순차통역의 모태인 외교통역 중 '회의통역'이 처음 등장한 것은 1917년 베르사유조약을 체결하기 위한 협상석상에서였다. 미국과 영국의 대표단 중 일부가 당시 국제 외교 언어였던 불어를 할 줄 몰랐기 때문에, 두 언어를 모두 구사할 수 있는 통역사를 활용하게 된 것이 '통역 현대사'의 시작이다.

그 이후, 회의나 공식적인 회동에서는 통역사가 연사의 말이 끝난 후 일인칭으로 통역하는 순차통역 방식이 이용되었다. 특히 국제연합의 전신인 국제연맹에서 이 순차통역 방식이 많이 사용되었다고 전해진다. 반면 동시통역은 2차 대전 후에 전범재판을 위한 뉘른베르그 법정에서 처음으로 등장했으며, 그 후부터 UN총회의 회의 내용을 라디오로 생중계하면서 일반인들에게 알려지게 되었다.

우리나라의 경우를 살펴봐도 통역은 꽤나 오래된 직종 가운데 하나이다. 기록에 따르면 우리나라의 통역 교육기관은 고려시대 때부터 존재해 왔다고 한다. 충렬왕이 1275년 통문관을 개편하여 사역원을 만들었는데, 이 사역원은 번역과 통역에 관한 연구는 물론 교육까지 담당하는 기관이었다. 고려는 또한 이웃 나라들과의 교섭이 빈번했기 때문에 '역관'을 두고 외국어를 연구하고 교육했는데, 그 당시의 주요 외국어는 한어, 거란어, 여진어, 몽골어, 일본어 등이었다고 전해진다. 고려시대의 역관은 처음에는 서인 출신이었지만, 후에는 상당한 지위와 지식을 가진 양반 계층의 사람들도 통역 공부에 뛰어들었다고 한다. 특히 공양왕 때에는 사역원에 전문교수 요원으로 이학 교수관을 두었다고 전해지고 있다.

통역사 양성은 조선시대에도 계속되어 1393년 태조는 사역원을 설치하여 번역, 통역에 관한 교육을 담당하도록 했다. 처음에는 한학만을 번역 및 통역의 대상으로 했지만, 곧 몽골어, 일본어, 여진어를 개설하여 총 4종의 언어를 관장하는 기관으로 확대되었다. 당시 지도 선생은 31명이었으며 한학생도 35명, 몽고어를 하는 몽학생도 10명, 일어를 하는 왜학생도 15명, 여진학생도 20명 등 총 80명이 있었다고 전해진다. 지금 시각으로도 놀라운 것은 당시에 이미 앞선 교육 방법을 활용했다는 것이다. 선생 31명이 80명의 학생들을 지도했었으니, 얼마나 소수정예 교육이었는지를 쉽게 짐작할 수 있다. 조선시대에는 통역관을 선발하기 위해 '역과'라는 과거시험을 치렀으니 오늘날 관광통역 안내사 선발을 위해 한국관광공사가 매년 자격 시험을 주관하는 것과 유사하다 할 수 있다. 이 역과 시험에는 사역원 생도로서 소정의 교육을 마친 사람들만이 응시했으며, 역과 합격자들에게는 종7품에서 종9품까지의 품계를 주었으며 각자의 시보로 분속시켰다가 자리가 나면 실제 직책을 주었는데 정3품 당하관까지 승진할 수 있었다고 한다. 요즈음 글로벌 시대의 주역인 국제회의통역사가 누리는 지위와는 차이가 있으나, 섭섭하지 않은 대우를 받았음을 쉽게 가늠해 볼 수 있다. 시간이 흘러도 번역과 통역의 어려움과 역할의 중요성은 나랏님도 공감한 것 같다. 보이지 않는 가교로서 이(異) 문화권 간 메시지 전달 임무의 책임과 중요성은 시대가 변해도 불변인 것을 알 수 있다.

03

통역사 직업에 성차별이 있나요?

Key words _ 성차별, 해외 출장, 한 성에 의한 독과점, 남의 영광을 위한 봉사, 전직

회의 내용이 국방분야처럼 '남성 고유의 영역'이 아닌데도 불구하고(여군의 수가 증가 추세여서 사실 이런 영역이 존재하지도 않지만) 일부 주최 측에서는 무조건 남자 통역사만 찾는 경우가 간혹 있다. 적당한 남자 통역사가 없다고 하면 그제야 하는 수 없다는 듯이 여자라도 보내 달라고 한다. 재미있는 것은, 여자 통역사가 주최 측의 우려와 달리 통역을 매우 훌륭하게 해낼 뿐 아니라, 자칫 험악해질 수 있는 회의 분위기를 부드럽게 하는 등 남다른 능력을 보여 준다는 점이다. 이런 면에서 처음엔 남자 통역사를 추천해 달라고 요구했던 경우에도, 나중엔 여자 통역사를 보내 주어 오히려 '고맙다'는 전화를 해 오기도 한다.

사실 고도의 지식과 노하우를 요하는 전문직종 중 통역만큼 여성 진출이 활발한 분야도 드물 것이다. 한마디로 통역의 세계에는 남녀 차별이 전혀 없다. '여류 작가'처럼 남녀를 구별하는 무의식적인 표현도 국제회의통역사 세계에서는 적용되지 않는다. 회의통역사의 성비(性比)를 보면 '왕성하게' 활동하는 통역사 60~70명 중 남자 통역사의 수는 10~15% 정도이며, 외국은 우리보다 조금 많은 20~30% 수준이다.

국제회의통역사는 영어로 'conference interpreter'라고 한다. 결코 그 어떤 경우에도, 이 말 앞에 'male'이나 'female'이라는 접두어를 붙이는 법이 없다. 다른 직업과는 달리 통역사라는 직업은 통역 행위를 통해 해당 통역사의 자질이 그대로 드러난다. 따라서 통역사의 세계에서는 굳이 남녀 구별을 두어 생각할 필요가 없는 것이다. 또한 여자 통역사들은 자신의 성(gender)을 기준으로 일의 영역을 위축시키려는 외부의 '불순한' 의도를 받아들이지 않으려는 자존심을 갖고 있기 때문에 자신의 호칭 문제에 있어서도 이러한 구별을 용인하지 않는다. 실제로 활발한 활동을 펼치는 여자 통역사 중에는 해외출장 통역이 1년에 7~8건에 달하는 사람도

상당수 있다. 하지만 이들은 결코 '여자라는 이유로' 이러한 출장을 기피한다거나 두려워하지 않는다.

언젠가 인간의 뇌 활동에는 남녀 간의 근본적인 차이점이 있다는 흥미로운 연구결과를 본 적이 있다. 미국 펜실베이니아 대학의 뇌 행동 연구소장인 루벤 구르 박사가 남녀의 뇌 활동을 비교해서 연구한 결과, 생리학적으로 남성은 육체적인 공격과 도구에 의한 표현 수단에 의존하는 경향이 강한 반면 여성은 언어와 같은 상징적인 표현에 더욱 의존한다는 사실이 밝혀졌다. 아울러 구르 박사는 일반적으로 여성은 추상작용과 언어기억 등 정신적인 '유연성'을 필요로 하는 일을 잘하는 반면 남성은 공간적, 기계적인 분야에서 우월한 능력을 보이는 이유가 바로 이러한 차이에서 기인한다는 자신의 분석을 덧붙였다. 대부분의 국제회의통역사들이 여성이라는 점은 이러한 연구결과와 결코 무관하지 않은 것 같다. 여성의 능력이 상대적으로 우월하다는 사실을 객관적으로 인정받을 수 있는 분야가 하나라도 있다는 사실은 우리에게 정말이지 반가운 일이 아닐 수 없는 것이다.

그렇지만 어느 직업이든 하나의 성(性)에 의해 '독과점'되는 일은 그 직업의 지속적인 발전에 결코 도움이 되지 않는다. 더구나 지엽적인 연구결과를 근거로 내밀며 이 직업에서는 여성이 절대로 우월하니까 너희들은 침범하지 말아라 하는 식의 배타적인 태도를 보이는 것도 매우 어리석고 소아병적인 발상이라고 생각한다.

국제회의통역사라는 직업이 높은 보수와 함께 시대를 앞서가는 사람을 만날 수 있는 매력적인 직업임에는 틀림없다. 그러나 또한 통역사라는 직업은 '나'를 드러내지 않고 '남'의 영광을 위해 봉사해야 하는 '서비스 직종'이기도 하다. 이런 직업적 특성 때문인지, 유교문화가 내면을 지배해 온 우리나라에서는 남자 통역사의 숫자가 적은 편이다. 또한 남자들은 통역을 하다가도 35세를 전후로 전직을 많이 하는 편이다. 전직을 단행하는 남자 통역사들은, '통역사를 전문직업인으로서 최고의 대우를 해주고 있는 것 같긴 하지만, 한편으로는 그 직업을 무시하고 싶어 하는 심리가 사람들에게 있는 것 같다'고 나름의 고민을 피력하면서, 통역사라는 직업이 가진 서비스업종으로서의 한계를 지적한다. 아무튼 이런저런 이유로 한국의 통역사 세계에서는 아직까지 여성 파워가 세고, 수적으로도 우세한 게 사실이다.

그러나 최근 우리나라 통역계에도 반갑고 긍정적인 신호들이 나타나고 있다. 비록 많은 수는 아니지만 남성 통역사들이 실력이나 적성 면에서 전혀 손색이 없음을 입증해 보여 주고 있고, 세계화의 물결을 타고 남자 통역사에 대한 일반인의 인식이나 사회적 대우도 크게 개선되고 있다. 더욱 중요한 것은 여성통역사가 대부분이란 현실에 아랑곳하지 않고 통번역대학원에 진학하는 젊은 남학생의 수가 매년 증가하고 있다는 사실이다.

궁금해요

Q 남자라서 군대는 갔다 와야 할 텐데 군대를 갔다 와서 해도 늦지 않을까요? 통역사라는 직업에 왜 남자보다는 여자가 더 많은지 알고 싶어요.

A 현재까지 남자보다는 여자의 비율이 높은 것이 사실입니다. 과거에는 여학생의 비율이 월등히 더 높았는데 최근에 좀 바뀌고 있습니다. 남학생 비율은 해마다 다르고 언어에 따라서도 다릅니다.

Q 방송에는 젊은 통역사만 나오는데 나이가 들면 통역 일을 할 수 없나요?

A 나이와 무관합니다. 간혹 주최 측에서 여성보다는 남성, 남성보다는 여성, 이왕이면 좀 젊고 용모 단정한 사람 등등으로 조건을 다는 경우가 있지만 나이는 문제가 되지 않습니다. 또 통역이란 경력이 쌓일수록 잘하게 되는 것이므로 꼭 젊을 필요도 없습니다. 방송에서 보는 통역사들이 비교적 젊은 이유는 우리나라에 국제회의통역 상륙이 늦었기 때문입니다. 제가 국제회의통역사 1호인데 나이가 2012년으로 57세입니다. 그러니 활발히 활동하는 한국인 통역사들은 20~30대이고 저처럼 50대도 있습니다. 제네바에 사무국이 있는 국제회의통역사협회(AIIC)에서 실시한 설문조사에 따르면 전 세계적으로 국제회의통역사가 가장 많이 속해 있는 연령대는 48~55세입니다.

Q 동시통역은 연사의 말을 들으며 다른 언어로 통역하는, 두 가지 일을 동시에 하게 되는 셈인데요. 남자는 뇌가 구획화되어 있어서 두 가지 일을 동시에 하기 힘들고 여자는 좌우 뇌가 동시에 작용한다는 말을 들었습니다. 어쨌든 여자가 남자보다 통역을 할 때 더욱 유리하다는 얘기에 대해 어떻게 생각하세요?

A 아닙니다. 서양의 경우 남자 통역사의 수도 상당합니다. 한국은 유교적인 영향 때문에 남성은 자신이 남을 위해 서비스를 제공하는 쪽보다는 남이 제공하는 서비스를 받는 주체가 되는 걸 선호하는 편입니다. 요즈음은 남학생도 상당수 진학하고 있어 고무적인 현상이나, 힘들게 통역사가 되어 활동하다 35~40세를 즈음해 이직하는 경우가 왕왕 생기는데 이는 사회적인 분위기가 강하게 작용한 결과입니다. 제가 아는 남성 통역사도 꽤 있고 그들은 자긍심을 갖고 잘하고 있어요. 여성이 우위가 아니라 현재 활동 중인 통역사들 중에 여성의 수가 많을 뿐입니다.

04

국제회의 통역 방식

Key words _ 동시통역, 순차통역, 위스퍼링, 생동시통역, 화상회의통역

일반적으로 사람들은 통역은 단어와 단어를 대응시키는 것, 즉 외국어를 우리말로 바꾸는 정도라고 생각하고 있는 듯한데 이는 올바른 이해가 아니다. 통역이란 연설의 내용과 개념은 물론, 그 연설이 담고 있는 정서적, 언어미학적 요소에 대해서도 표현방법이 다른 언어로 아주 충실하게 바꾸어 전달해야 하는 고도의 지적 능력을 필요로 하는 일이다.

따라서 제대로 된 통역을 하기 위해서는 연사가 말하는 언어, 즉 '출발어'의 형식에 구애받지 말고 연설이 담고 있는 모든 뜻과 숨겨진 뉘앙스까지도 잘 살려 그 뜻을 왜곡시키지 않은 채 청중의 언어인 '도착어'로 전달해야 한다.

통역에도 여러 방식이 있는데, 회의의 성격, 회의 시 사용되는 언어의 종류 및 수, 청중 규모 그리고 회의 시간 등에 따라 다음과 같이 구별된다.

❖ 동시통역

청중과는 격리된 부스 안에서 통역사는 연사의 말을 헤드폰으로 들으면서, 듣는 것과 거의 동시에 청중이 알아들을 수 있는 언어로 들은 내용을 통역하는 방식이다.

동시통역은 여러 언어로 통역되어야 하는 회의에서 사용되며 대부분의 경우 청중의 규모가 크다. 동시통역은 같은 시간 안에 진행되는 순차통역에 비해 많은 양의 메시지를 집중 처리할 수 있다는 특성을 갖고 있다. 순차통역은 연사의 말이 끝난 다음에 통역을 하는 반면 동시통역은 문자 그대로 연사의 말과 거의 동시에 통역이 이루어져야 하기 때문에 회의 시간을 반으로 줄일 수 있다는 면에서 효율적이다. 따라서 동시통역은 정보처리량도 만만치 않다. UN 조사결과에 따르면,

하루 6시간 동안 이뤄지는 동시통역량을 문서화할 경우 60~65페이지에 해당된다고 한다.

❖ 순차통역

순차통역은 회의실에 동석한 통역사가 연사의 말을 들으며 노트테이킹, 즉 그 내용을 기록한 후 연설 종료 직후 마치 자신이 연설하듯 일인칭으로 메시지를 직접 전달하는 방식이다. 이때 연사는 대개 2~4분 간격으로 발언을 끊어 준다. 한 번에 발언하는 시간이 그 이상으로 길어지면 청중이 통역을 기다리는 시간도 그만큼 길어지고, 결국 청중의 주의력을 유지시키기가 어려워지기 때문이다. 순차통역은 기술적이거나 보안이 요구되는 회의에서 주로 사용되는 통역방식이다. 또한 이 방식은 참석자 수가 제한된 회의, 정상회담 등을 비롯해서 2개의 언어가 사용되는 양자회의에서 주로 사용된다.

❖ 위스퍼링(whispering)

시간제약상 동시통역이 필요하기는 하지만, 듣는 사람이 두 사람 이내로 제한되었을 때에는 통역사가 청자 옆에서 속삭이듯 동시통역을 해줄 수도 있다. 위스퍼링이 본래 의미의 동시통역과 다른 점은 부스나 헤드셋과 같은 동시통역 장비를 활용하지 않는다는 것이다. 외부와 차단된 공간에 들어가서 통역을 할 때와는 달리 마이크를 이용해 자신의 목소리를 보호할 수가 없기 때문에, 이 방식은 통역사로서는 대단히 피곤한 작업 방식이다. 하지만 부스를 설치할 수 없는 경우나 예산상 제약이 있는 경우 사용된다.

❖ 생동시통역

최근 유럽에서는 순차통역을 대신하여 생동시통역(in vivo interpreting)이란 방식이 채택되는 경우가 있다. 예를 들어 정상회담이나 장관회담의 경우, 통역사가 정상이 말할 때 거의 동시에 큰소리로 그 말을 통역하는 방식이다. 단, 정상의 목소리와 자기의 목소리가 구분될 수 있도록 통역사가 자신의 목소리를 잘 조절해야 한다.

생동시통역은 큰소리로 통역한다는 점을 제외하고는 위스퍼링 방식과 대동소이하다. 연사의 말과 거의 동시에 통역이 끝나므로 시간 절약이란 측면에서도 매우 좋은 방식이다. 간혹 연사에 따라 통역사가 옆에서 큰소리로 동시에 얘기하기 때문에 혼란을 일으켜 자신이 할 말을 잊어버리기 쉬우므로 반드시 발언 내용을 사전에 연사와 합의해야만 한다. 그러나 연사의 목소리와 구분이 되도록 통역사가 목소리를 조절한다는 것이 결코 쉽지 않은 일이므로 통역 초년생에게는 권장할 만한 방법이 아니다. 또 우리나라의 문화는 '높은 분'이 말씀하시는데 통역사가 큰소리로 같이 말한다는 것은 곧 결례를 범하는 일이라고 생각하는 경향이 있기 때문에 많이 활용되지는 않으나 만찬 등에서는 가끔 사용된다.

◈ 화상회의통역

최근 여러 국제회의에서 원격 화상회의(teleconference)가 점점 늘어나고 있다. 화상회의통역이란 서울에 있는 통역사가 뉴욕에서 열리는 회의를 통역하는 것을 말한다. 화상회의통역을 제대로 하려면 선명한 화질 및 음질의 보장이 기본적인 전제조건이다. 또한 통역사의 입장에서 볼 때도 공간적으로 연사와 멀리 떨어져 있어 심리적 안정감을 잃기 쉽기 때문에, 그렇게 좋은 방식은 아니라고 할 수 있다.

05

릴레이 통역

Key words _ 릴레이 통역, 플로어, 이중 통역, 피봇, 직접 통역

이 방식은 여러 언어가 사용되는 회의에서 모든 언어를 직접 통역할 수 있는 통역사를 확보할 수 없을 경우 종종 채택되는 통역 방식이다. 예컨대 한국어, 영어, 일어가 사용되는 국제회의를 떠올리면 쉽다. 영어로 말하는 연사의 발언은 영어-한국어 간 통역사의 입을 통해 한국어로 통역될 것이다. 그리고 이 통역사의 부스 바로 옆에 있는 영어-일본어 간 통역사는 이 영어 연설을 일어로 통역할 것이다. 즉 연사가 영어로 말할 때에는 영어-한국어 간 통역사와 영어-일본어 간 통역사만 있으면 아무런 문제가 없다.

그러나 한국 연사가 발언할 때에는 상황이 달라진다. 한국어-영어 통역사가 있으니 영어로 통역하는 데에는 별 무리가 없지만, 영어-일본어 통역사는 한국어를 알아듣지 못하기 때문에 연사의 발언을 직접 들어 봐야 아무 소용이 없는 것이다. 이런 때를 위해 릴레이 통역방식이 개발되었다. 즉 이런 경우에는 영어-일본어 통역사가 청취 채널을 연사의 오리지널 언어(이 경우 한국어)가 나오는 플로어(floor)에 고정하는 대신 한국어-영어 통역사 부스에서 통역되어 나오는 영어에 채널을 맞추어 듣고 이를 일본어로 통역하면 된다. 다시 말해 연사의 '한국어→영·한 통역사의 영어→영·일 통역사의 일어' 순서로 통역이 진행되어 이중 통역이라고도 하며 영어로 나오는 통역을 들은 후 일어로 통역이 되므로 영어를 피봇 언어라고 한다. 그러나 엄밀히 말하면 '순서'라는 말을 옳지 않다. 왜냐하면 한 언어에서 다음 언어로 넘어가는 단계가 모두 동시통역 방식에 의해 순간적으로 이루어지기 때문이다. 릴레이 통역은 동시통역의 한 가지 방법일 뿐이다. 회의 참석자들은 각자 듣고자 하는 언어에 따라 리시버의 채널을 영어나 일어 또는 한국어에 맞추기만 하면 된다.

릴레이 통역을 하지 않을 수 있다면 되도록 피하는 것이 통역의 질 제고 측

면에서 바람직하다. 즉 통역사가 직접 듣고 통역하는 방식을 취하는 것이다. 하지만 해당 언어를 직접 통역할 수 있는 통역사가 없거나 1~2시간 정도의 짧은 회의를 위해 직접 알아듣는 통역사를 위촉한다며 외국에서 통역사를 초청하기에는 예산상의 제약이 따른다. 결국 릴레이 통역이라는 차선책을 선택할 수밖에 없다.

06

국제회의통역사

Key words _동시통역, 순차통역, 텍스트 동시통역, AIIC, 국제회의통역사 협회

통역사 되기가 낙타가 바늘 귀를 지나는 것만큼이나 어렵다는 얘기를 종종 한다. 사람이나 상황에 따라 이 말은 사실일 수도 있고, 사실이 아닐 수도 있다. 그렇지만 분명한 사실은 이 직업을 갖기가 무척이나 어려운 만큼 그 결실은 대단히 크다는 점이다. 통역사들 가운데서도 특히 '동시통역'을 하는 국제회의통역사를 가리켜 사람들은 "대단하다"고들 말한다. 그러나 이 의사소통의 귀재 국제회의통역사들이 동시통역만 하는 것은 아니다.

통역사를 그 역할이나 임무에 따라 구분하자면 '국제회의통역사'와 '수행통역사'로 나누는 것이 맞다. 또 사람들이 동시통역사라고 부르는 대상은 사실 엄밀한 의미에서는 '국제회의통역사'를 가리키는 말이다. '수행통역사'란 회의에 참석해서 전문적인 통역을 하는 것이 아니라, 상담이나 시찰을 할 때 그 연사를 수행하면서 간단히 순차통역을 맡는 통역사를 가리키는 말로서, 때로는 '세미나 통역사'라고 부리기도 한다.

이 외에도 우리나라에서는 국가 차원의 시험을 보고 자격증을 발급하는 관광통역 안내원이 있다. 이렇게 볼 때, 통역사는 크게 세 등급으로 나눌 수 있으며 어느 정도는 커뮤니케이션 능력과 정비례 함수관계가 있다.

국제회의통역사는 어떠한 상황에서도 완벽한 통역을 해내는 통역사들로서 '통역사의 꽃'이라 할 만하다. 동시통역, 순차통역, 위스퍼링 등 모든 통역 방식을 필요에 따라 자유자재로 할 수 있는 최고 수준의 통역사들이 바로 이들이기 때문이다. 전공에 관계없이 4년제 대학을 졸업한 사람들 가운데 테스트를 통과해 전문 노하우를 전수받을 자질이 있다고 판단되면 2~3년간 집중교육을 시킨다. 모든 교육과정을 이수한 후 동시통역, 순차통역, 텍스트를 보며 하는 동시통역 등의 시험

을 '무사히' 통과하면 비로소 국제회의통역사가 될 수 있다.

국제회의통역사가 되려면 국가기관이나 특정 민간협회에서 실시하는 자격 시험을 통과해야 할 것이라고 생각하는 사람이 많지만, 실제로 우리나라에서는 자격증을 발급하는 공인자격시험제도가 없다. 전문 교육 기관인 통번역대학원의 졸업장이 사실상 국제회의통역사 자격증을 대신한다고 볼 수 있다.

다방면에서 우리보다 앞선 일본도 통역 교육에서만은 우리나라보다 뒤처진 상태이다. 일본에는 '사이마루 인터내셔널'이라는 사설 학원이 대부분의 통역사를 배출하고 있지만 여러 개의 사설 교육기관이 난립해 있을 뿐, 대학원 수준의 정규 교육기관은 아직 없으며 학부 수준에서 강의가 개설되고 있다. 대만에 통역을 가르치는 공교육기관이 설립되어 있긴 하지만 주로 중국어-영어 통역사만 양성해 왔고 최근 들어서야 중국어-일어 통역사 양성을 시작했다.

물론 우리나라의 통번역대학원을 졸업했다고 해서 당장 국제회의통역사로서 명성을 얻는 것은 아니다. 일이 많은 한영통역사의 경우 처음 6개월 정도는 경험이 풍부한 선배 통역사들과 한 조가 되어 노련한 선배의 경험을 전수 받으면 무난한 시작을 할 수 있다. 여러 차례의 실전 경험을 통해 선배 통역사들에게 인정을 받으면 그때부터는 선후배라기보다는 동료라는 개념으로 관계가 바뀌게 되며, 비로소 한 사람의 '온전한' 회의통역사로서 제 몫을 다할 수 있게 된다. 하지만 그 외의 언어인 경우 1~2년 이상 도제(?) 기간이 필요한데 이는 일의 양이 영어에 비해 적기 때문이다.

우리나라 통번역대학원의 경우, 한영과(한국어-영어 간의 통역을 전공하는 학과)는 평균 20:1의 치열한 경쟁을 뚫어야만 입학이 가능했으나 최근 여러 통역교육기관 설립으로 학교별 경쟁률은 낮아지는 추세이다. 바늘구멍만큼이나 좁은 관문이 아닐 수 없다. 그러나 이보다 더 큰 문제는 졸업 시험이다. 실제로 한영과 학생 쉰 명 중 통역전공 졸업자 수는 한 해에 불과 두세 명 정도다. 첩첩산중인지 어렵게 졸업을 해도 편하고 안정된 미래가 기다리고 있는 것은 결코 아니다. 졸업 시험 통과로 누리는 기쁨도 한순간이며 곧이어 보다 치열한 '생존경쟁'이 시작된다.

졸업을 향해 달려간 노력이 '전투'라면 실제로 현장에 투입되어 자신의 책임하에 해야 하는 통역은 가히 '전쟁'이라고 표현해야 옳을 것이다. 통역해야 할 회의의 난이도가 천차만별인 것은 두말한 나위도 없거니와, 과거와는 달리 한국어와 외국어 모두 잘하는 통역사들이 계속해서 배출되고 있기 때문에, 자신의 실력을 계속적으로 업그레이드시키지 않는 한 경쟁에서 살아남을 수 없는 게 현실이다.

물론 통역계에도 비수기와 성수기가 있다. 성수기는 3~6월과 9~11월이며, 비수기는 12~1월과 7~8월이다. 하지만 비수기라 해서 놀기만 하는 통역사는 거의 없다. 대부분의 통역사가 자신의 실력을 재충전하기 위해 외국으로 '연수'를 떠나거나 한국에 남아서 매일 전공 외국어와 한국어 사이에서 힘겨운 씨름을 거듭한다. 필자가 국제회의통역사야말로 '통역사의 꽃'이라고 했는데, 이 꽃을 늘 싱싱하게 가꾸려면 물도 주고 햇빛도 쬐어 주어야 하는 것이다.

즉 가능하다면 정기적으로 refresh 코스를 받는 것이 도움이 된다. 특히 한국인 통역사들은 모국어가 한국어이므로 한영통역사들의 경우 영어가 원어민인 베테랑 통역사에게 정기적으로 재교육을 받으면 실력 향상에 많은 도움이 된다.

한편 수행통역사는 고난이도가 아닌 수행 순차통역은 무난히 해낸다. 그러나 동시통역이나 위스퍼링 또는 공식 회의의 순차통역을 전천후로 해내기에는 아직 역부족인 사람이 많다. 이와 관련된 협회도 결성되어 있지 않아, 개인적인 인맥에 의지해서 일을 맡아야 하기 때문에 통역의 질을 보장받기도 어렵다. 또한 개인적으로 일하다 보니 직업윤리에 대한 인식이 철저하지 못하다는 흠도 있다. 외국어 이해 및 구사가 어느 정도 가능한 사람이라면 별도의 전문교육을 받지 않더라도 할 수 있는 수준인 것이다.

가이드통역이라고도 불리는 사람들은 초보단계의 통역사로서 관광통역 안내원들이 여기에 해당한다. 한마디로 이들은 기본적인 청취 능력과 표현 능력을 갖추었기 때문에 관광안내를 하는 정도의 수준이다. 앞서 언급했듯이 국가 자격증을 취득할 수 있는 통역 등급이므로 자신의 실력이 국제통역을 하기에 미흡하다면 전이 단계로 해 볼 만하다.

궁금해요

Q 앞으로는 기계가 통역을 대신하기에 인력의 수요가 그만큼 줄어들 것이라는 이야기를 들었는데 사실인지 정확히 알고 싶습니다.

A 기계가 보조 수단으로 인간의 활동을 편리하게 도와줄 수는 있어도 대체할 수는 없습니다. 기계 번역 등으로 기술묘사적인 서류들을 일차 번역하는 데 도움은 되나 실시간에 실상황에서 발화되는 인간의 창의적인 생각을 다 통역할 수는 없습니다. 즉 기계 번역이란 모든 경우의 수를 데이터베이스로 구축하여 번역하는 것이나 인간의 사고는 예측 불허이므로 기계 통역은 불가능합니다. 현재 연구 결과 100년 후라도 국제회의통역을 기계가 대체할 수는 없습니다.

Q 제가 알기로는 보통 통역사들은 일단 통역 일정이 잡히면 그 주제에 대한 기본용어부터 외우기 시작한다고 들었는데, 어떤 서적을 가지고 공부를 하나요? 그 짧은 기간 내에 어떻게 그 정도의 해박한 지식을 습득할 수 있는지 궁금합니다.

A 학교에서 통역교육과정과 급우들과의 그룹 스터디(적어도 2명 이상이 같이 모여 학습하는 방법으로, 한 사람이 발표하면 듣고 다른 사람이 통역하고, 그다음 통역한 output에 대해 서로 지적을 하며 실전 상황을 익히는 것)를 통해 이미 정치, 경제, 과학, 기술, 문화 등 제반 주제에 대한 담금질을 수없이 한 후라 웬만한 주제는 며칠 정도면 준비가 됩니다. 간혹 생경한 분야를 맡기도 하는 데 잘 모르는 분야일 경우 입문서나 개론서를 보고, 그렇지 않으면 주최 측에서 전달받은 발표문을 보고 미리 읽어보며 준비해요. 경우에 따라 전문가를 만나기도 하며, 사전에 브리핑도 받지요. 기술 회의라면 전날 발표자를 만나 설명을 듣기도 하고. 경우의 수는 정말 여러 가지입니다. 발표문도 보고 관련 분야 도착어 문서도 참조해요. 국제회의통역사가 되려면 대학원에서 전문교육을 받아야 하는 이유 중의 하나가 회의 준비하는 요령이나 노하우까지 학교에서 배우기 때문입니다.

07

통역사 직업 결코 화려하지만은 않다

Key words _ 직업윤리, 시간 약속, 에티켓, 비밀 준수, 튀지 않기

정상회담 통역 등으로 언론의 스포트라이트를 받으며 전문직으로 젊은이들에게 선망의 대상이 된 직업, 국제회의통역사. 대규모 국제회의에서 외국어를 유창하게 구사하며 참석자들의 입과 귀가 되는 사람들이 바로 그들. 영어, 일어 등은 요즘 상당수의 사람들이 그야말로 '웬만하게' 구사하는 수준이라 혹시나 그 입지가 축소되지 않을까 노심초사하고 매 순간 긴장하는, 어떻게 보면 매우 '안쓰러운' 사람들. 그러나 그러한 긴장을 자발적으로 즐기는 적극적이고 역동적인 사람들. 살 떨리는 긴장이 계속되는 국제회의 무대에서 주연 아닌 주연을 맡은 국제화 시대의 진정한 주인공들!

그러나 통역사가 된다고 해서 좋은 일만이 그들을 기다리고 있는 것은 아니다. 통역사이기 때문에 지켜야 할 직업윤리, 에티켓 등 사항이 많기 때문이다. 만약 국제회의통역사가 되고 싶다면, 그 직업이 주는 매력들과 함께 그 직업을 가진 사람으로서 감당해야 할 책임에 대해서도 알아 두는 것이 좋다.

첫째, 통역사들은 시간 약속에 철저해야 한다. 가령 아침 9시에 회의가 시작된다면 적어도 아침 8시 정도까지는 회의장에 도착해서 아침도 먹고, 상황적응력도 기르고, 통역 준비도 해 두어야 한다. 또한 천재지변이나 부모 형제가 사망하지 않은 이상, 절대로 약속을 어기지 말아야 한다. 통역사에게 있어 약속은 목숨과도 같기 때문이다. 즉 투철한 책임감이 '프로' 통역사를 만든다.

둘째, 통역사들은 복장도 세련되야 하지만 마치 자신이 회의의 연사, 즉 주인공이라도 된다는 듯이 외모를 과시해서는 안 된다. 즉 국제회의의 격에 맞추면서 행동이나 옷차림, 말투에 있어서도 결코 함부로 튀지 말고 그 분위기에 맞출 줄 알아야 한다.

셋째, 통역사의 실력은 이해관계가 첨예하게 대립되는 자리에서 여실히 드러난다. 중간에서 말을 전달해야 하는 역할을 하는 사람인 만큼, 통역사들은 그렇지 않아도 긴장된 분위기가 자신으로 인해 더 악화되는 일이 없도록 세심한 배려를 해야 한다. 그렇다고 전달할 내용을 왜곡해서 전하라는 뜻은 아니다. 단지 통역한 말을 전달할 때의 뉘앙스와 태도가 중요하다는 뜻이다. 실제로 미국의 경우, 법정 통역을 할 때에는 통역사의 인상이 배심원들에게 영향을 미칠 것까지 고려하여 스크린 테스트까지 한 후 의뢰하기도 한다.

넷째, 통역사라고 해서 언어 구사력만 뛰어나서는 안 된다. 국제회의에서 쓰는 전문적인 표현은 물론 외교, 경제, 사회, 과학기술, 패션 등에 관한 문제까지 어떤 주제를 맡아도 그 분야에 대해서 알아야 완벽한 통역을 해낼 수 있기 때문이다. 따라서 통역사에게 '언어 공부'는 기본이고, 보다 심층적이고 다각적인 세상 지식을 끊임없이 쌓아야 한다. 한마디로 잡학에 능해야 한다.

다섯째, 통역사들은 식사시간에서도 융통성을 보여야 한다. 조찬부터 정식 회의, 만찬까지 회의가 이어지면 굶을 때도 부지기수다. 뿐만 아니라 만찬 자리에서 회담을 겸한 탓에 다행히 식사를 거르지는 않게 되었다 하더라도(회담의 주인공들이야 편하게 식사를 할 수 있지만) 통역사는 계속 신경을 곤두세우고 그들의 말에 귀를 기울여야 한다. 쉴 새 없이 통역을 해야 하므로 결코 '제대로 된' 식사를 가벼운 마음으로 하기 어렵다. 그러므로 '밥'을 한 끼라도 굶으면 도저히 견딜 수 없는 사람이라면, 통역사의 길로 들어서기 전에 먼저 자신의 '식습관'부터 '통역사 세계'에 어울리도록 조절해야 한다.

여섯째, 통역사들에게 난제는 바로 '비논리적인 사람들의 말을 통역해야 할 때'이다. 이것처럼 고역이 없는데, 더 큰 문제는 이런 사람들의 말을 통역해야 하는 때가 생각보다 많다는 것이다. 그래서 통역사들은 '이것의 문제점 중 첫째는 이것, 둘째는 저것, 셋째는 그것이다. 그리고 결론은 이렇다'라고 논리적으로 말하는 연사를 선호한다.

일곱째, 자신이 들은 얘기는 회담 장소를 떠나서는 결코 다시 떠올리거나 다른 사람에게 말하지 말 것! 스파이들보다 더 비밀을 중시하는 세계가 바로 '통역사의 세계'이기 때문이다.

이 모든 어려움들에도 불구하고 통역사가 매우 매력적인 직업인 것만은 틀림없는 사실이다. 통역사들 앞에선 세계가 좁디좁다. 온 세계를 누비며 견문을 넓힐 수 있고 국제회의에 참석하고, 틈틈이 쇼핑과 여행을 즐긴다. 세계적인 유명 인사들을 만나고, 간접적으로나마 그들과 이야기를 나눈다. 또한 세계 정상들의 대화에 참여한다. 게다가 여기엔 대외비도 있다. 그야말로 흥분되고 신나는 경험이 아닌가?

궁금해요

Q 몇 년 전 TV에서 콘돌리자 라이스 미국 국무부 장관과 반기문 당시 장관의 기자회견을 생방송으로 시청한 적이 있습니다. 두 분의 기조연설이 끝나고 한국의 연합뉴스 기자가 라이스 국무장관을 향해 "일본에서 라이스 장관의 행적에 대해 언급하면서 독도 문제를 아느냐? 독도 문제를 안다면 일본에서 그런 말을 할 수 있었느냐?"라는 식으로 말하면서 "혹시 역사 문제를 전혀 몰라서 그런 말을 한 거 아니냐?"는 식으로 질문을 했었습니다. 라이스 장관이 "I need translation"이라며 빨리 통역해 줄 것을 요구할 정도로 통역하는 사람의 침묵이 길었습니다. 그러고는 한참 후 통역을 하는데 그 기자의 말을 그대로 통역한 것은 확실히 아니었습니다. 훨씬 불분명하고 형식적인 멘트로 통역을 하셨습니다. 제가 느끼기로는 그 기자분은 거의 항의하듯 질문을 했고 공격적인 말투였습니다. 얼마 전 김동건의 <한국 한국인>에 최정화 교수님이 나오신 걸 보고 주의 깊게 청취했습니다. 교수님은 "통역 중에는 의미를 빠짐없이 무마하거나 얼렁뚱땅 얼버무리지 말고 그대로 전달해야 된다. 간혹 양국간의 안 좋은 말들… 외교적 마찰이 될 수도 있겠지만 통역하는 사람은 의미를 정확히 전달하는 것이 임무"라고 말씀하신 걸로 기억합니다. 만일 제가 했더라도 좋게 좋게 넘어가지 않았을까 생각도 듭니다. 하지만 기자회견 상황, 말은 다 기록에 남아서 오늘쯤이면 어떤 말을 했는지 정확한 뜻을 영어하는 사람들도 다 이해했을 겁니다. 어제와 같은 상황에서 기자의 말을 곧이곧대로 분위기 살려서 통역을 했어야 하는지 아니면 잠시 호흡을 가다듬고 말을 돌려서 좋게 좋게 우회적으로 통역(완곡하게 표현하느라 의미전달이 잘 안 되는 경우)하는 것이 더 좋은 일인지 알고 싶습니다.

A 저도 기자회견을 보았습니다. 통역한 분이 전문 통역사가 아니라 그런 일이 있었던 것 같습니다. 물론 그런 상황에서 가장 중요한 것은 통역 때문에 상황이 악화되지 않는 것입니다.

질문의 '말하고자 하는 바'가 충실히 전달되지 않은 상황은 안타까웠습니다. 다소 격앙된 상황을 그대로 전하는 것이 어려운 일임은 틀림없지만 '말하고자 하는 바'를 충실히 전달했다면 보다 정확한 답을 들을 수 있었을 것이라는 생각이 들었습니다. 통역사가 판단해 한 얘기를 안 전달하고 안 한 얘기를 전달해서는 안 됩니다. 통역사는 의견/주장의 주인이 아니고 단지 전달자일 뿐입니다.

Q 통역사는 어떻게 스트레스를 극복하는지 궁금합니다. 남이 한 말을 정확히 듣고 실수 없이 다시 말로 표현하는 것이 쉬운 일은 아닌 것 같습니다. 그리고 통역 의뢰를 받았는데 통역하는 당일 몸이 몹시 피곤하거나 컨디션이 좋지 않을 때는 어떻게 하는지요? 마지막으로 예전에 우리나라 직업인들 중에 가장 평균 수명이 긴 사람들은 종교인인 반면 가장 짧은 사람은 언론인이란 말을 들었습니다. 통역사도 긴장감을 수반하는 직업의 특성상 언론과 비슷한 면이 있어 보이는데 보통 건강은 어떤지 궁금합니다.

A 컨디션이 좋지 않을 때 동시통역을 하려면 집중이 잘되지 않아 평소보다 더 힘듭니다. 그래도 자신의 컨디션에 상관없이 일정한 수행 능력, 즉 output을 내도록 극기 훈련을 받은 덕분에 스트레스는 다들 잘 이겨 내는 편입니다. 순차통역은 전날의 컨디션에 크게 영향을 받지 않는 반면 동시통역은 민감한 편이라 필자도 동시통역 전야는 되도록 잠은 푹 자도록 노력해요. 사람의 수명은 천차만별입니다. 얼마 전 돌아가신 통역·번역학의 해석이론 창시자 셀레스코비치 교수님은 80세에 돌아가셨고, 이중 언어 연구로 유명한 티에리 교수님도 78세까지 50여 년 통역을 하셨습니다. 저명한 통역사들 상당수가 아직 80~85세로 건강하신 걸로 미루어 보아 자신이 좋아하고 즐기며 했기 때문이라고 생각합니다. 좋아하는 일을 직업으로 삼아 오래하면 건강에도 좋을 것입니다.

08

국제회의통역사협회?

Key words _ AIIC 회원, 제네바, 직업 윤리 규정, 통역 요율, 통역언어 배합

국제회의통역사협회(AIIC)는 1953년 파리에서 창설되어 현재 제네바에 사무국을 두고 있으며 세계 100여 나라에 걸쳐 2,900여 명의 정회원을 확보하고 있다. 이 가운데 5분의 1 정도는 국제기구의 공무원으로 활동 중이고, 그 외 일부 통역사들은 외교 분야에서 활동하고 있다. 세계 외교의 중심지이자 유럽의 심장부인 파리에서만 300여 명의 국제회의통역사들이 활동하고 있어, 이곳은 그야말로 명실상부한 통역의 도시를 이루고 있다. UN전문기구들이 개최하는 국제회의가 연중 계속되고, 특히 프랑스 외무부는 AIIC와 특별 통역 요율 협정을 맺을 만큼 많은 통역 의뢰를 하고 있다.

23개 언어 분야의 국제회의통역사들이 주야로 활약하는 브뤼셀의 유럽연합 본부는 유럽 통역의 메카로 불린다. 600명의 상근 통역사 외에도 하루 최고 800명까지 통역사를 고용하며 연간 13만 5천 연일에 해당하는 통역 수요가 있고, 1년 운영예산의 4분의 1이 통역·번역비로 지출된다. 또 23개 언어를 모두 사용하는 회의인 경우, 어떤 때는 각국 대표들이 두 명씩 참석하여 대표들의 수가 모두 54명인데 통역사의 수는 69명일 때도 있으니, 그 규모를 어렵지 않게 상상할 수 있을 것이다. 하지만 최근 회원국 수가 대폭 증가함에 따라 일부 회의는 영어로만 진행되거나 영, 불 2개 언어로만 진행되고 있다.

전 세계에서 활동하는 국제회의통역사의 상당수는 회원들의 이해를 대표하는 '국제회의통역사협회(AIIC)'의 회원들이다. 매년 AIIC에서 발간하는 연감에는 회원들의 성명, 주소, 통역언어가 명시되어 있다. 이렇듯 매년 연감을 통해 다른 회원들의 이름, 주소, 전화 및 휴대폰 번호, 팩스 번호, 이메일 주소, 소속기관, 통역언어가 게재되므로 통역사들은 서로 간의 무형의 연대의식을 느낄 수 있을 뿐만 아니라, 필요 시에는 언제든 연락하고 싶은 통역사에 관한 정보를 얻을 수가 있다.

그러나 AIIC의 회원이 되려면 비교적 까다로운 절차를 통과해야만 한다. 우선 제네바에 있는 협회 사무국으로부터 신청양식을 구해야 한다. 그러고 나서 자신이 처음으로 통역을 함께했던 AIIC 회원 통역사들에게 부탁해서 자신이 회의통역사로 일하기 시작했다는 사실을 확인받아야 한다. 단 이때 서명자는 서명을 통해 신청자의 통역의 질까지 보장해 주는 것은 아니므로 괜히 노심초사할 필요는 없다. 이것은 단지 신청자가 통역사의 직업윤리 규정과 업무수행조건을 준수할 것이라는 사실을 증명하는 단계일 뿐이다.

이러한 과정을 거치고 나면 신청자의 이름과 통역언어가 이 연감에 실리게 된다. 이 연감은 모든 AIIC 회원에게 배부되므로 신청자가 자신을 알리는 기회가 될 수도 있다. 그러면 이 단계만 거치면 AIIC의 정회원이 되는 것인가? 그랬으면 얼마나 좋겠는가! 하지만 실은 그렇지가 않다. 신청서를 낸 사람, 즉 직업윤리 규정과 업무수행조건을 준수하여 통역한 일수가 100일이 넘은 사람으로서, AIIC의 통역언어배합조건—예를 들어 영어가 모국어인 사람이면 영어가 모국어인 회원 통역사의 추천을 받아야 한다는 등의 조건—을 충족시키며 적어도 회원이 된 지 5년 이상이 지난, 즉 신참이 아닌 5명의 통역사에게 추천받은 사람은 AIIC의 직업윤리 규정을 준수하겠다는 서약과 함께 정회원 가입신청서를 제출할 수 있다. 이때 이 신청인을 추천하는 통역사는 이 신청자가 '회의통역사로서의 충분한 경험을 쌓았으며 AIIC의 규칙을 지킨다는 것을 보장'하는 역할을 한다. 이렇듯 신청자의 통역언어 배합에 따른 추천인 선정 규칙은 매우 까다롭고 복잡한 편이긴 하지만 AIIC 사무국이 배부하는 신청양식에 이에 대한 방법이 자세히 설명되어 있으므로 실제 작업에 있어서는 그다지 어려울 게 없다.

이렇게 해서 신청자의 신청양식이 접수되면 CACS(가입 및 언어분류위원회)가 AIIC 연감에 실리는 목록에 신청자의 이름을 기록한다. 신청자 성명이 공시된 지 120일이 지나도록 다른 회원들에게서 통역의 질, 직업윤리 규정준수 여부 등에 대해 아무런 이의가 제기되지 않는 한, 그 신청자는 자동적으로 AIIC의 모든 권리를 누리는 정회원으로 인정을 받는다. 특기할 만한 사항은 연간 통역 일수가 30일 미만이면 준회원이 되고 연회비도 줄어든다는 점이다.

그렇다면 AIIC의 직업윤리 규정이란 대체 무엇이길래 이토록 강조되는 것일까? 그 골자를 살펴보면 다음과 같다.

① 비공개 회의에서 통역사로 일하면서 알게 된 비밀은 반드시 지켜야 한다.
② 통역사로서 알게 된 비밀은 개인의 이익을 위해 활용할 수 없다.
③ 자신의 능력으로 감당하기 어려운 통역은 맡지 않는다. 일단 통역을 맡은 경우에는 전문인으로서 최선을 다한다는 도덕적 책임을 진다.
④ 같은 기간에 두 개 이상의 통역을 하지 않는다.
⑤ 국제회의통역사로서의 품위가 손상될 상황이 일어날 소지가 있는 통역은 맡지 않는다.
⑥ 직업의 명예를 훼손하는 그 어떤 행위도 하지 않는다.
⑦ 동료 통역사들에게 정신적인 도움을 주고 동료애를 발휘해야 한다.

이 직업윤리 외에도 AIIC에는 업무수행 조건(working conditions)이란 규정이 있어 회원들의 통역 질을 보장하는 데 역점을 둔다.

09

통역사, 어떤 대우를 받나?

Key words _프리랜서 통역사, 상근 통역사, 안정성, 지명도, 통역요율

우리나라의 국제회의통역사는 크게 프리랜서로 일하는 통역사와 기관에 소속되어 일하는 상근 통역사로 나뉜다. 프리랜서 통역사는 매우 자유롭게 일할 수 있다. 즉 통역을 의뢰하는 측의 제안을 수락할 수도, 거절할 수도 있다. 아무도 그들의 결정에 대해 간섭하지 않는다는 얘기다. 또한 프리랜서 통역사들은 여행할 기회도 많은데, 특히 해외여행을 할 기회가 많다. 또 의뢰해 오는 주최 측의 성격이 매우 다양하기 때문에 여러 경험을 골고루 해 볼 수 있다는 장점이 있다. 그러나 프리랜서로 일하기 위해서는 그에 따른 최상의 능력과 월등한 경력 및 평판이 있어야 한다.

상근 통역사의 경우 안정성이 장점이다. 또한 직책을 가질 수 있는 것도 매력이다. 상근 통역사는 일에 따라 움직이기보다는 '조직의 결정'에 따라 움직이기 때문에 소속감과 그 기관의 모든 업무에 대해 적극적으로 동참한다는 연대의식을 갖고 일할 수 있어서 좋다. 프리랜서와 비교할 경우 안정성이나 소속감이라는 측면에서 차별성을 갖는 것이다.

그러나 프리랜서로 일하든 상근직으로 일하든 간에 통역사는 기본적으로 자신이 소속된 곳에 지나치게 얽매여 있지는 않는다. 그리고 국제회의가 열리는 동안에는 프리랜서 통역사와 상근 통역사들이 아무런 구별 없이 함께 어우러져 일한다.

상근 통역사는 국회, 외교통상부, 산업자원부, 정보통신부, 공정거래위원회, 시청, 국가정보원 등의 정부 부처나 고속철도건설공단, KBS 등 방송사와 같은 공기업 그리고 외국인 회사, 주한외국대사관, 대기업 등 사기업에 소속되어 일한다. 정보화 시대로 접어들면서 방송사에 소속된 통역사의 수가 계속 늘어나는 추세이며, 이러한 현상은 케이블 TV의 개국으로 보다 가속화되고 있다. 이렇듯 고정직으로 일하는 통역사들의 월 평균 수입은 200~400만 원 수준이다. 반면 지명도

가 높은 영어권 프리랜서 통역사들의 수입은 성수기에는 월 800만 원에서 1,000만 원 선으로 고정직에 비해 월등히 많은 편이다. 좀 더 구체적으로 예를 들어 말하자면, 정부기관 가운데 국회에서 통역 의전관으로 일하는 경우, 경력에 따라 5급부터 시작하는 것이 보통이며, 유경력자의 경우에는 4급부터 일반 공무원과 동일한 수준으로 대우해 준다. 현재 한·영, 한·불, 한·서, 한·중, 한·일 의전통역관들이 맹활약하고 있다. 외교통상부, 산업자원부, 정보통신부, 공정거래위원회, 시청, 국가정보원, 미대사관, 프랑스대사관 등 공공 기관에서 상근으로 일하는 통역사들은 월 250~450만 원 정도의 보수를 받는다. 고속철도건설공단, KBS 방송사에서 상근 통역사로 일할 경우, 250만 원에서 350만 원 정도의 월급을 받는다.

정부기관이나 공기업에서 상근직으로 일하는 것보다 사기업에서 일하는 것이 상대적으로 좋은 급여 혜택을 받는데, 예컨대 맥킨지, 보스턴컨설팅 등의 외국인 회사의 경우 400~500만 원 정도의 월급을 지급하고 있다. 그리고 M&A 관련 금융 부문에서 상근 통역사로 근무할 경우 300~500만 원의 월급을 받을 수 있고, 주한 외국대사관은 언어권에 따라 차이가 있기는 하지만 평균적으로 200~300만 원 정도 수준이다. 또한 삼성이나 현대 등 국내 유수의 대기업들은 300~400만 원 정도 수준에서 월급을 지급하고 있다.

한편 프리랜서 통역사로 일할 경우에는 실력도 뛰어나고 경력도 많은 베테랑 통역사가 많게는 연 8,000만 원까지 소득을 올릴 수 있다. 프리랜서로 일할 때에는 언어권에 따라 연 소득이 다른데, 한·영 통역사의 경우 연평균 5,000~8,000만 원 정도이고 한·불·(영)통역사(왕성하게 활동하는 한·불 통역사의 경우 거의 모두 영어 통역도 한다) 이 경우에는 연평균 3,000~4,000만 원 정도 그리고 한·일 통역사의 경우에는 연평균 2,500~3,000만 원 정도이다.

이 외에 한·독, 한·러, 한·서, 한·중, 한·아 통역사의 경우에는 보수가 일정하지 않은 편이라 정확하게 소개할 수는 없다. 아마도 이들의 경우에는 특수한 상황에 많은 영향을 받을 수밖에 없을 것이다. 영어 이외의 언어를 통역언어로 하는 경우, 영어도 통역언어로 해야만 한·불·영 통역사처럼 비교적 시기적으로 기복 없이 지속적으로 통역사 활동을 할 수가 있다. 실제로 요즘 유럽에서는 4개 언어를 구사하는 통역사가 많아지는 추세이다. 예컨대 유럽연합(EU) 소속 통역사들도 과거에는 3개 언어 통역사가 주를 이루었지만, 요즘 위촉되고 있는 통역사들은 대부분 4개 언어를 한다.

그러므로 세계화와 더불어 한국인 통역사들도 이제는 한국어를 포함해서 적어도 세 개 언어는 기본적으로 구사할 수 있어야 하지 않을까 싶다. 통역사란 그 어떤 직업보다도 세계의 변화에 민감한 직업이므로 세계적 상황변화에 기민하게 대처할 필요가 있고, 그에 따른 면모를 갖추려는 노력을 쉴새 없이 거듭해야 한다.

통역료 규정은 동시통역과 순차통역에 약간씩 차이가 있다. 동시통역의 경우, 1인당 6시간까지는 90만 원, 그리고 규정시간 초과 시 시간당 15만 원을 추가로 지급한다. 순차통역의 경우 유럽에서는 20~25% 더 많은 통역료를 받지만 한국의 경우 동시통역과 같은 요율이다. 수행 통역인 경우, 즉 관광안내, 바이어 상담을 통역하는 경우에는 3시간까지 30만 원이고 6시간까지는 40만 원부터 50만 원을 지급한다.

또한 회의 통역료 외에도 회의 조직료와 사전브리핑 및 리허설에 따른 보수를 지급하는 데, 회의 조직료는 조직상의 어려움과 의뢰시간의 시급성에 따라 전체 통역료의 5~10%를 지급하고, 사전 브리핑을 할 경우는 1시간당 10만 원을 지급한다. 리허설을 하게 될 경우에는 리허설 시간부터 통역시간으로 산정되며, 회의 당일이 아닌 경우에는 통역료와 같은 요율을 적용한다.

통역사를 선정한 후 주최 측의 갑작스런 사정으로 통역 의뢰를 취소할 때에는 그에 따른 보상을 받을 수 있다. 만약 통역 일주일 전에 취소했으면 통역료의 20%, 3일 전에 취소했으면 30%, 통역하기 바로 전날 취소했으면 50%, 그리고 당일 취소했을 경우에는 통역료 전액을 보상하는 것이 원칙이다. 안타까운 것은 한국에서는 아직도 취소 보상제도가 제대로 정착되지 않아 통역 일이 확정되는 대로 계약서를 쓰는 것이 바람직하다.

궁금해요

Q 국제회의통역사들은 어떤 대우를 받나요?

A 국제회의통역사협회 기준으로 하루 기본 6시간 회의 통역 요율은 80만 원 수준입니다. 고정직으로 일하는 한영 통역사들의 월 평균 수입은 위의 본문에 설명되어 있습니다. 프리랜서의 경우 고정직에 비해 월등히 많은 편입니다. 하지만 개인적인 능력, 즉 실력과 친화력, 평소 구축한 네트워킹 등에 따라 많은 차이가 나는 것이 바로 국제회의통역사랍니다.

통역 요율은 지역마다 달라 유럽과 일본이 높은 편이고 미주는 아시아보다도 낮은 편입니다. 지역의 물가와 통역사의 수요와 공급에 영향을 받기 때문인 것으로 사료됩니다.

10

출장 통역의 매력은?

Key words _ 출장, 여행 보상 이동시간, 일비, 교통, 거주지

통역을 하다 보면 필연적으로 출장을 하게 된다. 따라서 통역을 의뢰한 측은 통역비와 별개로 출장비를 지급하는 것이 원칙이다. 국내 출장(서울지역 제외)의 경우, 회의를 개시하기 전날 또는 회의가 끝나는 최종일 다음 날의 이동시간에 대해 1일 기본 통역료의 2분의 1에서 3분의 2 정도의 금액을 지급한다. 그리고 거주지를 떠나 있는 출장기간 중에 주최 측이 호텔 숙박을 제공하는 경우에는 일비로 하루 기준 10만 원을 지급해야 한다. 출장을 갔지만 회의가 없는 날이 있다고 하더라도 그날에 대해서도 하루 기본 통역료의 2분의 1에서 3분의 2는 지급하게 되어 있다. 출장지를 오가는 교통편은 최단 시간을 요하는 교통수단을 이용할 수 있도록 해 주는 것이 주최 측의 의무이며, 그 비용은 당연히 주최 측이 부담한다.

또한 국제회의통역사협회의 규정에 따르면 본인의 거주지 외의 다른 곳에서 통역을 할 경우, 비행시간이 8시간 이상이면 적어도 하루는 휴일로 주도록 되어 있다. 회의 장소까지 가는 데 비행시간이 8시간 이상 16시간 미만이면 회의 기간 전후 하루씩, 즉 이틀의 휴일을 주고 비행시간이 16시간 이상이면 전후 이틀씩 나흘간을 휴일로 주어야 한다. 물론 이 휴일에 대해서도 하루 통역료의 2분의 1에서 3분의 2를 지급해야 한다. 시간이 흐를수록 수요보다 공급이 많아 과거의 대우들이 최근 들어 다소 하향조정되는 추세라는 게 안타깝다.

회의 장소에 도착한 날 국제회의통역사들은 주최 측으로부터 그 나라 물가와 연계해 책정한 일정 금액의 일비 퍼디엄(per diem: 식사비와 용돈을 포함한 체재비)을 현지 화폐로 받기도 한다. 참고로 퍼디엄을 일비라고도 하며 통역료와 마찬가지로 지역에 따라 차등지급된다.

이렇듯 통역을 의뢰하는 데 드는 비용이 만만찮은 탓에, 국제회의통역사를 처음 초청하는 경우에는 회의를 주최한 기관에서 '배보다 배꼽이 더 크다'고 푸념

을 쏟아 내기도 한다. 내친김에 좀 더 얘기해 보자. 국제회의통역사가 8시간 이상 장거리 항공편을 이용해야 할 때에는 반드시 비즈니스 클래스 또는 그 이상을 원칙으로 한다. 만약 부득이한 사정으로 이코노미 클래스를 탈 경우 할인요금이 아닌 풀이코노미 클래스 가격의 항공권, 즉 언제나 일정 변경이 가능한 항공권을 제공해야 하는 데 최근 들어 경쟁시대 돌입으로 가장 경제적인 항공권을 수락해야 할 경우도 있다. 국제회의통역사가 회의 성패의 관건인 만큼 그야말로 '귀빈'으로 대접받는 것이다.

마지막으로 통역사에 도전하려는 사람들을 위한 또 하나의 반가운 소식! 통역사의 세계에서는 고참 통역사와 '새내기' 통역사의 통역료가 똑같다. 우리나라 사람들은 서열 문화에 익숙해져 있어서 이런 얘기를 들으면 도대체 무슨 소린가 하고 의아해 할 수도 있을 것이다. 하지만 통역사라는 자격이 워낙 강도 높은 전문 교육과정을 성공적으로 이수한 사람에게 주어지는 것이기 때문에, 아무리 새내기라 하더라도 적어도 표면상의 능력은 고참 통역사와 다르지 않게 보고 또한 다르지 않아야 한다고 생각한다. 이러한 생각은 통역계 나름의 '통역 수준 보장책'이라는 차원에서 이해하면 될 듯하다. 어쨌든 앞으로 통역사의 길에 들어서려는 사람들에게는 참으로 구미가 당기는 얘기가 아니겠는가?

궁금해요

Q 통역사 생활은 굉장히 바쁘다고 들었습니다. 그런데 결혼을 할 경우 통역사 생활에는 지장이 없는지요? 결혼을 하게 되면 십중팔구는 자녀를 돌봐야 하는 데 통역 생활을 하다 보면 때로는 외국에 나가서 일을 해야 하는 출장통역의 경우가 종종 발생하리라고 생각되거든요.

A 가족 간의 협력과 이해가 많이 요구되는 직업입니다. 제자들을 보면 남편이나 부인들이 적극 협력해 줍니다. 특히 여성의 경우 남편의 외조 없이는 활발한 활동이 불가능합니다. 무조건 남편들이 이해해 주는 것이 아니라 부인이 해외로 통역출장 갈 때 같이 가는 경우도 종종 있어요. 통역사는 주최 측이 여비, 숙박비 등 경비를 일체 부담하니 부인 덕에 호텔비용은 절약되지요. 통역사들 대부분은 결혼해서 잘살아요. 적극적인 성격들이라 가정생활도 예외는 아니어서 적극적으로 원하는 바를 성취하며 살지요. 빼놓을 수 없는 것은 대부분의 여성 통역사의 경우 어머니의 역할이 지대합니다. 가까운 곳에 사시며 아이들을 돌보거나 급히 택배로 전달되는 통역자료를 받아 주는 등 음양으로 도와주십니다. 어느 직종이나 여성이 활동하려면 아직 주위의 많은 도움이 필요한 것 같습니다.

Q 주위의 여러 친구들이 통역사가 되고자 하는 데 구체적으로 국제회의통역사 직업의 매력은 무엇입니까?

A 국제회의통역사라는 직업의 매력은 늘 새로운 것을 배울 수 있고 새로운 사람들을 만날 수 있다는 것입니다. 각 분야에서 성공한 사람들을 만나 그들로부터 새로운 지식도 얻고 자극도 받고, 어느 한순간도 정체되지 않고 계속 앞을 향해 나아가며 계속 발전할 수 있습니다. 제가 통역한 경우만 일부 살펴봐도 한불 정상회담, APEC 회의, ASEM 정상회의, INTOSAI 세계감사원장회의, 세계농협회의, FX 프로젝트, 기업 인수합병, BIE 세계박람회총회, 세계철강회의, 2002년 월드컵회의, 2003년 세계행정학회, 2004년 세계로타리클럽회의, 2005년 세계지적재산권회의 등 그 다양함은 이루 다 표현할 수 없습니다. 지적 호기심이 많은 사람에게는 더없이 좋은 직업이며 주최 측이 제공하는 비용으로 세계 각국을 다니며 회의통역을 하는 것도 빼놓을 수 없는 매력 중 하나입니다.

Q 한국에 살면서 외국으로 출장 다니는 것보다는 외국에 살면서 통역사로서 활동하고 싶은데 이런 경우가 종종 있는지 궁금합니다. 국내에서 활동하는 통역사들과 대우는 어떻게 다르며, 그런 기회가 자주 생기는지 알고 싶습니다. 또한 외국에서 활동하려면 다른 외국어도 필수적으로 해야 하는 것인지도 궁금합니다.

A 많다고는 할 수 없지만 해외에 거주하면서 통역하는 통역사와 번역사도 간혹 있습니다. 미국 국무성, 캐나다 외무성, 프랑스 외무성 등 국가기관에서도 많이 활용합니다. 이 경우는 굳이 다른 외국어를 더 하지 않아도 됩니다. 역시 한국인으로서 한국어를 기본으로 활동하기 때문에 거주하는 국가 언어를 뛰어나게 잘하고 제반 분야 주제 지식도 탄탄하며 흡인력과 청중 친화력이 있으면 됩니다. 늘 강조하지만 실력이 가장 중요합니다. 누구나 기회가 왔을 때 잘 발휘할 수 있도록 평상시 실력을 쌓아야 합니다.

11

통역사의 향후 전망

Key words _ 통역 수요 전망, 외무부 산하 전담부서, 자동 기계번역, 국제회의통역사, EU

통역사들은 요즘, 자신들의 직업이 인기상한가를 누리고 있음을 피부로 체험하고 있다. 외국어 전공 대학생 중 통번역대학원에 진학하겠다는 비율이 70~80%가 넘는다. 필자의 경우에도 통역사가 되고 싶은데 어떻게 하면 좋겠느냐는 초·중고생들의 문의를 자주 받는다. 물론 초등학생의 경우 부모들이 많이 문의해 온다. 그렇다면 과연 통역사라는 직업이 앞으로도 계속 유망할까? 결론부터 말하자면 분명히 '그렇다'는 것이다. 세계는 점점 더 하나의 공동체로 묶이게 될 것이고, 그 과정에서 더 많은 교류와 거래가 생겨날 수밖에 없다. 그리고 나라와 나라, 언어와 언어가 서로 만나야 한다면, 통역사들의 수요도 더 많아지면 많아지지 결코 줄어들지는 않으리라 생각한다. 한국의 세계화로 많은 사람이 과거보다 외국어의 중요성을 인식하여 익히고 있지만 아직 자신의 생각을 자유자재로 표현할 수 있는 사람 수가 제한되 있기 때문이다.

사실 현 상황에 있어서도 영어 통역사는 공급보다는 수요가 더 많다. 아마 영어가 이 땅에 존재하는 한 영어 통역사의 수요도 끊이지 않을 것이다. 영어 통역사 중에서도 특히 전문 통역사, 즉 국제회의통역사의 경우에는 사람이 없어서 못 쓰는 상황이기도 하다. 아직까지 각 나라에 통역 전담부서가 없다는 사실도 통역사의 밝은 전망을 반증해 준다. 즉 통역사라는 직업 자체가 매우 오래된 직업이기는 해도, 그 체계가 잡히고 발전을 이루기 시작한 것은 얼마 되지 않았기 때문에 아직은 더 많이 개발되어야 할 분야라는 것이다. 현재 미국, 독일, 프랑스를 제외하고는 외무부 산하에 전문 회의통역사 전담부서를 두고 있는 나라가 거의 없다고 볼 수 있다. 그러나 이제 나라마다 전문 통역사에 대한 배려를 하지 않을 수 없는 국면으로 접어들고 있다. 왜냐하면 그야말로 '전문적인' 국제회의통역사의 중요성에 대한 인식이 확대되고 있기 때문이다.

그렇다면 왜 국제회의통역사의 필요성이 계속 높아지는지 그 이유를 살펴보기로 하자.

첫째, 국제회의통역사는 내용 전달에 있어서 정확하다. 한마디로 외국어 의사소통에 있어서 이들은 최고 실력가이다. 물론 외교관들도 웬만큼은 외국어에 능통하지만 통역, 즉 커뮤니케이션을 함에 있어서는 단순히 언어 지식만으로는 충분하지 않다. 외교 언어는 매우 미묘하고 또한 엄정하다. 때문에 통역사는 연사가 말한 것은 하나도 놓치지 않아야 하고, 바꾸거나 왜곡하지 않고, 즉 자기 생각을 가감하지 말고 '있는 그대로'를 정확히 전달해야 한다. 국제회의통역사는 바로 이러한 정확성을 가진 전문가이기 때문에 커뮤니케이션 업무를 충실히 수행할 수 있다.

둘째, 국제회의통역사는 여러 방식의 통역을 모두 소화해 낼 수 있는 능력을 갖추고 있다. 사실 통역은 계속 한 방식으로만 진행되는 것이 아니다. 필요할 때에는 순차통역을 하기도 하고, 때에 따라서는 연사 뒤에서 작은 소리로 위스퍼링을 해야 할 때도 있다. 또 어떤 경우에는 연사와 거의 동시에 생동시통역을 해 주어야 한다. 이와 같이 여러 형태의 통역을 전천후로 수행해 내기 위해서는 국제회의통역사가 필요한 것이다.

셋째, 국제회의통역사는 윤리의식이 투철하여 직업상 비밀을 지킨다. 그래서 국제회의통역사협회 회원인 통역사들은 '회고록'을 쓰지 않는다. 그만큼 자신이 들은 것은 물론 자연스레 알게 된 것에 대해서까지 철저히 함구한다.

이것은 통역을 배우는 첫날부터 직업상 비밀 엄수에 대한 교육을 받게 되기 때문이기도 하지만, 그것보다는 통역사 스스로가 투철한 프로의식과 자신의 이미지를 지키려는 의지를 갖고 있기 때문이다. 다른 사람들이 아무리 열심히 통역을 해도 이러한 직업의식은 결코 그 누구도 흉내 낼 수 없는 것이기 때문에, 전문 회의통역사들의 고유함은 거의 독보적인 셈이다.

첨단기술이 발달하여 각 나라 각 민족의 언어를 번역해 주는 기계가 나온다면 어떻게 될까? 그러면 통역사들의 생명은 끝이 아닌가? 물론 이 기계로부터 어느 정도의 도움은 받을 수 있을 것이다. 그러나 기계는 언어 자체의 개념이나 기술 묘사적인 번역을 할 수 있을 뿐이다. 즉 인간의 말에 담겨 있는 창의적이고 무한한 사고나 인간의 정서, 감정 기복 등은 결코 전달할 수 없는 것이다. 실제로 유럽연합 집행위원회에서 예산을 아끼려고 자동기계 번역 개발에 지난 10여 년을 투자했지만, 결론은 '기계가 인간을 대신할 수 없다'는 사실이었다. 이렇듯 필연적인 사회적 요구로 인해 통역사들은 사회 내에서 자신만의 자리를 지킬 수 있다. 그리고 이러한 능력과 믿음이 담보되는 한, 통역사들에 대한 대우는 점점 더 높아질 수밖에 없다.

국제회의통역사들이 고소득을 누리는 것은 사실이지만, 통역사들에게 주어지는 미래란 물질적으로 풍요로운 미래라기보다는 자신감과 자부심 그리고 고유한 사회적 위치를 갖게 되는 미래다. 또한 남다른 경험을 통해 얻는, 결코 계산할 수 없는 '행복'이 담긴 미래인 것이다. 물론 통역사들도 경제상황에 영향을 받는다. 국가가 경제적으로 어려움을 겪으면 긴축재정으로 통역의뢰를 적극적으로 할 수 없기 때문이다. 특히 통역사는 직업의 특성상 다른 나라의 상황과도 깊은 연관성을 갖기 때문에, 다른 나라 사정이 어려워지면 그 나라와 관계된 '통역 수요'도 줄어든다.

영어는 타 언어의 추종을 불허하고 현재 통역 수요가 가장 많은 언어이다. 그러나 그만큼 희소가치는 떨어지기 때문에 통역료는 그다지 높은 편이 아니다. 그다음으로 일어, 불어, 중국어, 스페인어, 러시아어, 아랍어순이다. 잘나가는 영어 통역사의 경우에는 1년 365일 가운데 250일 내내 일이 끊이지 않을 정도이다. 한 달에 1,000만 원 정도의 소득을 올리는 통역사의 수도 적지 않다.

아시아, 태평양 지역에 거주하는 국제회의통역사들은 평균 통역 일수가 60~70일이다. 물론 이들 가운데 한국인 영어 통역사들과 일본어 영어 통역사들의 경우에는 이 평균치를 훨씬 상회한다. 유럽은 150일 정도이다. 아시아가 유럽에 비해 통역 일수는 절반 정도 수준이지만 수입은 결코 뒤지지 않는다. 최저 시간을 들여 일하고 그 대신 번역, 방송, 강연, 대학원 강의 등을 병행하기 때문이다. 이렇듯 통역사가 되면 반드시 통역만 하는 것이 아니라, 그와 연계해서 또 다른 여러 활동을 할 수 있어 다양한 경험과 부수입을 동시에 얻는다는 장점도 있다.

궁금해요

Q 우리나라는 과학분야 전문 통역·번역사가 아주 부족한 실정이라고 들었습니다. 그래서 과학분야의 전문 통역사가 되려는 꿈을 가지고 있는데요. 과학 전문 통역사가 앞으로 꼭 필요한 직업이지 않을까요?

A 전문 통역사로 활동을 하다 보면 경우에 따라서는 특정 분야 일을 많이 해 특화가 자연스레 될 수는 있습니다. 하지만 통역사로서의 활동 시작 단계부터 특정 부분에서만 활동하려고 한다면 쉽지 않습니다. 어느 정도 경력을 쌓게 되면 노하우가 축적되고 그때 선택해도 늦지 않습니다. 처음 2~3년 동안은 인간 활동 제반 분야에 걸쳐 지식과 노하우를 쌓는 것이 바람직하다고 생각합니다.

Q 저는 불어를 전공해서 통역사가 되고 싶은데 통역사로나 국제기구 공무원으로 UN에서 근무할 수도 있나요?

A 우선 UN에 국제기구 공무원 자격으로 근무하려면 영어, 불어를 잘해야 합니다. 물론 시험도 치러야 하며 합격하면 국제기구 공무원이 됩니다. 한국의 국제기구 분담금이 계속 증가하고 있어 한국인 직원 쿼터도 늘고 있으니 실력을 갖추면 도전해 볼 수 있는 직종입니다. 한국인으로 UN에서 통역사로 일하는 것은 현재로선 불가능합니다. 물론 다른 언어를 모국어로 하는 통역사들은 소정의 테스트와 심사를 거쳐 UN 통역사로 활동할 수 있습니다. 한국어가 UN 공용어가 아니기 때문입니다. 영어, 불어, 서어, 러어, 중국어, 아랍어가 UN 공용어입니다.

Q 앞으로 중국어 통역사의 전망은 어떤가요? 제 생각에는 중국과 교류가 더 활발해지면서 협상도 많아질 테고 기업들도 많이 진출하며 통역사의 수요가 늘 것 같은데, 오히려 영어통역사보다 전망이 더 밝을 수도 있지 않을까요?

A 비교적 좋은 편이나 동시통역까지 하는 국제회의 통역보다는 일반적인 국제협력, 비즈니스 상담 업무 범주 내에서의 수행통역이 많은 언어라고 생각됩니다. 특히 중국시장이 더욱 확장되면서 앞으로도 일반 순차통역의 수요가 지속적으로 증가할 언어라고 생각합니다. 앞으로 영어는 기본으로 하고 중국어도 어느 정도 구사하는 사람들 수는 더욱더 많아지리라 전망되므로 자신의 경쟁력이 될 만큼 탁월한 중국어 실력을 갖출 수 있도록 노력하세요.

Q 한국외국어대학교 통번역대학원 한불과에서는 매년 1~2명 정도가 국제회의통역으로 '졸업'을 하는 것으로 알고 있습니다. 그럼 그만큼의 수요가 있는지요? 아무래도 한국은 유럽이 아니기 때문에 기존의 한불통역사로도 충분히 국제회의시장이 포화상태일 것 같기에 질문드립니다.

A 꾸준히 배출되고 있지만 결혼, 이민, 남편 해외 발령, 개인적 취향, 관심 분야 변화 등 실로 다양한 이유로 통역사 활동을 더 이상 하지 않거나 못하는 사람이 상당수에 달하고 있습니다. 이러한 이직 현상은 통역언어와 상관없이 모든 언어와 모든 분야에서 일어나고 있으며 또 지속되고 있습니다. 즉 배출된 사람들이 모두 통역사로 활동하고 있지는 않습니다. 새내기들의 통역시장 신규 진입이 있는가 하면 일정 기간 활동한 후 이직하는 통역사도 상당수입니다. 그러므로 시장 수요 공급은 자연스레 균형을 이루고 있습니다. 통역사 지망생들이 유념해야 하는 것은 활동 여부는 전적으로 본인의 통역 능력과 친화력, 네트워킹에 달려있다는 것입니다. 발군의 실력을 갖춘 사람들에게는 늘 할 일이 있으며 이는 여타 분야와 마찬가지입니다.

12

국제회의통역사가 되려면?

Key words _ 선천적인 능력, 노력의 소산, 국제회의통역사 양성, 직업특성, 능력과 자질

어떤 사람들은 국제회의통역사는 결코 양성될 수 있는 직업이 아니라고 말한다. 즉 제아무리 훌륭한 교육을 받더라도 소질이 없이는 불가능하다는 것이다. 한마디로 통역사는 타고난 사람들이라는 얘기다. 정말 그럴까? 그러나 필자는 천재가 1%의 머리와 99%의 노력으로 만들어진다는 말을 믿는 편이다. 즉 통역사도 이 말에서 결코 예외가 아니라는 것이다. 그러나 간과하지 말아야 할 점은 통역이란 조금은 특수한 커뮤니케이션 행위라는 것이다. 그러므로 이 직업을 갖고자 하는 사람이라면 이러한 커뮤니케이션 행위에 대한 관심을 갖고 있어야 한다. 다시 말해 자신의 자질과 적성 혹은 자신의 관심사가 통역이라는 직업의 특성과 잘 맞아떨어져야 한다는 것이다. 따라서 지금 자신이 갖고 있는 적성이나 자질이 통역사라는 다소 특수한 직업에 잘 어울리는가를 우선적으로 검증해 볼 필요가 있겠다.

통역사가 특수하다는 말에 놀란 독자가 있겠다. 하지만 분명 통역사는 좀 독특하다. 물론 우리나라 사람이라면 누구나 기본적으로 영어를 배우게 되고, 제2외국어 하나쯤은 필수적으로 배워야 하는 환경에서 살고 있기 때문에, 통역이라고 하면 으레 우리말을 외국어로 바꾸거나 외국어를 우리말로 바꾸는 정도의 단순한 수준에서 생각할 수도 있다. 그러나 통역사가 하는 일은 그렇게 단순하지가 않다. 통역사들은 적어도 2개 이상의 언어를 사용한다. 또한 통역사들이 통역에서 주로 하게 되는 대화는 사람들의 일상적인 대화와는 그 차원이 다르다. 게다가 통역사들은 외국어를 우리말처럼 편안하고 자유롭게 구사할 수 있어야 하고, 두 나라 사이에서 거의 '외교관' 수준의 지식과 정서로 무장한 채 메신저의 역할을 훌륭하게 해내야 한다. 결국 이러한 '중간다리'의 역할을 얼마나 잘 해내느냐에 따라 통역사의 능력이 판가름 나는 것이다.

그러므로 통역사는 어느 정도 자격만 갖추면 누구나 도전해 볼 수 있는 '열린 직업'이기도 하지만, 그렇다고 해서 누구든 다 통역사가 될 수 있는 것은 아니다. 그렇다면 대체 어떤 사람들이 통역사가 될 수 있을까?

13

어떤 사람들이 통역사가 되나?

'말' 하는 걸 즐기는 사람들!

Key words _ 말하는 것 즐기기, 두려움, 목소리, 설득력, 웅변가, 흡인력

우선 '말하는 것' 자체에 대한 두려움이 없어야 한다. 아니 가능하다면 말하는 것을 즐길 줄 아는 사람이면 좋다. 통역사들 사이에 돌아다니는 우스갯소리로 이런 말이 있다. "통역사들끼리 모이면 언제 천장이 무너질지 모른다." 그 정도로 수다 떨기를 좋아하고, 이야기하기 좋아하는 사람이 많다는 것이다. 사실 통역사들이 모이면 이런저런 생활 속의 작은 이야기부터 일에 대한 이야기까지 대화가 끊이질 않는다. '말하는 게 직업'인데도 여전히 '말하는 걸 즐기는 것'이 사실 조금은 이상하게 여겨질 수도 있지만, 오히려 말하는 걸 즐기기 때문에 말하는 일을 직업으로 삼을 수 있는 게 아닐까?

그렇다면 소위'수다쟁이'라고 하는 사람들이 통역사가 될 가능성이 높다는 말인가? 물론 꼭 그런 것은 아니지만 어쨌든 다른 사람들과 이야기를 나누는 것을 좋아하고, 과정에서 상대방을 이해시키고 설득시키는 데 남다른 재주를 갖고 있다면 그것이야말로 통역사로서 성공하는 데는 큰 장점이라 할 수 있다. 일단은 남들 앞에서 말하는 것에 대한 부끄러움이나 두려움 같은 감정들로 고생하지 않을 수 있기 때문이다.

통역사를 꿈꾸며 통번역대학원에 들어온 학생들 중에는 '기질상' 통역이란 직업이 잘 맞지 않는 사람이 더러 있다. 목소리가 모기처럼 작아서 늘 소근소근 말하는 것도 문제인데, 대중 앞에서 말할 때는 온갖 두려움과 부끄러움으로 얼굴까지 창백해지는 일부 학생들을 보며 안타까운 마음이 들 때가 한두 번이 아니다. 결국 이런 학생들 가운데 일부는 졸업할 때까지도 타고난 성격을 버리지 못해 통역사의 길을 포기하기도 한다.

이와는 반대로 타고난 웅변가 스타일의 학생도 많다. 이런 사람은 벌써 50%

정도는 따고 들어가는 셈이다. 이러한 기질이 통역사에게 필요한 여러 자질 중 가장 중요하고도 필수적인 요건이기 때문이다. 많은 사람을 상대로 흡인력을 발휘하며 이야기를 이끌어 갈 수 있다는 것만 해도 쉽게 터득되지 않는, 통역사에게는 매우 중요한 노하우를 이미 갖고 있는 셈이니 정말이지, 이것도 행운이라면 행운이라 할 수 있지 않을까?

14

'본능적인 언어 감각'이 중요하다

Key words _ 언어 감각, 직관력, 사춘기, 자연 습득, 학습

무엇보다도 중요한 것은 자기가 전공하는 언어에 대한 거의 본능적인 수준의 '감각'이다. 얼마 전 TV 채널을 돌리다가 우연히 고등학생들이 출연해서 주어진 우리말 단어를 영어로 설명해 외국인 출연자에게 이해시키는 내용의 프로그램을 보았다. 물론 외국에 체류해 본 경험이 있어서 영어를 잘 구사하는 학생들도 있었지만, 개중에는 유학 경험이 전혀 없는데도 불구하고 눈에 띄게 영어를 잘하는 학생이 있었다. 어차피 실력이 고만고만할 텐데 자기 나름의 직관력과 감각으로 어휘를 구사하고, 가능한 한 쉽게 말할 줄 아는 능력을 가진 이런 학생들을 보면서 필자는 속으로 '저 남학생, 통역하면 아주 잘하겠는걸' 하고 생각했다. 그렇다. 이 학생은 언어에 있어서 남다른 감각을 갖고 있었던 것이고, 그것이 다른 사람에게도 느껴지는 것이다. 인간은 여러 가지 능력을 갖고 있다. 그런데 만약 그중에서도 자신이 특히 언어 능력에서 출중하다고 생각한다면, 그 사람은 일단 통역사가 될 가능성을 지녔다고 믿어도 되지 않을까 싶다.

만약 국제적인 언어환경을 경험해 본 사람이라면 더 유리한 고지를 점했다고 볼 수 있다. 특히 언어습득기에 외국에서 살아 봤다면 그런 사람은 상당히 좋은 조건을 갖춘 셈이다. 실제로 탁월한 능력을 자랑하는 많은 통역사는 상당 기간의 외국 체재 경험을 갖고 있는 경우가 많다. 경험한 시기는 각각 다르지만, 이들의 외국어 구사 능력이 외국에서 경험한 언어환경으로부터 큰 도움을 받은 것만은 틀림없다. 외국에서 살다가 사춘기인 초등학교 5~6학년 이후에 한국에 들어오면 언어 감각을 계속해서 유지시킬 수 있다. 단 이 경우에도 역시 꾸준히 외국어 능력을 키워 나갈 수 있도록 부모가 언어환경을 조성해 주는 노력을 해야 한다. 방치해 두었다가는 애써 쌓은 실력도 소멸되고 말기 때문이다. 사춘기 이후 외국어 익히기는 자연 습득보다는 의도적인 학습에 의해 이루어지기 때문이다.

하지만 외국의 언어환경을 체험했다는 사실이 통역사가 되기 위한 필요충분조건은 아니라는 사실을 잊지 말자. 일상생활에 필요한 외국어 구사 능력과 통역사에게 요구되는 외국어 구사 능력 간에는 그야말로 하늘과 땅만큼이나 엄청난 차이가 존재하기 때문이다. 실제로 언어습득기가 지난 뒤 필요에 의해 공부한 사람이라도 학습 동기만 분명하고 어느 정도의 언어감각을 갖췄다면 그리고 각고의 노력을 다했다면 뛰어난 통역사가 '충분히' 되고도 남는다.

궁금해요

Q 통역을 하는 데 있어 토익이나 토플 같은 복잡한 문법이 꼭 필요한지 알고 싶습니다.

A 좋은 토익·토플 성적이 통역사가 되는 충분조건은 물론 아닙니다. 토익 점수는 아주 높은데 통역이 잘 안 되는 사람을 종종 보았습니다. 통번역대학원 진학은 토익·토플 점수와는 무관합니다. 하지만 국내파의 경우 튼튼한 문법 실력이 바탕이 되어야 효율적인 영어 학습이 이루어질 수 있고, 한영 통역·번역을 하는 데 있어 필수 도구인 영어를 잘 갈고닦을 수 있습니다. 사춘기 이후에 영어를 배웠기 때문에 시험용 문법 실력이 아닌 꼭 다져야 하는 기본 외국어 조립법으로 생각하고 노력하세요.

Q 통역사들은 영어로 말할 때 어떤 표현을 쓰나요? 간단한 문법을 토대로 한 영어를 쓰는지, 국정 영어교과서의 문법과 표현을 토대로 하는지, 원서 테이프에서 흘러나오는 원어민의 표현을 그대로 쓰는지, 토익이나 토플의 듣기용 테이프에서 나오는 그런 표현을 쓰는지, 뉴스나 라디오와 같은 방송에서 기자나 리포터가 잠깐 시민들하고 대화할 때 쓰는 그런 표현을 쓰는지, 영화에서 배우들이 쓰는 그런 표현을 쓰는지와 같은 것입니다.

A 격의 없는 표현을 통역사가 직접 쓰는 경우는 거의 없습니다. 하지만 이런 표현들을 알아는 들어야 합니다. 국제회의통역사라는 말이 뜻하듯이 공식적인(formal) 격식을 갖춘 회의 분위기에서 참석한 사람들의 발표나 토론내용을 전달하는 것이 소임이므로 공식적인 표현을 많이 씁니다. 하지만 간혹 격의 없는 표현이나 특정 지역, 특정 계층의 고유한 표현을 쓰는 경우가 있으므로 적어도 알아들을 수 있도록 다양한 표현을 숙지하고 있어야 합니다. 영어가 국제어인 만큼 너도나도 영어로 발표하는 경우가 많으므로 다양한 악센트도 알아들을 수 있어야 합니다. 즉 일본인이 하는 영어, 인도인이 하는 영어, 싱가포르인이 하는 영어 등 여러 악센트를 듣고 이해할 수 있어야 합니다.

15

이런 자질을 갖춘 사람이 유리하다

Key words _ 순발력, 친화력, 분석력, 종합능력, 집중력

'당신의 성격이 당신의 운명이다'라는 말이 있다. 그만큼 한 인간의 성격이 삶의 방향이나 내용까지 좌우한다는 뜻일 터이다. 통역사가 되는 데에도 그 나름의 필요한 자질 혹은 성격이 있다. 통역사가 되기 위해 갖추어야 할 가장 필수적인 요건 중 하나는 바로 순발력이다. 통역은 생방송과 같다. 녹화방송이라면 편집 과정에서 작품의 완성도를 높여 나갈 수 있겠지만 통역은 딱 한 번뿐인 순간이며, '한 번의 용솟음'에서 모든 것이 판가름 나는 일이다.

물론 통역사는 통역에 들어가기 전에 만반의 준비과정을 거친다. 회의 주제에 대한 각종 언어적 지식과 내용 및 주제 지식으로 무장하고 통역에 임한다. 하지만 순차통역과 동시통역을 불문하고 언제든지 '돌발적 상황'이 발생할 수 있다. 돌발적 상황이란 비단 소프트웨어적인 문제뿐만 아니라, 통역사의 지식이나 의지와는 무관한 '하드웨어적인' 문제까지도 포함하는 것이다. 다시 말해 회의진행상의 문제나 부스의 음향문제를 비롯한 각종 기술적인 문제들이 일어날 소지가 있다. 그러나 이런 상황을 유연하게 극복하고 거기에 대처해 나가는 능력 역시 바로 통역사의 빛나는 '능력' 임은 두말할 나위가 없다. 그래서 '순발력'과 '기지'가 동시에 필요한 것이다.

통역사에게 필요한 또 하나의 무기는 바로 '지적 호기심'이다. 통역사는 한 분야를 깊이 파고드는 전문가는 아니지만 해당 주제에 있어서 전문가들 사이의 커뮤니케이션을 가능하게 해주는 매개 역할을 해야 하는 사람이다. 따라서 모든 분야에 대한 관심과 기본적인 이해력을 갖추어야 한다. 개인적으로 필자는 컴퓨터와 같은 첨단기기의 사용을 즐기는 편이 아니다. 물론 노트북을 이용하고 있기는 하지만 이것도 주로 워드 기능이나 E메일을 주고받는 데 사용할 뿐 그 외에 보다 첨단적인 기능들에 대해서는 별로 관심도 없고, 재미있게 이용할 줄 아는 능력도 없

다. 이렇다 보니 워드 실력이라고 해도 고작 '똑딱똑딱' 하는 소리를 낼 수 있는 정도이다. 하지만 이런 개인적인 취향과는 별개로, 컴퓨터 관련 회의의 통역을 맡게 되면 사정이 달라진다. 그야말로 나의 모든 감각이 '호기심 천국'이 되는 것이다. 그때부터는 컴맹이나 컴시인의 수준에서 과감히 탈피해 회의에서 다루어지게 될 전문용어들을 완벽하게 이해한 다음에 통역에 임해야 하는 것이다.

필자는 강의할 때 주위의 모든 사물과 언어를 통역사의 관점에서 다시 보라는 주문을 곧잘 한다. 아울러 이런 시각으로 사물과 주변세계를 바라보다 보면 하다못해 신문에 난 자동차광고 하나조차도 새롭게 보일 것이라고 강조한다. 사실 언제 어디에서 자동차와 관련된 통역을 하게 될지 예상할 수 없기 때문에 용어 하나하나를 유심히 살펴봐 두면 분명 도움을 받을 수 있다. 물론 신기술 용어라서 잘 이해할 수 없는 경우도 비일비재하다. 하지만 한 번 스쳐 지나가면서 듣기만 한 용어일 뿐인데도, 그것이 통역 현장에 임한 통역사에게는 '숨통을 틔워 줄' 고마운 단어가 될 수도 있다. 바로 이런 면에서 '통역사에게는 아는 것이 힘이다!'

마지막으로, 통역의 세계에 들어와 소위 '왕따'가 되지 않으려면 성격이 원만해야 한다. 통역계에 왕따가 있다는 소리에 이게 무슨 소린가 하고 놀랄 독자도 있을지 모르겠다. 하지만 왕따 없는 세상이 어디 있으랴?

요즘 국제회의는 거의 예외 없이 동시통역으로 진행된다. 2인 1조 혹은 3인 1조로 통역에 들어가다 보니 소위 '편치 않은' 파트너를 만나야 할 때도 있는데, 이런 파트너를 동료들이 좋아할 리 없다. 통역을 하는 과정에서는 그야말로 '팀워크'가 중요한 요소로 작용하기 때문이다. 일 때문에도 스트레스를 충분히 받는데, 엎친 데 덮친 격으로 사람 때문에 또 다른 스트레스까지 받아야 한다면 이 얼마나 괴로운 일인가? 그래서 꽤나 실력 있다고 알려진 통역사라 해도 성격이 원만하지 못해 왕따가 되면 어쩔 수없이 고독한 '파트너 사냥'을 나서야 한다.

이런 면에서 원만한 대인관계를 맺는 성격 즉 친화력은 능력만큼 혹은 능력 이상으로 중요한 자질이라고 볼 수 있다. 원만한 성격은 비단 동시통역 과정에서만 요구되는 것은 아니다. 순차통역에서도 마찬가지이다. 동시통역에서는 주로 동료들과의 관계나 사적인 감정 등이 얽히는 경우가 많지만, 순차통역에서는 회의 주최 측과의 관계, 즉 통역 의뢰인과 통역사의 관계가 원만해야 한다. 그렇지 않으면 그야말로 '산 입에 거미줄 치는' 일이 생길 수도 있다. 자칫 잘못된 관계를 만들어 놓으면 다음에 '일감'을 얻기가 힘들어지기 때문이다.

통역은 직업의 특성상 '전문 서비스업종'으로 분류할 수 있다. 따라서 주어진 통역 환경의 원활한 운영에 적어도 통역사가 걸림돌이 되어서는 안 된다. 언제나 투철한 서비스 정신으로 무장하고 있어야 한다.

이 외에도 통역사가 갖추어야 할 자질은 많다. 뛰어난 분석력과 종합력, 그리고 직관력 등은 유능한 통역사가 되는 데 매우 중요한 능력이다. 또한 통역사는 짧은 시간에 많은 이야기를 듣고 순간적으로 통역해야 하기 때문에 고도의 집중력을 요한다. 아울러 아무리 많은 문장을 듣더라도 이것을 개괄적으로 이해할 수 있는 놀랄 만한 기억력도 필수적이다. 또한 편안한 목소리와 바른 태도 및 웅변력, 외교적 수완과 재치도 없어서는 안 될 매우 중요한 양념 사항이다. 이 모든 능력이 수많은 담금질을 통해 한 번의 용솟음으로 발현되는 것이 통역인 것이다. 마지막으로 무엇보다도 중요한 한 가지! 그것은 바로 어떤 환경과 상황에서도 견딜 수 있는 튼튼한 체력이다. 통역사의 세계에서는 그야말로 체력이 곧 나 자신의 능력이요, 경쟁력이며 나아가 국력이다!

궁금해요

Q 교수님 글을 보면 종종 '담금질'이란 표현이 나오는 데 '담금질'이란 정확히 뭔가요?

A 담금질이란 실제 상황처럼 친구들과 그룹으로 스터디하면서 발표도 하고 지적도 받고 함으로써 그런 상황에 익숙해지는 것을 말해요. 그러다 보면 자신감도 생기고 혼자서 익혀야 되는 부분과 여러 사람 앞에서 담금질하는 부분이 병행되어야 합니다. 통역준비 나아가 통역연습은 솔로보다는 그룹이 효과적입니다. 졸업 후 실제 통역을 나가면 평소 갈고닦은 기량을 발휘해야 하므로 연마 과정 중 수많은 '담금질'을 해야 합니다.

Q 교수님께서 통역사는 타고나야 한다고 하셨잖아요. 그리고 대부분 통역사는 놀기도 잘 논다고 들었는데 사실인가요?

A 통역사의 자질은 어느 정도는 타고나고, 어느 정도는 노력에 의해 완결됩니다. 자질은 있으나 실력이 받쳐 주지 못하면 역시 안 되겠지요. 또 실력은 있는데 말하는 것을 좋아하지 않아도 문제가 됩니다. 우선 말하는 것을 좋아하고 즐겨야 하는 직업입니다. 순차통역의 경우 혼자서 하기도 하지만 가장 많이 활용되는 동시통역은 2인 1조나 3인 1조로 통역을 합니다. 늘 팀으로 일하므로 남과 잘 어울리는 성격이고 협조 정신이 몸에 밴 사람이면 좋습니다. 실시간에 남들 앞에서 하는 공연(performance), 워낙 받는 스트레스도 크고 고도의 집중을 요하므로 팀워크가 중요합니다. 팀워크가 잘 맞으니 의기투합도 잘되고 쌓인 스트레스도 풀 겸해서 잘 놀러 다닙니다. 대부분 적극적인 성격의 소유자들이기 때문에 그런 얘기들을 하는 것 같습니다.

16

통역사가 되려면 학력이 뛰어나야 하나?

Key words _ 지적능력, 교양상식, 단일언어권, 논리적인 사고력, 전문지식

먼저 결론부터 말하자면 학력은 매우 중요한 요소이다. 왜냐하면 통역이라는 의사소통 행위를 제대로 해내기 위해서는 일정 정도의 지력을 갖고 있어야 하는 데, 이 지적 능력이 독학으로 쌓기는 좀 어려운 것이기 때문이다.

요컨대 통역사는 우선 모국어에 대한 완벽한 구사 능력을 갖추어야 하는 데 이것도 학습을 통하지 않고는 불가능한 얘기일 것이다. 유창한 모국어를 포함해 2개 언어 이상을 수준 높게 구사하는 능력이 통역사에게는 필수적이기 때문이다. 국제적으로도, 통역사의 기본 자격을 '대학 교육 혹은 그에 상응하는 교육을 마친 사람'이라고 규정해 놓고 있는 현실이다. 또한 이러한 지식 외에도 일반 교양상식과 현대사회를 꿰뚫는 견고한 지식을 갖고 있어야만 통역사의 업무를 잘 수행할 수 있다.

현재 세계적인 추세로 볼 때 통역교육은 주로 석사과정에서 이루어지고 있다. 국내에서도 한국외국어대학교 통번역대학원과 여타 통번역대학원들이 공히 학사학위 소지자를 입학 자격으로 못박아 놓고 있다. 물론 제네바 통번역학교(ETI)나 오타와 통번역학교의 경우, 학사과정의 최종학력에서 통역교육을 하고 있기도 하다. 하지만 이 경우는 스위스(불어, 독어, 이태리어, 로망스어 사용)나 캐나다(영어, 불어 사용)가 단일 언어권이 아닌 점을 감안할 때, 지원자들의 언어 능력이 우리와 상당히 다르기 때문에 가능한 것을 쉽게 알 수 있다.

이 두 경우를 제외하고는 대부분 석사과정에서 통역교육이 이루어지고 있다. 학사과정에서 소위 기초 교양교육을 한 다음 석사과정에서 전문 통역교육을 실시하는 것이 이상적이라고 보기 때문이다. 통역이 언어적 지식만으로 가능한 것이라면 굳이 석사과정에서 통역 교육과정을 개설할 필요가 없을지 모른다. 하지만 앞에서 누차 강조했듯이 해당 주제에 대한 탄탄한 지식으로 무장하지 않고는 전문 통역을 수행하기가 거의 불가능하다. 결국 능력 있는 통역사로서 활동하기 위해 주변 사물과 세계에 대한 이해의 폭을 넓히는 시기가 석사과정인 셈이다.

원칙적으로 석사과정에 개설된 통번역대학원의 교육목표는 학생들의 외국어 실력 향상이 아니다. 석사과정에서는 학생들이 이미 해당 언어에 대한 완벽한(적어도 만족스런 수준의) 언어적 지식을 갖고 있다는 전제하에 통역 테크닉과 노하우를 가르친다. 즉 이러한 노하우를 교육함으로써 학생들을 전문 통역사로 양성하는 것이 통번역대학원의 목표인 것이다. 따라서 학사과정을 통해 폭넓고 깊이 있는 언어 지식을 획득하고, 사고력과 논리, 이해력을 갖추었다고 인정되는 학생들을 대상으로 비로소 전문 통역사 양성교육을 실시한다.

하지만 현실적으로는 파리 통번역대학원(ESIT)을 비롯한 세계 유수의 대학들에서조차 언어숙달과정이 커리큘럼에 포함되어 있다. 그리고 재학생들의 외국어 구사 능력이 상대적으로 떨어지는 국내 통역 교육기관들도 언어숙달과정을 비교적 비중 있게 다루고 있는 편이다. 그러니 자신이 외국어 구사 능력에 있어 좀 부족하다고 해서 미리 주눅들 필요는 없다.

외국 통역사 친구들 가운데에는, 통역 이외의 분야에서 석사 혹은 박사 학위를 소지하고 있는 사람도 더러 있다. 이들은 해당 분야에 대한 전문적인 지식을 갖고 있으면서 통역이라는 커뮤니케이션에 관심을 갖게 되어 전문 통역사 교육을 받은 경우이다. 이들 대부분이 본인의 전공 분야를 더욱 적극적으로 개발하여 이와 관련된 국제기구 등에서 통역사로 근무하고 있다.

17

통역사는 대학에서 어떤 전공을 해야 하나?

Key words _ 전공, 어문학, 지적 호기심, 논리적 사고, 총체적 능력

통번역대학원생들의 전공 분포를 살펴보면 어문학 계열을 전공한 사람이 대다수다. 사실 학사과정에서 외국어를 전공하고, 그 과정에서 통역에 관심을 갖게 되는 것은 지극히 자연스러운 일일 것이다.

하지만 어문학과는 거리가 멂 직한 이공계열이나 사회과학대학 출신들도 간혹 눈에 띈다. 특히 여학생들 대부분이 어문학 계열 전공자인 데 반해 가뭄에 콩 나듯(?) 통번역대학원에 입학하는 남자들은 다른 분야를 전공한 사람이 상당히 많다. 이 학생들은 어문학 계열 전공자들에 비해 논리력과 분석력이 뛰어나다는 장점을 갖고 있는 반면 외국어 능력은 다소 떨어진다는 평가를 받는 것이 보통인데, 이런 단점만 보완한다면 매우 능력 있는 통역사로 성공할 수 있다.

필자가 알고 지내는 통역사 가운데에는 대학에서 컴퓨터를 전공한 사람도 있고, 정치외교학이나 사회학을 전공한 경우도 있다. 이런 걸 보면 대학에서의 언어와 무관한 전공이 통역사 되는 길에 걸림돌로 작용하지 않을 뿐 아니라 경우에 따라서는 디딤돌이 될 수도 있음을 알 수 있다.

앞에서도 언급했듯이 사실 학부에서의 전공보다 더 중요한 것은 '지적 호기심'이 아닌가 싶다. 지적 호기심을 갖췄고 언어능력이 받쳐준다면 한결 유리할 것이란 얘기다. 필자는 대학에서 불어를 전공했다. 필자가 통역사의 길을 걷고자 결심하게 된 것은 단순히 불어라는 언어가 주는 매력 때문은 아니었다. 단순한 외국어 표현을 잘하는 어학적 차원의 접근에서 벗어나 특정 주제에 대한 생각을 정리해 외국어로 자유롭게 표현하는 재미를 느끼던 것이 결국 필자가 통역사의 길을 걷는 밑거름이 되었다.

필자는 우리나라에서 대학을 졸업한 후 프랑스에 있는 파리 통번역대학원(ESIT)에 다녔다. ESIT에 다니던 첫해 동안, 지금 생각하면 정말 미련하다 싶을 정

도로 신문에 난 사설을 요약해서 정리하는 연습을 많이 했다. 외국어 표현 자체보다는 주어진 텍스트를 읽고 뼈대를 잡아 논리적으로 요약하는 일이, 입시 위주의 교육을 받았던 그야말로 '토종 한국인'인 필자에게는 그 어떤 일보다도 어렵게 느껴졌다. 다른 사람보다 배 이상의 노력이 필요했다.

지금도 필자는 학생들에게 '논리적 사고'를 강조한다. 통역이란 단순히 단어 암기만 해서 되는 것은 아니다. 그것을 아무리 잘해 봐야 그런 단편적인 능력 자체가 통역사의 '총체적인' 능력에는 별 보탬이 되지 않기 때문이다. 통역사는 '나무'를 보는 것도 중요하지만, 그보다는 '숲'을 먼저 볼 줄 아는 능력이 있어야 한다. 물론 연사의 말 한마디 한마디를 제대로 전달하는 게 통역사의 역할임은 분명하지만 다 끝나고 나서 청중이 "So what?"이라고 말하며 고개를 갸우뚱하게 만드는 통역사는, 이미 커뮤니케이션의 기본 원칙에서 벗어나 있는 것이기 때문에 통역사로서의 자질 면에서 신뢰를 잃게 된다.

결론적으로 어떤 공부를 했건 어떤 전공을 했건 간에, 무엇보다 중요한 것은 그 공부가 통역사로서의 길을 가는 데 자양분이 되어야 한다는 것이다. 이를 위해서는 공부의 외양, 즉 학력이나 전공보다는 어떤 공부를 했는가가 더 중요하다는 사실을 명심해야 한다.

궁금해요

Q 현재 공과 대학생입니다. 한국외국어대학교 통번역대학원에 가려면 어떻게 공부를 해야 할까요? 그리고 필요한 조건이나 자격증은 무엇인지 무척 궁금합니다.

A 전공은 상관없습니다. 외국어·한국어 실력과 다방면 주제 지식 등을 갖추어야 합니다. 필요한 조건은 튼튼한 한국어, 외국어 실력, 분석종합능력, 집중력, 순발력 등 적성이고 4년제 대학을 졸업한 사람이나 졸업예정자이면 됩니다. 어떠한 자격증도 필요하지 않습니다. 준비는 가능하면 같은 목표를 가진 친구들과 그룹 스터디를 하면 좋습니다. 한 친구가 전공 외국어로 말한 내용을 듣고 한국어로 요약하고 한국어로 말한 내용을 전공 외국어로 요약하는 연습을 하면 도움이 됩니다. 물론 말하는 내용을 알아들을 수 있는 외국어 실력은 본인이 계속 갈고닦아야 합니다. 현안 문제도 잘 알고 있으면 좋고 제반 배경지식을 갖추도록 모든 분야에 걸쳐 많은 신문, 잡지 등을 꼼꼼히 읽으세요. 학생의 경우 공과 전공이므로 이 분야에 대한 지식이 문과 학생들보다 많으리라 생각하며 이 비교 우위를 계속 유지하도록 노력을 병행하세요. 현명한 사람이란 자신이 남보다 잘하는 것은 더 잘하려고 노력하면서 동시에 부족한 점은 빨리 보완하려고 노력하는 사람입니다.

18

통역사가 되기 전에 미리 갖추어야 할 기량?

Key words _부지런함, 파리 통번역대학원(ESIT), 끊임없는 외국어 학습, 쉬지 않고 세상의 변화 따라잡기

통역사가 되기 위해서는 다른 사람보다 부지런해야 한다. 통역사에게 약속은 생명과도 같다. 때문에 약속을 잘 지키려면 부지런할 수밖에 없는 것이다. 부지런함은 단순히 시간 잘 지키고 아침에 일찍 일어나고 하는 문제에만 국한되는 것이 아니다. 통역사가 가장 부지런해져야 할 부분은 바로 '공부'이다. 공부하지 않는 통역사는 더 이상의 발전도 성공도 기대할 수 없다. 쉽게 말해 통역사에게 요구되는 언어 지식과 언어 외적 지식, 즉 주제 지식을 향상시키기 위해서는 아무리 열심히 공부해도 결코 지나치지 않는다. 그러므로 통역사를 지망하는 사람들이라면 우선은 '공부에 즐거움'을 느낄 수 있어야 하고, 그에 따른 부지런함과 인내력을 갖추고 있어야 한다. 사실 이런 부지런함이 통역사를 희망하고 준비하는 학생들에게만 필요한 것은 아니다. 이미 통역사라는 직업에 발을 들여놓은 프로 통역사들에게도 이것은 더할 나위 없이 중요한 사항이다.

파리 유학 시절, 필자는 프랑스 사람들도 놀랄 정도로 열심히 공부했다. 파리 제3대학 ESIT에 입학하기 전까지는 외국에 체류해 본 경험이 없었기 때문에, 초기 유학 시절 동안에는 여러 가지로 어렵고 힘겨운 게 많았지만 그래도 이를 악물고 적응하려 애썼다. 무엇보다도 필자의 전공을 살려 불어를 사용하는 환경에서 공부할 수 있다는 것 자체가 축복이었고 행운이라고 믿었기 때문에 더더욱 신나서 일 분 일 초를 아쉬워하며 공부에 열중할 수 있었다. 실제로 필자는 '스폰지가 물을 빨아들이듯' 불어와 영어를 익혔다. 그렇게 최선을 다해 공부하고 일해도 눈 뜨고 일어나면 세상은 시시각각 변해서 그 속도를 따라가기가 쉽지 않았다. 그러나 세상의 이런 변화를 따라잡는 것도 통역사가 해야 할 일의 하나였고, 통역사의 능력을 보여 주는 한 방법이었다.

지금도 필자는 대다수의 국제회의통역사들과 마찬가지로 매일 필자의 통

역언어 즉 한국어, 불어, 영어로 진행되는 뉴스를 듣고 신문과 잡지도 빠짐없이 읽는다. 이렇듯 통역사라는 직업은 '끝없는 공부의 연속'이다. 따라서 평생 부지런히 공부할 준비가 되지 않은 사람이면 아예 다른 길을 모색해 보는 것이 낫지 않을까?

이쯤 되면 공부에 별 호감(?)을 갖고 있지 않은 독자들은 지레 겁을 먹고 도망갈 궁리를 할지도 모르겠다. 물론 냉정하게 생각해 보고 자신이 갈 길이 아니라는 생각이 들면 정말로 하고 싶은 일을 찾아가는 게 좋다. 그러나 시작도 해 보기 전에 겁을 먹고 포기할 필요는 없다. 왜냐하면 사실 공부란 게 정말 열심히 해 보면 꽤 재미난 것이기도 하기 때문이다.

통번역대학원생 사이에는 '일단 이 세계에 발을 들여놓으면 얼굴 누렇게 뜨기 전까지는 졸업하기 힘들다'는 얘기가 나돈다. 그만큼 공부가 힘들다는 말이다. 청운의 꿈을 안고 초롱초롱한 눈으로 입학한 우리 학생들이 졸업 시험을 앞두고는 시들시들해지는 모습을 보고 있노라면 참으로 안타깝다. 그러면서 새삼스레 이 길이 얼마나 힘겹고 고단한 길인가를 확인하게 된다.

이런 점은 필자의 ESIT 유학 시절에도 마찬가지였다. 외국 학생들도 한국 학생들만큼 공부량이 많았고 우리 학생들 못지않게 스트레스를 받았다. 그런데 외국 학생들과 우리 학생들 간에 다른 점은 우리 학생들은 너무 '공부를 위한 공부'를 한다는 것이다. 이에 비하면 외국 학생들은 공부를 적극적으로 즐기면서 한다. 그래서 필자는 하루 종일 외국어 신문만 붙들고 앉아 있는 제자들에게 가끔 소설도 읽고 영화도 보면서 외국어 실력을 보다 심층적으로 향상시키라고 말한다. 그리고 이런 공부를 통해 조금은 '신바람 나는' 공부를 해 보라고 권한다. 또 쉴 때에는 통역 공부의 스트레스에서 완전히 벗어나 과감한 휴식을 취하라고 이야기한다. 그것이 궁극적으로는 공부의 효율을 높이는 데 도움이 되기 때문이다. 사실 특정 언어를 통역하기 위해서는 해당 언어와 그 문화권에 대한 폭넓은 이해가 필요하다. 언어는 한 문화권 사람들의 삶을 총체적으로 담아내는 그릇이다. 따라서 언어의 본질에 대한 이해는 《Time》이나 《Newsweek》를 통해서만 얻어지는 것이 아니다. 그래서 해외에 체류할 기회가 많지 않았던 소위 '순수 국내파'의 경우에는 다양한 채널을 통한 간접경험이 필요하고 이것이 전문 통역사로서 성공하기 위한 자양분이 될 수 있다.

자, 그러므로 호흡을 좀 더 길게 하고 더 먼 곳을 바라보자. 외국어 실력이 단기간에 늘지 않는다는 것은 모두가 인정하는 주지의 사실이다. 실제로 외국어 능력은 계단식으로 향상된다. 일정 기간의 학습을 통해 실력이 향상되면 한동안은 본인의 실력이 더 이상 늘지 않는 것처럼 느껴진다. 외국어를 배우는 대부분의 사람이 바로 이 계단 턱에서 쉽게 주저앉아 버리곤 하는 데, 그 시점에서 결코 훈련의 고삐를 늦추지 말아야 한다.

외국어를 공부하는 초기에도 이런데, 하물며 통역을 해야 할 때에는 두말할 나위가 없다. 외국어에 대한 완벽한 이해를 기본으로 이루어지는 것이 바로 통역이기 때문이다. 그러므로 통역사가 본인의 외국어 실력을 향상시키기 위해서는 장기적인 목표를 향해 꾸준히 공부해야 한다.

외국어 학습은 올라가면 올라갈수록 단계별로 그 바닥이 점점 넓어진다. 때문에 일정 수준 이상에 도달하면 자신의 실력을 과신해서 학습 노력을 게을리할 수도 있다. 하지만 통역사를 희망하는 사람들에게 방심은 금물! 올라갈 때에는 많은 시간이 걸리지만, 내려오는 길은 마치 미끄럼틀처럼 한순간이라는 사실을 잊어서는 안 된다. 모국어도 한동안 사용하지 않으면 그 언어의 묘미를 완벽히 살려서 말하기가 쉽지 않은 법인데, 하물며 외국어야 오죽하겠는가!

한마디로 외국어 공부에는 왕도가 따로 없다. 그저 묵묵히, 목표만을 향해 꾸준히 달려가야 할 뿐이다.

궁금해요

Q 통역·번역을 준비하다 보니 영어를 청취할 때도 배경지식이 무척 중요하다는 것을 느꼈습니다. 경제·정치 외의 분야에 대한 지식은 어떻게 늘릴 수 있을까요? 요즘 신문을 보지만 내용들이 너무 단편적이고 특히 경제나 주식 쪽은 무슨 말인지 모르겠더라고요. 신문에는 자세한 설명이 없어서요.

A 질문 수준이 벌써 득도의 경지에 오른 학생 같습니다. 맞는 말입니다. 통역과 번역을 잘하려면 언어지식과 주제지식이 선결요건으로 갖춰져야 합니다. 경제는 개론 입문서를 보세요. 저도 여러 입문서를 읽었고 그 기초 위에 하나씩 쌓아가고 있습니다. 우리나라 말로 얘기를 들을 때도 배경지식이 없을 때는 말하고자 하는 의미를 잘 못 알아듣는 경우가 있는데 하물며 영어를 청취할 때 그 주제에 대한 배경지식이 없다면 제대로 알아듣기 어려운 경우가 다반사입니다. 그러므로 손쉬운 방법으로 우선 시사주간지 등을 정기적으로 읽고 그래도 잘 모르는 내용은 입문서나 개론서를 읽는 것이 좋습니다. 특히 경제와 주식은 자주 나오는 주제이니 만큼 지금부터라도 쉽게 풀이한 개론 입문서를 읽기 바랍니다. 통역·번역의 상당 부분이 경제 관련 주제이기에 더욱 절실합니다. 관심이 없어서라는 말이 통하지 않습니다. 전천후 통역·번역사가 되려면 전반적인 분야의 지식을 두루 갖춰야 합니다.

Q 사실 몸이 좀 허약하답니다. 다시 말하면 체력이 약해요. 학교 다닐 때에도 공부는 잘하는 편이었는데 항상 체력이 문제였습니다. 동시통역사는 어느 정도의 체력을 요구하는지 그리고 한국외국어대학교 통번역대학원에 가기 위해서 물론 본인의 실력이 가장 중요한 것이겠지만 혹시 면접 때 비쩍 마르고 약해 보인다는 이유로 차별을 받을 수 있는지요?

A 말라도 체력이 받쳐 주면 상관없습니다. 활동 중인 제자 하나는 몸무게가 38kg인데 끄떡없어요. 최고 실력을 갖춘 한-영 통역사라 거의 매일 통역하는 데도 괜찮습니다. 입시에도 실력이 중요하지, 외모는 상관없습니다. 체력은 국력이니 좀 키우는 게 좋지 않을까요? 사실 하루에 6시간 정도 통역을 한다는 것이 보통의 정신력, 체력, 집중력, 지구력을 요하는 일이 아니랍니다. 지금부터 체력단련을 하세요. 출중한 실력을 갖추고도 체력이 달려서 통역사 활동이 부진할 수밖에 없고 나아가 중단해야 하는 일이 있어서는 안 되겠지요.

19

중·고등학생들 어떻게 해야 하나?

Key words _ 기본기 다지기, 살아 있는 외국어 익히기, 문화원 이용, 간접경험

얼마 전 한 여론조사 결과를 듣자 하니, 중·고등학생 가운데 통역사라는 직업을 희망하는 학생이 점점 늘어나고 있다고 한다. 필자의 입장에선 참으로 반가운 소식이 아닐 수 없다. 불과 몇 년 전만 해도 법조인 등 다소 '전통적'이고 '보수적'인 직업이 인기를 끌었는데, 최근 들어 통역사를 비롯해서 새로운 분야에 대한 청소년들의 관심이 높아지는 것은 매우 긍정적인 현상이라는 생각이 든다. 이런 조사결과를 통해 우리 사회가 구호 차원의 세계화에 머물지 않고, 그야말로 '지구촌' 대열에 적극적으로 참여하고 있음을 실감하게 된다.

특히나 아직까지도 그 나이 또래에게 생소하게 들릴 수 있는 통역사라는 직업에 남다른 관심을 보이고, 그 직업을 통해 자아를 실현하겠다는 '뚝심'을 가졌을 정도라면 그 사람은 벌써 어느 정도의 가능성을 확보한 셈이다. 그리고 그 사람은 다른 누구보다도 그 가능성을 실현시킬 시간과 여유, 조건을 갖춘 것이다. 그렇다면 통역사를 꿈꾸는 우리의 중·고등학생들은 현재 시점에서 어떤 준비를 하는 게 좋을까?

우선은 외국어에 대한 기본적인 지식과 기술을 길러 튼튼한 실력을 쌓는 일부터 시작하는 게 좋다. 요즘은 우리 때와는 달리 외국어를 접할 기회도 많고 그 방법도 인쇄매체, 방송매체, 컴퓨터매체 등등 다양하다. 이 얼마나 행복한 세상인가! 외국어를 공부하겠다는 의지와 목표만 확고하다면 거의 '천국' 같은 환경이다. 학교 차원에서 이루어지는 외국어 교육 환경도 획기적으로 변했다고 한다. 몇 년 전부터 수능시험 외국어 영역에 듣기평가가 포함되는가 하면 기존의 문법 위주의 교수법에서 탈피하여 현장에서 활용할 수 있는 '살아 있는' 외국어를 가르치기 위해 교사들이 많은 애를 쓰고 있다고 들었다. 마음만 먹는다면 여건은 충분한 것이 아닌가? 그러므로 우리 학생들은 가능한 한 여러 방법을 동원해서 정말로 '살아 있

는' 외국어 능력을 키우기 위해 매 순간 노력해야 할 것이다.

통역사의 꿈을 키워 가는 학생들이 공부하는 과정에서 지녀야 할 가장 중요한 태도는 '신나고 재미있게' 공부하는 것이다. 해외 체류의 경험이 없는 학생들이라면 무엇보다도 해당 언어권의 문화를 접할 기회를 많이 가져 보고, 간접적인 방식으로라도 그 문화를 알기 위해 자료조사도 해 보는 등 적극적인 노력을 기울여야 한다. 한국에 주재하고 있는 외국 대사관이나 문화원에 의뢰하면 기대 이상의 도움을 받을 수 있을 것이다. 일례로 프랑스 문화원에서는 거의 매일 프랑스 영화를 상영하고 있으며 신문이나 잡지, 도서를 편안하게 열람할 수 있는 환경을 제공하고 있다. 또한 약간의 비용만 내면 정기회원으로 가입할 수 있고, 이 경우에는 도서 및 비디오테이프, 음악 CD 등을 빌릴 수 있다. 이것만이 아니다. 정기적으로 불어에 관심을 가진 대학생들로부터 샹송을 배운다거나 그들과 함께 토론을 하는 프로그램에 참여할 기회도 얻을 수 있다.

영국 문화원(British Council)도 문화원에서 마련한 제법 '쏠쏠한' 프로그램으로 영어에 관심이 있는 학생들뿐만 아니라 일반인들에게까지도 매우 인기가 높다. 이곳에는 또한 다양한 영어강좌가 개설되어 있어서 방학을 이용해 강좌를 듣는 중·고등학생도 상당수라고 한다. 이렇듯 관심을 갖고 찾아보면 좋아하는 외국어를 총체적으로 배울 기회와 여건은 충분하다. 그러므로 이런 모든 기회와 가능성을 십분 활용하여 읽기, 듣기, 말하기 실력을 동시에 쌓아 나가다 보면 외국어 실력은 자신도 모르는 사이에 향상되어 있을 것이다.

마지막으로 또 하나 기막힌 방법! 교육방송과 케이블 TV 외국어 채널을 활용하면 효과적이다. 가끔 교육방송 채널을 틀어 보면 흥미 있는 프로그램들이 더러 눈에 띈다. 영어의 경우만 보더라도 과거처럼 천편일률적으로 사지선다형 문제를 풀어 주는 프로그램만 있는 것이 아니라 학생들의 직접참여를 통해, '말하는 영어' 중심으로 바뀌어 가고 있는 것을 보게 된다. 또한 대학생 및 일반 시청자를 대상으로 하는 영어회화 프로그램도 활용할 만한 것이 제법 있다. 이런 매체를 이용하면 정말 재미있게 공부할 수 있고 외국어 인지효과도 크다. 따라서 외국에 체류해서 경험을 쌓기가 힘든 중·고등학생의 경우에는 회화 프로그램 참여와 같은 간접경험을 통해 영어 실력을 쌓는 것이 바람직한 방법이다.

20

대학생, 졸업생들 어떻게 해야 하나?

Key words _ 학습 목표 정하기, 표현 능력 기르기, 원어민과 접촉하기, 인터넷, 해외 연수

통역사가 되고자 하는 일반 대학생은 우선 본인의 외국어 학습 목표를 분명히 해야 할 것이다. 즉 통역사가 되기 위해서는 외국어 능력이 그저 '남들에 비해 조금 나음' 수준에 머물러서는 안 된다는 것이다. 또한 이들은 어학전공자나 외국어대학교 학생들처럼 학과 커리큘럼이 외국어 관련 과목으로 짜여 있어 자연스러운 학습환경이 조성된 경우가 아니기 때문에 훨씬 더 각별한 노력과 부지런함이 요구된다. 앞서 언급했듯이 이들이 가진 장점은 자신이 전공한 분야에 대한 해박하고 깊이 있는 지식이다. 학사과정에서 얻어진 특정 분야의 지식은 이들이 통역 공부를 하거나 훗날 통역사로 활동하게 될 때 반드시 커다란 이점으로 작용한다. 따라서 우선은 그 분야에서 탁월해져야만 부족한 부분을 보완해서 좀더 나은 학습 환경에서 외국어를 공부한 사람들과 어깨를 나란히 할 수가 있다.

일반 대학을 나온 비전공자들이 특히 취약한 점은 외국어 표현 능력이다. 위성 및 케이블 TV 방송 시청이나 인터넷 사용이 일반화되면서 '수동적인' 외국어 학습 기회, 즉 듣기나 읽기를 할 기회는 많아졌다. 외국 신문 몇 장이라도 손에 들어오면 '횡재'한 기분이 들던 필자의 대학 시절과는 판이하게 다르다. 요즘엔 소위 '희귀언어'라고 하는 아랍어를 전공하는 학생들조차도 자료가 없어 공부 못하겠다는 핑계는 안 통할 정도로 세상이 좋아졌다. 눈만 뜨면 영자 신문을 다운로드받아 읽을 수 있고, 인터넷을 통해 실시간으로 프랑스 라디오 방송을 들을 수도 있다.

물론 원어민을 만나 그동안 '갈고닦았던' 기량을 맘껏 발휘할 기회는 여전히 부족하다. 그나마 외국어대학교에 다니거나 어학을 전공하는 학생들의 경우에는 회화시간 등을 통해 외국인 교수와 대화할 기회가 생기기 때문에 이러한 갈증을 어느 정도는 해소할 수도 있겠지만, 일반 대학생의 경우에는 외국어학원에 돈내고 다니지 않는 이상 도대체 이런 기회를 잡을 수가 없는 실정이다. 설령 학원에

다닌다 해도 외국어 강사와 말을 주고받는 기회라고 해 봐야 한두 시간 강의에서 기껏 해 서너 번일 뿐이고 그나마 이것도 운이 좋은 날이나 아니면 다른 사람 얘기에 슬쩍 끼어들면서 회화수업의 '에티켓'을 어겨야 비로소 가능한 일이다.

이런 어려운 사정을 필자도 모르는 것은 아니다. 그렇지만 이런 상황과 환경의 어려움에도 불구하고, 통역사가 되겠다고 맘먹은 사람이라면 무슨 수를 써서라도 그들과 대화할 시간과 기회를 갖기 위해 노력해야 한다. 하다못해 외국인들이 많이 지나가는 곳을 찾아가서 아무나 붙잡고 아무 얘기나 해 보려고 시도할 필요도 있지 않을까?

한편으로는 이런 방법도 있다. 요새는 인터넷을 통한 외국어동호회 모임을 이용하거나 인터넷상에서 외국어로 이루어지는 토론 방에 들어가 보는 것이다. 어떤 방법을 쓰든 간에 뜻이 있는 곳에 반드시 '길'이 있다!

이번엔 비용이 좀 드는 방법을 한 번 생각해 보자. 투자를 해야 하는 방법 중, 특히 외국 어학연수는 통역사가 되는 데 소중한 밑거름이 된다. 외국 여행이 자유화되면서 통역사를 꿈꾸지 않는 학생들도 자신의 인생을 위해 투자한다는 마음으로 해외 언어연수를 가곤 한다. 그러나 해외연수를 간다는 것 자체가 중요한 게 아니다. 다른 사람에게 과시하려고 비싼 돈을 들여 가며 해외로 떠나는 게 아닌 바에야, 가서 무언가 소기의 목적을 달성하고 돌아오는 것이 중요하다. 그저 탱자탱자 놀면서, "인생 경험 쌓는 거지, 뭐" 하는 식으로 보내고 오면 그야말로 남은 인생은 후회로 가득하게 될 것이다. 이제 의학까지 발달해 더 오래 산다는데 젊었을때 능력배양은 절대절명의 과제이다.

해외연수를 가서는 시간관리를 철저히 해야 한다. 시간을 어떻게 관리하느냐에 따라 한두 달 만에 1년 이상의 효과를 발휘할 수도 있고, 1년을 한두 달보다도 못하게 허송세월로 보낼 수가 있다. 통번역대학원에 입학하는 학생의 대부분이 최소한 몇 달 이상은 해당 언어권에서 생활해 본 경험이 있는데 이들 중 꽤 많은 학생이 해외 연수기간 동안 도대체 뭘 하고 왔는지 모르겠다고 토로하면서, 다시 기회가 주어진다면 정말 통역에 도움이 되는 살아 있는 공부를 하며 보낼 수 있을 것 같다고 말하곤 한다.

이렇게 후회하지 않으려면, 무작정 떠난다는 데에만 의의를 갖고 해외연수를 가지 말고, 해외연수를 보다 면밀한 계획을 세우고 그 계획에 맞게 자신의 실력을 향상시키는 기간으로 삼아야 한다.

이를 위해서는 우선 해당 문화권에 몰입하는 일부터 시작해야 한다. 로마에 가면 로마 사람이 되라고 하지 않았던가? 그 나라의 언어와 문화를 이해하기 위해 자신이 그 나라 사람이 되었다 생각하고, 완전히 다른 삶을 살아보기 위해 노력할 필요가 있다. 보다 적극적으로 도전해서 자칫 빠져들 수 있는 향수도 이겨 내고 새로운 상황에 젖어들어 두려움을 쫓아내야 한다. 통역사의 세계에는 사실 이보다 더 큰 긴장과 두려움과 혼란이 기다리고 있다. 그러므로 통역사로 사는 삶의 예행연습쯤이라고 생각한다면, 그 어떤 힘겨운 싸움도 이겨 낼 수 있으리라 생각한다. 이런 면에서 해외연수는 통역사가 되고자 하는 대학생들에게 좋은 길잡이가 될 것이다. 각자 나름대로 적합한 방법이 있겠지만 좀 더 꼼꼼하게 준비하고자 하는 사람은 이미 해외연수를 다녀왔거나 해외 경험을 해 본 친구들에게 유용한 정보를 제공받아 시간 낭비없이 만반의 준비를 하고 떠나면 좋다.

21

어학전공 대학 재학생 어떻게 해야 하나?

Key words _ 이해력, 논리력, 외국어 구사 능력 즉 표현력, 모국어 실력, 국내파

이들은 일반 대학의 재학생에 비해 외국어 학습 면에 있어서는 유리한 조건을 갖고 있는 편이다. 실제로 통번역대학원에 재학 중인 과반수의 학생이 어문학 계열 출신이다. 대학 커리큘럼의 대부분이 외국어 관련 강좌이기 때문에 이들은 비교적 자연스럽게 외국어를 익힐 수 있는 환경에 있는 편이다. 하지만 그렇다고 언어를 전공한 학생들의 수준이 모두 만족할 만큼은 아니다. 일반 대학 재학생과 마찬가지로 학습 동기를 분명하게 정해 놓지 않을 경우에는 여전히 '그런저런' 수준의 외국어 실력에 머물러 있을 수밖에 없다.

그러므로 문제는 자신이 처한 환경과 여건을 얼마나 효과적으로 이용하느냐에 달려 있다. 즉 학교의 커리큘럼에 얼마나 충실히 따라가느냐가 관건인 것이다. 사실 이것은 통역사가 된다는 측면에서는 어느 정도 점수를 따고 들어가는 것이기 때문에 출발선 자체는 남들보다 앞서 있는 셈이다. 그러나 그렇다고 여유를 부렸다가는 나중에 다른 사람에게 추월당하기 십상이다. 영어를 전공하는 학생이라면 시사 영어라든지 영어회화 등의 선택강좌를 모조리 섭렵하면서 동시에 영어 서클이나 외국언론사나 영자신문사의 문을 두드려 보는 것도 좋은 방법이다. 이들은 다른 전공을 한 학생들에 비해 상대적으로 언어지식에는 강하지만, 순수지식이나 이론에 있어서는 좀 약하다. 따라서 이러한 부분에 대해서도 다른 사람보다 더 많이 매달려야 한다. 이를 위해 평소 시사문제에 관심을 갖고, 광범위한 독서를 통해 이해력과 논리력을 향상시킬 수 있도록 노력해야 한다. 실제로 우리 학생들을 보면 이런 분야에 매우 취약하다. 하지만 통역사가 되어 탁월한 능력을 인정받으려면 국내외 현안문제에 대한 정보를 수집하고, 그 이해도를 높이는 훈련을 미리 해 둘 필요가 있다. 통역사는 단순한 '앵무새'가 아니기 때문이다.

통역에서 자주 다루게 되는 분야인 경제 및 컴퓨터에 대한 관심은 '단숨'에

'억지로' 만들어지는 것이 아니므로 미리부터 이 부분에 촉각을 곤두세울 필요가 있다. 또한 적어도 통역사가 되겠다고 결심한 사람이라면, 지금 당장이라도 관련 신문, 잡지, 영상매체 등을 통해 언어 외적 지식을 쌓아 나가도록 하자.

한편 통역이라고 하면 흔히 외국어 구사 능력, 즉 표현력만 좋으면 된다고 생각하는 데 이것은 큰 착각이다. 외국어를 잘 구사하기 위해서는 우선 모국어부터 잘 구사할 줄 알아야 한다. 특히 통역사는 외국어를 우리말로 논리적으로 잘 옮겨야 하기 때문에 모국어 구사 능력을 키우기 위한 그 나름의 훈련과 학습이 필요하다.

사람들은 국내의 어학 전공자나 외국어대학교 재학생 및 졸업생을 가리키는 국내파에 대해서는 모국어 구사 능력을 별로 의심하지 않는 편이다. 그러나 꼭 그렇지는 않다. 모국어로 말하는 것이 뭐가 그리 어렵냐고 묻는 사람도 있을 수 있지만, 실제로 우리나라에서 제대로 교육과정을 이수한 사람 중에도 모국어를 제대로 구사하지 못하는 사람이 꽤 많다. 즉 상황과 장소에 알맞은 언어 구사, 논리 정연한 언어 구사를 할 줄 아는 사람이 생각보다 그리 많지 않다.

일상생활에서는 모국어를 통한 커뮤니케이션이 이루어지기 때문에 사람들이 언어의 형식보다는 내용에 더 귀를 기울이기 마련이다. 그래서 말의 시작과 끝, 전체 과정이 귀에 들어온다기보다는 상대방이 말하고자 하는 '의미'가 먼저 귀에 들린다. 그래서 보통 상대방의 모국어 구사 능력이 뛰어난지, 사용하는 어휘가 풍부한지 등의 여부는 대부분 우리의 관심사에서 벗어나 있기가 쉽다.

하지만 통역에서는 그 어떤 발화 상황에서보다 훨씬 격이 있고 풍부한, 그래서 우리말이 가진 모든 가능성을 살릴 수 있는 수준 높은 모국어 구사가 요구된다. 하지만 이것도 저절로 굴러 들어오는 것은 아니다. 끊임없이 공부하고 연습하지 않고는 절대 뛰어난 모국어 구사실력을 보여 줄 수 없다. 모국어 공부를 할 때의 난점은 외국어 습득에 비해 스스로 동기부여가 어렵다는 것이다. 그 필요성은 '어렴풋하게나마' 느끼지만 그렇다고 외국어 공부하듯이 매일매일 '하루라도 하지 않으면 입안에 가시가 돋는다'는 생각으로 몰입하게 되지는 않는다는 것이다.

이런 생각 때문에 대부분의 사람들의 모국어 실력이 일정 수준 이상 향상되지 못하고 그 자리에 머물러 있는 것이다. 그러나 고인 물은 쉽게 썩는다. 따라서 정체되어 있다는 것은 곧 실력이 없는 것 혹은 아무것도 아닌 것이나 마찬가지다. 사실 국내파라면, 적어도 외국에서 자라고 공부한 사람들에 비해서는 상대적으로 모국어 능력이 우월하다. 그러나 좀 더 '잘나가는 통역사'가 되기 위해 매진하는 사람들은 우선 모국어를 잘 구사하기 위해 노력해야 한다. 잘하는 부분을 더욱더 개발하는 것이 효과적인 공부의 지름길이 아닐까? 모국어에 투자하는 것이 왠지 의미 없는 투자로 보일 수도 있겠지만 이건 결코 사실이 아니다. 모국어를 공부하기 위해 시간을 투자하는 만큼 통역사로 활동하면서 얻게 되는 결실이 크다는 것은 현직 통역사 모두가 인정하는 만고의 진리이다. 즉 투자가 큰 만큼 돌아오는 보상도 크므로 **통역사로 대성하고 싶으면 우선 튼튼한 '한국어' 실력을 갖추어야 한다.**

22

해외파, 모국어 구사 능력이 성공의 관건이다!

Key words _ 해외파, 국내파, 모국어 구사 능력, 언어의 격, 원어민

소위 해외파의 경우 국내파에 비해 외국어 구사 능력이 뛰어나다고 알려져 있다. 하지만 해외 체류 경험이 반드시 월등한 외국어 구사 능력을 보장하는 것은 아니다. 실제로 통번역대학원에 입학하는 많은 해외파 학생 중에서 이미 상당히 탄탄한 외국어 실력을 갖춘 사람을 찾기란 그리 쉽지가 않다. 요컨대 어렸을 때의 외국생활 경험이 통역사의 길을 열어 준다고 생각하는 것은 때로 지나친 환상이 될 수 있다.

이들은 물론 한국어-외국어 표현 자체를 국내파에 비해 훨씬 '부담 없이' 생각하고 있다는 점 그리고 소위 '구어체' 외국어에 익숙해져 있다는 점에서 유리하다. 그러나 직업적인 통역에서 요구하는 언어의 수준은 우리가 일상생활 속에서 친구들과 주고받는 대화의 격과는 질적으로 다르다는 사실을 알아야 한다. 예컨대 같은 환경문제라고 하더라도 국제회의통역에서 통역사가 사용하는 언어의 격과 어휘의 수준이 엊그제 본 TV 드라마에서 얘기하는 격과 같을 리가 없는 것이다.

따라서 해외파 출신들도 본인들의 외국어 구사 능력을 꼼꼼히 점검하고 과연 나의 실력이 어떤지, 통역사에게 요구되는 언어 실력으로서 손색이 없는지를 살펴보고 부족한 부분을 채워나가려는 노력을 해야 할 것이다. 필자의 경우 해외파 제자들을 가르치면서 의외로 이들이 틀린 문법을 사용하는 경우를 곧잘 보게 된다. 국내에서 외국어를 접하는 사람이 문법 중심으로 언어를 배우면서 지나치게 경직된 언어학습의 편향성을 보이는 것과는 반대로 이들은 문법을 다소 '무시하는(?)' 경향을 갖고 있는 듯하다. 특히 이런 사람 대부분이 자신이 가진 문제의 심각성을 의식하지 못하고 있는 듯하다.

사실 통역사를 희망하는 사람이 아닌 바에야 이런 정도의 문법적 실수가 그

다지 큰 흠이 되지는 않는다. 일상생활에서의 외국어 커뮤니케이션은 단순히 '의미' 중심으로 이뤄지기 때문이다. 그러나 통역사의 경우에는 절대 그렇지가 않다. 물론 통역사의 통역을 듣는 외국인 연사나 청중이 통역사가 자신의 모국어가 아닌 외국어 방향으로 통역을 할 때에는 내용 중심으로 통역을 듣기 마련이다. 하지만 아무리 의미전달이 목적이라 하더라도 전문 통역인의 입에서 '문법을 무시하는 언어 표현'들이 '심심치 않게' 터져 나온다면 이는 통역사에 대한 신뢰도를 떨어뜨리는 일이기 때문에 이 부분을 가볍게 생각해서는 안 된다.

통역사들에게 요구되는 언어 구사 능력은 꽤 높은 수준이다. 거의 네이티브 스피커 정도의 수준이기 때문이다. 그저 외국어를 좀 잘하는 그저그런 수준에 머무르면 된다는 생각을 가진 사람들이야 문법과 어휘의 완성도가 다른 사람보다 조금만 나으면 되지만, 통역사는 풍부하고 정확한 어휘력과 완벽한 문법 능력으로 무장해야 한다는 사실을 기억하자.

어린 시절을 해외에서 보낸 학생들에게서 나타나는 또 하나의 공통적인 문제점 중의 하나는 이들이 상대적으로 모국어 구사 능력에 적잖은 결함을 갖고 있다는 것이다. 이 결함은 사람에 따라 약간씩 차이를 보이는데, 즉 어떤 학생은 모국어 어휘의 구사 능력이 '개선의 여지가 있는' 문제를 안고 있는 반면 몇몇 학생은 단기간 내에 고쳐지기는 어려운, 모국어 운용능력 자체에 중대한 결함을 갖고 있다.

그러나 참으로 안타깝게도 국내파들에게 외국어 습득이 지난한 과정인 것만큼이나 이들에게는 품격 있고 세련된 모국어를 구사하는 것이 매우 어려운 공부이다. 앞에서도 살펴본 것처럼 '발군의' 모국어 실력을 갖춘 사람을 찾기란 국내파에게서조차 결코 쉽지 않은 일이기 때문이다.

거듭 강조하지만 통역사에게 모국어 실력은 외국어 실력만큼, 아니 외국어 실력보다 더 중요하다. 한편에선 모국어 실력으로 통역사의 실력을 가늠하기도 할 정도이다.

외국의 통역사들의 경우 대부분 외국어를 듣고 모국어로 통역을 한다. 이와 달리 국내에서는 통역사가 모국어를 듣고 외국어로 통역하는 경우도 많다. 그렇기 때문에 자칫 외국어 구사 능력이 모국어 구사 능력보다 중요한 것으로 많은 사람이 오해하고 있는 것이 현실이다. 그러나 통역이란 외국어에 대한 완벽한 이해와 이를 바탕으로 한 자연스러운 모국어를 표현하는 것이라는 게 대원칙이다. 그러므로 이러한 원칙을 잊어서는 안 되고, 특히 해외파 학생들은 수준 있는 모국어 구사를 위한 뼈를 깎는 듯한 노력을 다해야 한다.

궁금해요

Q 통역사나 번역사 모두 외국어도 중요하지만 한국어 능력도 그 이상으로 중요하다고 알고 있습니다. 그러기 위해서 분야별 책도 많이 읽어야 한다고 하는 데 책을 읽으면서 혹시 중요하게 파악해야 할 부분이 있나요? 마냥 책만 많이 읽는다고 좋은 건 아닌 것 같은데요. 어휘능력 부분도 대단히 중요하다고 하는 데 어떤 방법으로 능력을 향상시킬 수 있을까요?

A 한국어 실력이 외국어 실력 못지않게 중요하며 특히 국내파의 경우 한국어 실력이 뛰어난 사람들이 역시 외국어 실력도 뛰어납니다. 학습에 의해 익혔기 때문이며 한국어가 기본이 되기 때문입니다. 좋은 표현들을 큰소리로 읽으며 입에 붙도록 하는 것이 좋습니다. 다양한 분야의 어휘들을 익히도록 여러 글을 읽되 유려한 한국어 표현은 신문이나 잡지 등에서 논지를 편 글들을 통해서도 익힐 수 있습니다. 틈나는 대로 좋은 수필, 소설을 읽는 것도 도움이 됩니다.

23

어떤 학교에 어떻게 입학해야 하나?

Key words _ 해외 체류 경험, 전문 통역교육기관, 통역 언어, 언어 배합, 입학시험

국제회의통역사로 활동하는 사람 가운데 대다수는 정규 학교과정을 통해 전문 통역교육을 받았다. 여기서 '전부'가 아니라 '대다수'라고 표현한 이유는 통역사 가운데 통역교육 과정을 거치지 않고 통역사로 활동하는 사람들도 간혹 있기 때문이다. 이들은 대부분 외국어 구사실력이 뛰어난 외교관인 경우가 많으며, 정부에서 그때그때 발생하는 필요에 따라 순차통역을 맡게 된다. 하지만 이들이 동시통역을 하게 되는 일은 거의 없다고 봐도 된다. 순차통역의 경우는 외교관으로서 해당 분야에 대해 갖고 있는 해박한 지식과 오랜 해외 체류 경험에서 익힌 외국어 실력에 힘입어 간단한 대담 정도는 원만하게 해낼 수 있다 하더라도 고도의 통역 테크닉이 요구되는 국제회의나 회담에서 정식 순차통역이나 동시통역을 하기는 힘들다. 이런 일은 정규 교육과정을 거치지 않고는 해내기가 어렵기 때문이다.

사실 통역에도 일종의 등급이 있다. 다시 말해 통역시장은 통역사의 수준, 통역의 내용, 통역료 등을 중심으로 극도로 세분화되어 있다. 하지만 여기서는 국내외의 전문 통역학교에서 통역교육을 받은 사람으로서 동시통역이 가능한 경우를 국제회의통역사로 규정하기로 하고 이들이 받는 정규 통역사 양성 코스에 대해서만 간략하게 언급해 보도록 하자.

국내에서는 전공을 불문하고 학사 이상의 학위를 가진 사람이 한국외국어대학교 통번역대학원을 비롯하여 여러 전문 통역 및 번역 교육기관에서 2년 동안 교육을 받은 후 통역사로 활동하게 된다. 필자의 경우처럼 통역언어가 3개 이상인 경우는 국내의 교육기관을 졸업하고 2~3년 정도 보다 심화된 교육을 더 받기 위해 유학을 떠날 수도 있다. 국외에서는 직접 해당 국가의 통역학교에 입학할 수도 있다. 한국어를 모국어로 인정하고 불어, 영어를 포함하여 3개 언어 통역교육이 가능한 외국 통역학교로는 ESIT가 유일하다. 한국어와 영어만을 통역언어로 가질 경우에는 미국의 몬트레이 통역·번역학교에서 수학할 수 있으나 대부분 교민이어서 졸업

후 경쟁이 치열한 한국 통역시장 진출이 용이하지만은 않다. 그 외의 통역학교에서는 한국어를 정식언어 배합에 포함시키는 경우가 없다. 그러니까 한국어를 A언어로 갖고 있는 사람이 유학을 떠나지 않고 국내에서 통역사로 활동하려고 한다면 국내 통역학교를 졸업하는 것이 거의 유일한 코스인 셈이다.

전 세계적으로는 '통·번역사' 교육을 3~4년 과정으로 실시하는 학교나 기관이 많이 있다. 1970년에 유네스코 주최로 개최된 세미나에서 UN산하기구들은 통·번역사 양성학교에 대해 다음과 같은 결론을 공유했다. "회의통역사를 다수 채용하는 기구들의 요구를 잘 충족시키는 학교는, 필요한 언어지식과 학사학위를 가진 학생에게 단기간 동안 번역 및 통역기술을 연마시키는 학교이다."

국제회의통역사협회(AIIC)는 지난 50여 년간의 통역교육 경험을 바탕으로 다음과 같은 '회의통역사 양성 기준'을 제시하고 있다.

첫째, 회의통역사 과정 입학자격은 학사학위 또는 그와 동등한 자격자(직장, 직업 경력)로서 입학시험에 합격해야 한다.
둘째, 입학시험에서는 응시생의 입학 당시 언어능력이 통역수업을 받을 만한 것인지를 테스트하고 또한 분석력, 종합력, 일반 교양 지식이 있는가를 검증해야 한다.
셋째, 통역교육 과정을 담당하는 책임자는 세계적 명성을 가진 현직(현역) 회의통역사여야 한다.
넷째, 통역학교의 교과과목은 통역언어의 선택에서도 그러해야 하듯, 회의통역 시장의 요구에 부응해야 한다.
다섯째, 통역 수업에서 순차통역과 동시통역은 같은 비중을 차지해야 한다.
여섯째, 통역사의 직업윤리와 근로조건에 대한 수업이 실시되어야 한다.
일곱째, 순차통역과 동시통역 수업은 현직 통역사로 활동하는 회의통역사에 의해 준비되고 지도되어야 한다.
여덟째, 졸업시험에서 동시통역과 순차통역의 한 과목이라도 실패하면 불합격과 같다.
아홉째, 졸업시험 심사위원들은 통역학교에서 가르치는 회의통역사뿐만 아니라 외부 프로 통역사(가능하면 AIIC 회원) 등으로 구성되어야 하며 이들은 심사권을 갖는다.

열째, 통역학교에서 졸업시험 합격자에게 발부하는 학위에는 통역 언어들이 명백하게 명시되어 있어야 한다.

이러한 요건을 충족시키는 통역학교로서, AIIC에서 소개하고 있는 세계적인 통역학교들은 대체로 다음과 같다.

• 오스트레일리아

Department of Japanese and Chinese Studies University of Queensland, St. Lucia Q. 4067, Australia

• 오스트리아

Institut für Ubersetzer und Dolmetscher der Universit ät Wien, Gymnasiumstrasse 50 1190 Vienne, Austria

• 벨기에

Hoger Institut voor Vertalers en Tolken, Schildersstraat 41 2000 Antwerpen, Belgium

Institut Supérieur de Traducteurs et d'Interprètes, Rue Joseph Hazard 34 1180 Bruxelles, Belgium

Ecole d'interprètes internationaux, Université de Mons, Avenue Victor Maistriau, 7000 Mons, Belgium

• 캐나다

Ecole de Traducteurs et d'Interprètes, Université d'Ottawa 52, rue de l'Université Ottawa KIN 6N5, Canada

• 덴마크

Center for Konferencetolkning 1K ø 3 benhavn, Dalgas Have 15 2000 Frederiksberg, Denmark

• 프랑스

ESIT, Université Paris III, Centre Universitaire Dauphine 75116 Paris, France

ISIT, 21 rue d'Assas 75006 Paris, France

• 독일

Sprachen-und Dolmetscher Institut München, Amalienstrasse 73 8000 Munich 40, Germany

Fachbereich angewandte Sprachwissenschaft, An der Hochschule 2 6728 Germersheim, Germany

Institut für Ubersetzen und Dolmetschen der Universität Heidelberg, Plöck 57 A 6900 Heidelberg 1, Germany

Universität des Saarlandes, Fachbereich 8.6 Im Stadtwald-Bau 4 6600 Saarbrücken, Germany

• 영국

Postgraduate Diploma in Conference Interpreting Techniques Faculty of Languages PCL, Euston Centre. Drummond Street London NW1, Great Britain

• 이스라엘

Bar Ilan University Department of Translation and Interpretation, 52100 Ramat Gan, Israel

• 이탈리아

Scuola Superiore di Lingue Moderne per Interpreti e Traduttori, Università di Trieste Via D'Alviano 15/1 34100 Trieste, Italy

Scuola Superiore per Interpreti e Traduttori del Comune di Milano, Piazzale Cantore 10 20213 Milano, Italy

• 대한민국

한국외국어대학교 통번역대학원, 서울 동대문구 이문로 107

• 레바논

Ecole de Traducteurs et Interprètes Universitè St. Joseph de Beyrouth, B.P. 293 Beyrouth, Lebanon

• 스페인

Escuela Universitaria de Traductores e Intérpretes Universidad Autonoma de Barcelona, Campus Universitario de Bellaterra 08193 Bellaterra

(Barcelona), Spain

Universidad de la Laguna Calle Molinos de Agua, 38207 La Laguna, Tenerife, Spain

• 스위스

Ecole de Traduction et d'Interprétation de l'Université de Genève, 19 Place des Augustins 1211 Genève, Switzerland

Dolmetscherschule Zürich, Thurgauerstrasse 56 8090 Zürich, Switzerland

• 미국

Monterey Institute of International Studies, 425 van Buren Street Monterey, CA 93923, United States

Division of Translation and Interpretation Georgetown University, Washington DC 20007, United States

궁금해요

Q 우리나라에 통역사 자격증이 존재하나요?

A 우리나라 국가공인 자격증은 없습니다. 국가공인 자격으로는 관광통역안내원 자격증이 있을 뿐입니다. 그 외에는 수많은 사설기관에서 주관하고 부여하는 자격증들이 있는데 대부분 자체 부설교육기관 활성화와 관련이 있을 뿐 공인 자격증이 아닙니다. 통역의 메카인 유럽에서도 통역사와 번역사를 촉탁할 때 우수 통번역대학원 통역 전공 졸업장과 그동안의 활동 경력이 추천 근거가 되고 기준이 되고 있을 뿐 공인 자격증제는 없습니다.

Q 꼭 해야 될 외국어가 영어, 독어, 불어, 중국어, 스페인어라고 하던데 정말로 5~6개 언어를 해야만 통역사로 활동할 수 있나요, 아니면 한 우물만 파도 되는 걸까요? 최소한 몇 개 국어를 구사해야 인정받을 수 있는지 알려 주세요.

A 그렇지 않습니다. 한 외국어라도 똑 부러지게 잘하는 것이 좋습니다. 여러 언어를 조금씩 대충 아는 것은 통역사가 되는 데 도움이 되지 않습니다. 하지만 2개 정도의 외국어를 자유자재로 구사할 수 있다면 더욱 좋습니다. 한국인으로 2개 이상 외국어를 잘하는 사람들 수가 극히 제한적인 것은 한국이라는 역사적, 사회적 상황에 기인할 뿐입니다. 요즈음은 외국어를 2개 이상 자유자재로 구사하는 사람들 수가 증가하는 추세이며 이는 세계화와 문호개방으로 이동이 자유롭고 외국어와 접촉이 용이하기 때문입니다.

Q 저는 일어를 사용하는 업무를 하고 싶은데요. 제가 알고 있는 범위로는 통역, 번역, 무역회사 정도입니다. 이 외에도 다른 직업이 있다면 알려 주셨으면 좋겠습니다. 그리고 일어 관련 일을 한다 해도 영어가 필수니까 조금씩 영어 공부도 하고 있는데요. 2가지 언어를 병행하려니까 조금 불안합니다. 일어도 아직 완벽하지 않은데 괜한 시간 낭비하는 게 아닌가 걱정도 되고요. 두 가지 언어를 동시에 병행하는 좋은 공부 방법이 있다면 교수님의 조언을 구하고 싶습니다.

통역, 번역, 무역회사 근무 외에도 영어까지 잘하면 공공기관 등에서 국제 협력을 담당할 수도 있고 항공사, 방송사, 문화예술 분야 기획사 등에 취업할 수도 있습니다. 영어도 일어와 같이 잘하면 보다 다양한 활로를 모색해 볼 수 있습니다. 또 외국어 능력뿐만 아니라 제반 분야에 대한 폭넓은 지식을 함께 보유하면 더 좋으며 다양한 기회에 노출될 수 있습니다. 이제 자신의 능력이 남다르지 않으면 일하기 쉽지 않은 개인 경쟁시대입니다.

Q 파리 통번역대학원(ESIT)에 대하여 알고 싶습니다.

A 파리 통번역대학원에서 통역 번역 모두 전공할 수 있습니다. 단 통역은 두 명 이상 합격해야 한-불-영 또는 한-영-불 수업을 개설합니다. 한 명이 입학할 경우 수업 진행이 어렵기 때문에 다음해 다른 학생이 합격할 때까지 기다리는 경우도 있습니다. 7~8년 전부터 취해진 조치입니다. 번역과정은 영어를 하지 않고 한-불만 해도 가능하나 학부 전공은 불어여야 합니다. 통역과정은 학부에서 어떤 분야를 전공했어도 상관없습니다. 통역은 2년 과정이며, 졸업하면 박사과정 1년차에 해당하는 DESS 학위를 취득하는 반면 한-불 번역은 1년 과정입니다. 참고로 ESIT의 경우 입학시험 응시 나이 제한이 있어 35세가 넘으면 통역부원장과 면담을 한 후 별도 허가를 받아야 입학시험에 응시할 수 있습니다. 지망생의 가능성을 보고 판단하며 예외를 인정하는 제도라고 볼 수 있습니다.

24

한국외국어대학교 통번역대학원에 대해 알아보자!

Key words _ 입학절차, 선발요강, A언어, B언어, 교과과정

한국외국어대학교 통번역대학원은 국제 수준의 국제회의통역사 및 번역사를 양성할 목적으로 1979년 설립된 통역 번역 전문 교육기관이다. 1997년 12월 교육부로부터 전문대학원 인가를 받았으며, 2년 과정을 이수한 후 졸업시험을 통과하면 전문석사 학위를 수여한다. 한국외국어대학교 통번역대학원은 현재 국내에서는 유일하게 세계 유수 통번역대학·대학원협회(CIUTI)에 회원으로 가입된 교육기관이다.

그동안 걸프전 방송 통역, 만국우편연합(UPU) 서울총회 통역, 국제의회연맹(IPU) 서울총회 통역, ASEM 정상회의 통역, APEC 정상회의 통역 등 굵직굵직한 국내외 행사에서 통역을 맡았던 사람들이 모두 이곳 출신이다.

그렇다면 이 대학원에 진학하기 위해서는 어떤 자격요건을 갖추어야 하고, 어떤 절차를 거쳐야 할까?

:: 입학절차 및 선발요강

석사 학위 과정을 총 150명 이내로 모집하는 데, 모집학과로는 '2개 언어 과정'과 '3개 언어 과정'이 있다. 2개 언어 과정(A-B)은 한영과, 한불과, 한독과, 한노과, 한서과, 한중과, 한일과, 한아과 등이 있으며 특히 한영과에서는 입학할 때부터 번역만을 전공으로 하는 '한영과 번역전공'반이 개설되어 있다. 3개 언어 과정(A-B-C)은 한영불과, 한영독과, 한영노과, 한영서과, 한영중과, 한영일과, 한영아과 등이 있다. 단 3개 언어 과정(A-B-C) 지원자는 2개 언어(A-B) 과정의 학과를 제2지망(B언어), 제3지망(C언어)으로 지원할 수 있다. 그리고 모집학과 중 합격자가 1학급에 편성할 수 있는 기준인원인 7~8명 내외에 미달하는 경우에는 해당학과를

개설하지 않을 수도 있다.

4년제 정규대학 졸업자 및 법령에 의해 대학졸업자와 동등한 학력으로 인정되는 사람이 지원할 수 있으나 대학에서의 전공분야는 무엇이었든 상관이 없다. 그러나 3개 언어(A-B-C) 과정 지원자의 B언어 실력은 모국어를 구사하는 것과 거의 비슷한 수준이어야 한다(한영불과의 경우 수업은 한영·한불 방식으로 진행된다). 한편 2개 언어(A-B) 과정과 3개 언어(A-B-C) 과정 모두 2년(4학기)을 기본적인 교육기간으로 정해 놓고 있다.

A언어란 현 학칙으로는 한국어를 가리키고 있으나 점점 외국인 학생이 많이 입학하고 있으며 그들 모국어는 한국어가 아니므로 이를 그대로 반영해야 할 날이 멀지 않은 것 같다. B언어란 제1전공 외국어를 가리키는 것으로서 영어, 불어, 독어, 노어, 서어, 중국어, 일어, 아랍어 가운데 하나를 선택하면 된다. 그리고 C언어란 제2전공 외국어로서 영어, 불어, 독어, 서어, 중국어, 일어, 아랍어 가운데 하나를 선택하면 된다. 단 이때 B언어로 선택한 외국어는 제외된다. 1차 시험 합격자에 한해서 2차 시험을 실시하며, 2차 시험 성적으로 최종합격자를 선발한다. 물론 응시자들의 경우 B 언어가 2개인 학생들도 있어 세계화의 위력을 실감할 수 있다.

한국외국어대학교 통번역대학원 과정은 2개 언어 과정과 3개 언어 과정으로 나뉘며, 국제회의통역전공, 번역·순차통역전공으로 나뉜다. 수업 연한은 2개 언어 과정과 3개 언어 과정 모두 2년이며, 2개 언어 과정은 49학점을 이수해야 하고, 3개 언어 과정은 61학점을 이수하면 된다. 그리고 각 과정 공히 졸업시험에 합격해야 한다. 해마다 다소 조정되기는 하나 2년 동안 배우는 교과목의 큰 틀은 다음과 같다.

❖ 공통필수과목

- 통역·번역입문(Introduction to Interpreting and Translation)
  통역과 번역의 전문인으로 성장하는 데 필요한 기초 교양강좌
- 주제특강 I, II(Special Lecture)

통·번역 분야의 주요 관심사와 주요 주제영역의 지도적 인사를 초빙하여 주요관련 산업분야의 동향 특강

❖ 선택과목

- B언어숙달 I, II(Advanced B Language Discourse)

  전공외국어로 문어 텍스트와 구어 텍스트를 이해하고 생산하는 능력을 심화하기 위하여 언어능력의 4대 영역을 연습
- 한국어 숙달 I, II(Advanced Korean Language Discourse)

  한국어로 생산되는 다양한 현대적 텍스트의 이해와 생산 능력을 배양
- 동시통역 입문 I, II(Initial Simultaneous Interpreting)

  A→B, B→A 양방향에 대해 기본적인 동시통역의 기술, 방법을 습득
- 통역·번역주제강독(Reading in Translation and Interpreting Studies)

  통역·번역학 이론 개념들을 통역·번역 실무의 이해와 효율성 제고에 활용
- B언어 시사토론 (Debate in Current Affairs)

  시사성이 강한 주제에 대해 발표하고 토론함으로써 내용 파악 및 B언어 숙달
- 전문순차통역 A↔B I, II(Consecutive Interpreting for Specific Areas)

  실제 상황에서 있을 수 있는 다양한 유형의 순차통역 훈련
- 지역사회통역 A↔B(Community Interpreting)

  실제 통역현장에서 양방향 순차통역 스킬을 연습
- 미디어번역 A-B/B-A(Media Translation)

  다양한 영상매체의 번역 방법 습득
- 과학기술번역 A-B/B-A/C-A
  (Translation of Scientific and Technical Texts)

  과학기술 분야의 번역전략을 개괄
- 논문지도 I, II (Thesis Research)

  논문 작성에 대한 조언 및 조력

❖ 전공필수과목

- 일반번역 A-B/B-A/C-A(Basic Translation)

다양한 범주의 텍스트에 대한 번역 전략을 개괄

- 순차통역 A-B/B-A/C-A I, II, III(Consecutive Interpreting)
  순차통역이 자주 요구되는 분야의 텍스트를 취급 능력 함양
- 순차통역, 문장구역 A-B/B-A
  (Consecutive Interpreting Sight Translation)
  순차통역과 문장구역 연습을 통해 어휘 및 문장구조를 이해하고 도착어로 전환하기 위한 전략 훈련
- 산업경제번역 A-B/B-A/C-A
  (Translation of Economic and Commercial Texts)
  세계 경제 및 금융, 통상 분야를 중심으로 경제와 기업활동의 기본개념을 텍스트에 적용하면서 전문용어에 대한 구사력 함양
- 동시통역 A-B/B-A/C-A I, II(Simultaneous Interpreting)
  청취와 발화를 동시에 수행하는 데 필요한 집중훈련, 음성관리 및 매끄러운 전달기법을 터득
- 전문동시통역 I, II(Simultaneous Interpreting for Specific Areas)
  시장수요가 있거나 대비가 필요하다고 판단되는 분야의 동시통역 연습
- 국제모의회의(Mock Conference)
  국제회의에서 사용되는 일반적인 회의용어 및 절차와 규범 습득
- 정치법률번역 A-B/B-A(Translation of Political and Legal Texts)
  현안문제 중심의 정치적 텍스트 및 번역수요가 있는 법률 텍스트의 번역 능력 함양
- B언어 주제발표(Presentation on Specific Areas)
  주요 주제에 관한 심도있는 발표를 통해 프레젠테이션 능력 및 B언어 구사력 함양
- 동시통역 Practicum(Practicum in Simultaneous Interpreting)
  실제 동시통역 현장에서 활용할 수 있는 통역능력 함양
- 번역 Practicum(Practicum in Translation)
  실제 번역 현장의 작업 환경 경험을 통해 졸업 후 즉각 현장에서 활동할 수 있는 연습

궁금해요

Q 졸업시험을 몇 번씩 보고도 계속 떨어져서 영구히 수료만 하는 학생도 있는지요? 있다면 비율이 어느 정도 되는지 %로 알려 주세요. 아니면 3~4번째로 졸업시험을 치르는 수료생들에는 기준을 관대하게 하여 졸업을 시켜주는 관행이 있는지도 알려 주세요.

A 졸업 시험은 3년 이내에 7번 칠 수 있으며 7번까지 보았는데도 졸업 시험을 통과하지 못해 수료로 그친 학생도 몇몇 있습니다. 그렇다고 그 학생들이 취직이 안 되는 것은 아닙니다. 통과율이 몇 퍼센트인가는 해마다 다르므로 일률적으로 숫자로 표시할 수는 없습니다. 특정 해에는 국제회의통역반에서 5명이 시험을 쳐서 3명이 졸업했고 번역순차반은 1명이 졸업했습니다. 또 다른 어떤 해는 번역순차반이 졸업이 많이 되기도 하므로 해마다 학생들의 수준에 따라 다릅니다. 지금까지 시험을 잘 못 봐 일정 수준 미달인데 7번 응시했기 때문에 졸업이 된 경우는 없는 것으로 알고 있습니다. 물론 시험을 못 본 것과 실력이 부족한 것은 별개일 경우도 있습니다.

Q 실제로 경쟁률이 높은 통역대학원 영어과를 합격해도 스스로 실력이 안 된다고 느껴 도중에 하차하는 분도 있다고 들었는데 맞는지요? 이 질문을 하는 이유는 혹시 제가 국내파로서 너무 통역대학원을 쉽게 생각하지는 않나 싶어서입니다. 그리고 영어과 합격생 중에 순수 국내파와 해외파(사춘기 또는 그 이전에 해외 거주 경험이 多年 있는 사람)의 비율은 어느 정도 되는지요?

A 각고의 노력을 해 탁월한 실력을 보유한 통역사들은 잘하고 있습니다. 입학시험은 통과해 합격했지만 어설픈 실력이어서 한계를 느끼는 사람들은 물론 도중 하차하고 있습니다. 요즈음은 한국에서만 공부했어도 잘하는 사람 수가 계속 늘고 있어 관건은 역시 실력입니다. 대학생 시절 1-2년 교환학생이나 연수를 다녀온 학생들은 국내파로 분류되며 국내파와 해외파의 비율은 해마다 다릅니다. 대부분의 경우 국내파 해외파는 반반에 가깝지만 어느 해는 많고 어느 해는 적습니다. 지금 2학년, 즉 졸업반의 경우 국내파가 많습니다. 결론으로 말하자면 중요한 것은 의사소통능력, 즉 커뮤니케이션 전문가로서의 타의 추종을 불허하는 실력입니다.

Q 한국외국어대학교 통번역대학원에 들어가고자 합니다. 한-영 통역보다는 일본어도 같이하고 싶은데 많이 힘드네요. 이렇게 두 가지 언어 통역을 하는 데 있어서 선결 조건이 무엇인지 알고 싶습니다. 무작정 열심히 공부를 하고 있는데 힘이 많이 드네요.

A 한-영과 한-일을 다 잘해야 합니다. 한-영의 경우 경쟁률이 최종 50여 명 선발에 보통 15~20:1 이상이고 한-일의 경우도 최종 20여 명 선발에 15:1 정도입니다. 그러므로 좋아하면서 잘하는 언어를 하는 것이 중요합니다. 시험을 볼 때 1차, 2차 전공을 명시해야 하므로 학생의 경우 한-영-일이 주 목표라면 제1지망에 한-영, 제2지망에 한-일이라고 기재하고 한-영에서도 다른 한-영만 지원한 학생들과 경합하여 통과되고 한-일에서도 한-일만 지원한 학생들과 경합하여 통과하면 한-영-일 전공으로 합격됩니다. 한-영만 됐으면 1차 지망인 한-영 전공으로 입학이 되고, 한-영은 안 되고 한-일로만 통과됐는데 한-일을 제1지망으로 한 경우에는 합격이 되며, 한-영을 제1지망으로 했으면 안 됩니다. 그러니 무조건 욕심 내지 말고 실력을 탄탄히 쌓는 것이 급선무입니다.

Q 말이 한-영-중이지 실제로 3개 언어를 하는 사람이 극소수일 정도로 무척 힘든 과정이라고 알고 있어요. 3개 언어를 다 하려는 과욕을 부리다가 2개 언어도 제대로 못하게 될 것이라 생각이 되는데요. 만약 한-영과에 입학한 후 2년 후 다시 한-중과에 들어간다면 영어·중국어 둘 다 B언어로서 활발한 활동을 할 수 있는지요?

A 네, 할 수 있습니다. 우선 졸업을 하고 실력에 따라 현장에서 잘하면 새 외국어를 추가할 수 있습니다. 중요한 것은 추가하려는 외국어의 실력입니다. 학생의 경우 추가하려는 중국어의 수준이 기존 한-중 통역사 수준은 되어야 같이 일할 수 있고 나중에 추가할 수 있는 것입니다. 동시통역은 보통 2인 1조가 팀으로 일을 하기 때문에 파트너 통역사의 실력이 부족할 경우 상대방이 난색을 표하기도 합니다. 그러므로 자신의 한-중 통역 실력이 동료 통역사들의 수준과 같은지를 비교하면 됩니다. 국제회의통역사협회(AIIC)에서도 회원이 언어배합(language combination) 변경을 신청하면 '언어배합심사위원회'를 열어 심사하고 심사 후 통과하면 그다음 해 회원 명부에 추가된 언어를 명시해 배포합니다. 활동을 계속하는 동안 통역사 데뷔 당시와는 달리 추가되기도 하고 C언어가 B언어가 되기도 하고 C언어가 없어지기도 하는 등 여러 형태로 변합니다.

Q 저는 어린 시절 프랑스와 일본에서 살았습니다. 그래서 이 두 언어를 확실히 마스터하여 통번역대학원에 진학할 꿈을 가지고 있습니다만, 한불일이라는 언어배합이 과연 메리트가 있나요?

A 한불일은 현행 한국외국어대학교 통번역대학원 학칙상으로는 전공을 할 수 없는 언어배합입니다. 외국어를 2개 이상 할 경우 그중 한 외국어는 영어여야 합니다. 하지만 한영불을 하라고 하기에 현재 학생의 영어 실력이 어느 정도인지는 모르므로 이 점에 대해 뭐라 말할 수는 없습니다. 단 한-불로 입학을 하고 졸업 후 한-일도 하게 되면 좋을 것 같습니다. 어느 언어로든 통역 능력을 인정 받은 후 통역사로 활동하면서 또 다른 통역 언어를 추가하는 것도 한 방법입니다. 제 은사이신 드쟝 교수님은 독일분으로 독어, 불어, 영어 언어배합을 가진 통역사이신데 육십 세 이후 독학으로 숙달한 스웨덴어를 공식 통역언어로 추가하여 유럽연합 의장국이 스웨덴이었을 때 맹활약하셨습니다. 의지가 있다면 예순이 지난 나이에도 새로운 외국어를 자신의 통역언어로 추가할 수 있음을 몸소 보여주셨습니다.

25

통번역대학원 입학시험은 어떻게 준비하나?

Key words _ 입학시험, 수험문제집, 시험 과목

시험 평가의 기준은 듣기, 논리적으로 말하기, 핵심을 파악하는 능력 등이므로 이런 부분에 중점을 두어 공부하면 좋다. 합격선은 대체로 수학능력 하한선을 정해 놓고 입학시험 성적에 의해 결정된다. 그리고 입학 시 학과 정원이 따로 없이, 전체 학년의 입학 정원만 정해져 있으므로 해마다 과별 입학 인원이 다를 수 있다.

한국외국어대학교 통번역대학원의 학과별 경쟁률은 국제 정세에 상당한 영향을 받는다. 만약 국제적으로 큰 사건이 많아 국제적 이슈에 대한 뉴스가 많이 등장했고, 덕분에 통역사들의 활약상이 각종 매체를 통해 많이 노출되었다면 그 해의 경쟁률은 매우 높다. 그러나 국제적인 이슈가 별로 회자되지 않고 세상이 비교적 조용하다면 그해에는 경쟁률이 낮은 편이다. 이처럼 통역·번역과 무관한 현안 변수에 통번역대학원의 경쟁률이 매우 민감하게 반응하는 것은 사실 당연하다. 국제적인 사건이 많이 발생할수록 자연 통역사의 수요가 높아지기 때문이다.

궁금해요

Q 영어에 대한 관심이 무척 많지만 지금 3학년이 됐는데도 말하기 실력이 그리 늘지 않는 것 같습니다. 물론 대학 공부야 자기 자신이 하는 건 당연하지만요. 저는 통역대학원에 가고 싶은데 어느 정도의 실력을 요구하는지 알고 싶습니다. 그리고 준비는 어떻게 하는지, 영어를 공부하는 학생이지만 아직 잘 모릅니다.

A 많은 학생이 묻는 질문입니다. 1차 듣기시험을 통과한 학생들에게 2차 시험에서 요구되는 수준은 일반 뉴스 정도를 듣고 무슨 내용인지 이해하고 한국어로 논리적으로 요약할 수 있고, 한국 뉴스를 듣고 이해한 내용을 영어로 논리적으로 요약할 수 있으면 됩니다. 현안 문제에 대한 많은 지식을 갖고 있는 것도 물론 도움이 됩니다. 좀 더 구체적으로 설명하자면 인터뷰 시험에서는 심사위원이 영어로 한 말을 듣고 한국어로 요약하고 한국어로 한 말을 듣고 영어로 요약합니다. 번역시험에서는 한영, 영한 번역을 합니다. 참고로 기출제된 문제집을 보면 수준을 가늠해 볼 수 있습니다. 해마다 경향이나 주제가 다릅니다. 큰 틀은 현안 문제를 잘 알고 이해력과 표현력을 갖추면 좋습니다.

Q 통번역대학원에 입학하시는 분들의 실력이 정말 어느 정도인지 너무 궁금해요. 전공언어는 완벽하게 할 수 있어야 하고, 통번역대학원에 들어가서는 통역하는 방법만 배우는 것이라는 얘기를 들어서요. 그렇다면 모두 외국에서 살다 온 경험이 있는 것인지, 아니면 통번역대학원 입시학원을 다니면서 준비하는 건지요.

A 이상적인 통역교육이란 언어는 이미 숙달된 상태에서 입학을 하고 통역교육과정 중 메시지를 전달하는 노하우를 배우는 것입니다. 하지만 현실은 꼭 그렇지만도 않습니다. 또 언어에 상관없이 일정 수준에 달해야 하는 것이 원칙이나, 언어에 따라서는 다소 부족한 면이 많은 학생이 입학하는 해도 있습니다. 그래도 대부분은 듣고, 말하고, 쓰기에는 별로 불편이 없는 학생들입니다. 그렇다고 입학생 다수가 해외파인 것은 아닙니다. 상당수가 국내파 학생들입니다. 요새는 통신, 방송 등이 발달해 본인만 열심히 한다면 언어 실력 자체는 큰 차이가 없습니다. 물론 통역·번역 교육 2년간 언어능력도 계속 보완되어 나가는 것이 사실입니다. 하지만 통번역대학원은 통역·번역 노하우를 익히는 배움터이지, 언어를 배우러 오는 곳은 분명 아닙니다.

Q 한-독과를 지원하려는 학생인데, 지금껏 독일문화원을 세 달 다니다가 혼자서 독어를 공부하고 있습니다. 주위에서 그룹 스터디하는 것을 많이 보아 왔지만 제게는 별로 맞지 않는 것 같습니다. 그래서 끝까지 혼자 공부할 생각인데 말하는 속도감을 통제 못하겠어요. 혼자서 말하기 연습을 잘할 수 있는 방법 없나요?

A 혼자 '요약' 연습을 할 수 있습니다. 아직 입학을 하지 않았으니 '통역' 연습은 아니지요? 우선 글을 두세 문단 정도 읽고 혼자 큰소리로 요약해 보세요. 요약할 때는 녹음을 하고요. 언어와 통역을 공부하는 사람들에게 녹음기는 필수입니다. 그다음에 잘 들어 보세요. 처음에는 기가 막히고 속상할 만큼 느리고 틀린 데도 많이 발견되고 표현도 어눌하지만 계속 비판적인 자세로 들어 보세요. 자신의 약점이 발견됩니다. 혼자 하는 자기비판(auto-critic)이 많은 도움이 됩니다. 다시 틀린 부분을 보완해서 또 해 보고요. 발전이 빠른 사람들은 대부분 약점을 빨리 보완하고 강점은 더 강하게 합니다.

Q 통역사나 번역사를 하려면 꼭 통번역대학원을 나와야 하나요? 저도 대학원을 가고 싶은데 집안 형편상 대학 진학도 포기했습니다. 혹시 대학원(대학교)을 나오지 않고도 할 수 있는 방법이 있을까요?

A 일반 통역 번역은 별도의 통번역대학원 교육 없이도 할 수 있지만 동시통역, 순차통역, 위스퍼링 통역을 모두 포함하는 국제회의 통역과 전문 번역은 대학원 교육을 필요로 하는 것이 현실입니다. 지금까지 국제회의통역사로 활발히 활동하는 사람들은 모두 통번역대학원 출신입니다. 국제회의 통역은 고도의 노하우를 필요로 하는 전문직이므로 아마추어들이 하는 일반 통역과는 다릅니다. 국제무대에서도 전문교육을 제대로 받은 국제회의통역사들에게 활동할 기회가 주어집니다. 의학 공부를 제대로 하지 않은 무자격 의사에게 수술을 맡기지 않듯이 주요 국제회의를 일반인에게 맡기지는 않습니다.

26

국내에는 어떤 통역·번역 교육기관이 있나요?

아시아에서 통역·번역의 메카가 한국이라는 말이 나올 정도로 국내에는 여러 통역·번역 전문 교육기관들이 있다. 늘 많은 일이 터지고 변화무쌍한 나라이기 때문에 외부와의 소통이 긴요한 역할을 하는 나라의 사정 때문이라고 필자는 생각한다. 물론 통역·번역의 노하우를 집중적으로 교육하는 통역·번역 교육 전문대학원이 있는가 하면 아직 외국어 교육에 주력하면서 명칭에만 통역·번역이 들어간 학교도 있다.

◈ 석사과정

① 고려대학교 인문정보대학원
② 국제영어대학원 대학교
③ 계명대학교 일반대학원
④ 동국대학교 국제정보대학원
⑤ 한국외국어대학교 통번역대학원
⑥ 부산외국어대학교 통번역대학원
⑦ 서울외국어대학원 대학교
⑧ 선문대학교 통번역대학원
⑨ 성균관대학교 TESOL 번역대학원
⑩ 이화여자대학교 통번역대학원
⑪ 제주대학교 통역대학원
⑫ 한동대학교 통번역대학원
⑬ 중앙대학교 국제대학원
⑭ 한국외국어대학교 일반대학원 번역학과(영어 외 베트남어 등 학과 개설)
⑮ 평택대학교 통번역대학원

◈ 학부과정

① 경희대학교 통역·번역학 전공
② 금강대학교 통역학부
③ 대구외국어대학교 통역학부
④ 동국대학교 영어통역·번역전공과정
⑤ 한국외국어대학교 통역·번역학 전공

궁금해요

Q 지금 공급과잉 상태라고 하던데 통역사라는 직업이 몇 년 후에도 계속 유망한 직업인지요?

A 통역사 공급과잉이 아니라 통역사를 양성 또는 교육한다는 기관들이 우후죽순으로 설립되어 교육기관 공급이 과잉입니다. 또 통역사라는 호칭이 여러 수준의 통역사를 모두 아우르는 데 사용되는 것이 문제입니다. 아직 한국에서 국제회의 통역을 전천후로 제대로 할 수 있는 사람의 수는 그리 많지 않습니다. 하지만 통역 분야가 소위 뜨는(?) 분야라 많은 학교에서 통역사를 양성한다고는 하나 상당수 언어 교육에 머무르고 있는 것이 현실입니다. 실력이 탄탄하면 할 일은 많습니다. 중요한 것은 실력이니 통역계 수요 공급에 신경쓰기보다는 우선 실력 배양에 전력을 다하세요.

Q 통번역대학원을 나온 후에 진출할 수 있는 분야가 어디인지 궁금합니다. 국제회의통역사도 정말 멋진 직업인데요. 졸업한 분들은 주로 어떤 분야에서 활동하는지요?

A 국제회의통역사, 국제기구, 공공기관이나 기업 국제협력관, 홍보마케팅, 국제회의 기획 등 외국어로의 의사소통 능력이 필요한 제반 분야에서 활동할 수 있으며 실제로 많은 활동을 하고 있습니다.

Q 통번역대학원 시험을 준비하기 위해 인터넷에서 통역 입시학원을 찾고 또 찾았는데요. 검색 결과 학원은 많이 나오는데 전혀 경험이 없는 저로서는 어디가 좋은지를 모르겠습니다. 혹시 추천할 만한 곳이 있으시면 알려 주실 수 있으신지요? 그리고 졸업 후 통번역대학원 시험을 볼 때 학부성적이 큰 영향을 미치는지도 알고 싶습니다.

A 어떤 학원이 좋은지는 잘 모르겠습니다. 제자들이 수십여 학원에서 강의하고 있는 것으로 알고 있습니다. 중요한 것은 같은 목표를 가진 사람들과 그룹 스터디를 하는 것입니다. 남들이 보는 앞에서 외국어 이해력과 병행해서 논리적인 표현력을 다지는 것이 좋습니다. 또 제반 주제에 대해 많은 지식을 늘려야 합니다. 서너 명 정도 같이 연습을 함으로써 서로의 수준을 가늠할 수 있으므로 좋습니다. 학부

전공 성적은 통번역대학원 입학시험에 전혀 영향을 미치지 않습니다. 오로지 현재 실력이 중요합니다. 걱정하지 않아도 되고 외국어와 한국어가 튼튼해서 다른 사람의 말을 잘 이해하고 이해한 내용을 논리적으로 잘 표현할 수 있으면 됩니다. 잘 알아들으려면 여러 주제 배경 지식을 폭넓게 갖추고 있어야 하니 늘 스펀지처럼 새로운 정보를 빨아들이도록 지적 호기심을 가지세요.

Q 저는 통역사가 된다면 통역 일을 하면서 외국에서 살고 싶습니다. 그러려면 한국외국어대학교 통번역대학원보다는 미국 몬트레이 통번역대학원이 낫지 않을까요? 한국외국어대학교는 주로 국내에서 활동을 하는 사람이 많은가요? 물론 며칠 동안만 외국에 가서 통역을 하는 경우도 있겠지만, 아예 외국에서 살면서 그 나라 일을 하는 경우도 많은가요? 그리고 몬트레이와 한국외국어대학교의 차이점을 가르쳐 주세요. 교육 면에서나 졸업 후의 진로에 있어서 차이가 있나요?

A 몬트레이 학교에 입학하고 졸업한 뒤에는 주로 미국에서 In House 통역사, 번역사로 일합니다. 한국에서 졸업한 사람들은 한국은 물론 세계를 무대로 활동하지요. 현재까지는 더 치열한 경쟁을 통과하고 들어오는 한국 통번역대학원 출신의 통역·번역 수행결과가 평균적으로 뛰어나지만 항상 예외는 있습니다. 어떤 사람들이 오느냐가 중요합니다. 몬트레이는 주로 미국 거주자들로 교민들이 대다수라는 점을 참고하세요. 영어는 편한데 한국어에서 어려움을 겪는 학생이 많은 편입니다. 그곳 교수진은 제자들이라 우수합니다. 훌륭한 통역사가 배출되려면 우수한 학생과 우수한 교·강사진, 우수 커리큘럼의 삼박자가 맞아야 합니다. 활동을 서울 중심으로 세계무대에서 하려고 하는 경우 한국 통번역대학원이 유리하고 미국에서 계속 거주할 예정이면 몬트레이도 좋습니다.

Q 대학과 마찬가지로 통번역대학원도 간판이 중요한가요?

A 현재 석사과정을 하는 통번역대학원이 12개 있고 앞으로도 계속 생길 것으로 전망됩니다. 물론 통번역대학원의 간판도 중요합니다. 세계 통번역대학·대학원협회(CIUTI)에 정식 회원으로 가입된 교육기관이 세계적으로 공인을 받은 교육기관이라고 생각하면 무리가 없지 않을까요? 우수 대학원일수록 우수한 통역사가 배출되니까요. 하지만 가장 중요한 것은 자신의 실력과 성격, networking(결국 사람 간에 주고받는 일이라) 그리고 고객관리 능력 등입니다.

드디어 국제회의통역사가 되다

필자의 인고의 수학기

대학을 졸업하던 해인 1978년 9월 16일, 파리 유학길에 올랐다. 통역사가 되기 위한 공부를 하기 위해서였다. 통역사는 나의 천직이라고 생각했기 때문에 나는 대학 시절 진로 문제로 한 번도 고민한 적이 없다. 그런데 파리 유학 초기는 태어나서 처음으로 나의 능력의 한계와 자존심 문제 때문에 굉장히 힘들었다.

나는 파리에 도착한 이틀 후 유명한 불로뉴 숲가에 위치한 통번역대학원(E.S.I.T.)을 찾아갔다. 면담을 통해 외국어권 국가에서 12개월(지금은 더 엄격해져 18개월) 이상 체류한 적이 있는 사람만이 통역학부에 응시할 자격이 있다는 사실을 알았다. 할 수없이 번역학부에 입학했는데 그날부터 고행 길이 시작되었다. 내 일생에서 유학 기간 몇 년간은 없는 셈치고 죽을힘을 다해 공부하겠다고 굳게 결심했는데 수업 첫날 내가 '우물 안 개구리였음'을 깨닫고 나서는 자존심 문제 때문에 마음 고생을 굉장히 심하게 했다.

:: 한국에서 수석이 이국 만리에서 꼴찌라니

솔직히 한국에서 공부할 때는 누구에게 뒤진다고 생각해 본 적이 없었다. 그런데 영어를 프랑스어로, 프랑스어를 영어로 번역하는 영·불 번역 수업의 고충은 차치하고 나의 전공인 프랑스어 시간에 일말의 자존심은 산산이 부서졌다. 첫 수업 시간에 교수는 프랑스어로 된 연설문을 딱 두 번 읽어 주고는 그 내용을 분석 요약하라며 한 시간을 주었다.

제대로 알아듣지도 못한 말을 분석해서 요약하라니 앞이 캄캄했다. 그래도 자존심상 백지를 그냥 내지는 못하고 옆에 앉은 학생에게 물어 가면서 몇 자 써서 냈다. 그다음 주 시험지를 돌려받았는데 20점 만점에 2점이었다. 나는 꼴찌에서 둘째하고도 점수 차가 많이 나는 꼴찌였다. 20년이 지난 지금도 그때의 수치심은 잊을 수가 없다. 수업이 끝나고 교수가 내 이름을 부르더니 좀 보자고 했다. 혹시 학습 능력이 안 되니 학교를 그만두라고 하려나? 실로 처참한 순간이었다. 중학교, 고등학교, 대학교에서 수석만 하던 내가 이국 만리에 와서 이게 무슨 꼴이람…. 그 교수는 언어 수준도 문제지만 분석이 뭔지도 모르는 것 같은데 앞으로 수업을 어떻게 따라가겠냐고 했다. 너무 창피해 얼굴이 홍당무가 되었지만 용기를 내어 어떻게 해서든 쫓아갈 테니 꼭 좀 도와 달라고 통사정을 했다. 진심은 통하는가 보다. 그 교수는 매일 신문 사설을 읽고 분석, 요약해서 자기 서류함에 넣어 놓으면 잘못된 부분들을 고쳐서 주겠다며 용기를 잃지 말라고 격려까지 해 주었다.

:: 하루도 빠짐없이 《Le Monde》지 사설 분석, 요약

나는 그 날부터 매일 프랑스의 유력 일간지인 《Le Monde》 사설 읽기에 매달렸다. 사설을 읽는 데만도 시간이 한참 걸리는데 분석해서 요약까지 하려니 처음에는 꼬박 3시간이 걸렸다. 물론 한국에서 주입식 교육을 받은 것을 원망도 하며 주먹구구식으로 하는 수밖에 없었다. 기껏 밤을 새워 가며 분석, 요약을 해 가면 교수는 새빨갛게 고쳐 주었다. 정말 단 한 문장도 제대로 된 것이 없었다. 그러기를 두세 달쯤 지나니 새빨갛게 고친 부분이 반쯤 줄어들었고 1년이 지나니 빨간 잉크가 거의 눈에 띄지 않게 되었다.

우리는 한국어로 글을 쓸 때 꼭 필요한 경우를 제외하고는 연결어를 넣지 않는다. 자주 '왜냐하면', '그러므로', '그러나' 등 연결 고리를 나타내는 표현을 명시하면 오히려 자연스럽지 못하기 때문이다. 우리는 병렬적으로 나열된 문장을 읽으며 직관적으로 글의 흐름을 파악한다. 자연스럽게 읽으며 뜻을 이해하고 가슴으로 느끼지, 머리로 냉철하게 분석하며 표현하지는 않는다. 그러니 분석 요약 훈련이 안 되어 있어 문장을 군데군데 빼서 그냥 썼던 것이다. 또 그 당시에는 논술 시험도 없었기 때문에 더 그랬겠지만, 주입식 교육만 받은 나는 사실 기승전결의 구조를 갖추어 논리적으로 글을 쓰는 훈련도, 사고하는 훈련도 되어 있지 않았다. 그러므로 다른 사람이 쓴 글을 읽으며 그 글을 받치고 있는 기둥, 대들보 등 골격 구조를 파악하는 것은 어려운 일이었다. 그 딱딱한 사설을 하루도 빠짐없이 집요하게 읽고 분석 요약한 나의 노력도 대단하지만(?) 단 한 번도 싫은 내색을 하지 않고 정성스럽게 고쳐 준 배려를 생각하면 지금도 가슴이 뭉클해진다.

:: 하루 14시간 외국어 공부에 매달리다

나는 그 당시 하루 열서너 시간 영어와 프랑스어 공부에 매달렸다. 아침 6시에 일어나 2시간 동안 BBC 방송을 듣고 30분 가량 아침 식사를 한 뒤 다시 40분 정도 프랑스어 방송을 들었다. 학교 수업은 오전 9시 30분부터 오후 6시 30분까지. 식사를 준비하는 시간이 아까우니 저녁 식사는 학교 식당에서 적당히 먹고 집에 돌아와 저녁 7시부터 밤 11시 30분까지 다시 영어와 프랑스어 공부를 하곤 했다. 주말에는 책 자유 열람이 되는 퐁피두 센터 도서관에 가서 수업 준비도 하고, 책도 읽고, 영어와 프랑스어 테이프도 듣고, 영화도 보았다. 터질 것 같은 머리를 식힐 겸 산책도 종종 했는데 산책할 때에도 하루는 영어권 친구와 하루는 프랑스어권 친구와 함께 다니며, 머릿속에 스쳐 가는 궁금한 것은 모조리 묻곤 했다. 주말은 이렇게 학교 수업 외의 실전용 외국어를 익히는 데 보냈다. 나는 미술 감상이 취미라 유학 중에도 주말에 가끔 화랑에 가곤 했는데 때로는 작품을 감상하는 것이 아닌 작품 제목이 제대로 번역됐나를 따지고 있는 나 자신을 발견했다.

공부하느라 운동도 못해 체중이 8kg이나 불었지만 이렇게 열심히 공부한 덕분에 유학간 지 1년이 지나 꿈에 그리던 통역부에 응시할 자격을 얻었다. 긴장되었던 통역부 입학 시험 날 날카롭게 생긴 두 심사위원이 질문을 하기 시작했다. 왜 통역사가 되려고 하느냐, 그동안 무슨 공부를 했느냐, 영어를 어디서 배웠느냐, 프랑스어는 어디서 배웠느냐, 지금 실력으로 통역을 할 수 있다고 생각하느냐…. 워밍업 질의응답 관문을 통과하자 이제는 심사위원이 영어로 얘기하면 듣고 프랑스어로 요약하고, 프랑스어로 얘기하면 영어로 요약하는 시험이 찾아왔다. 주제는 영어는 '일본의 자동차 산업 현황'에 대한 얘기였고, 프랑스어는 '신체 장애자들의 컴퓨터 사용'이었다.

2차 시험까지 치른 뒤 심사위원들이 내린 판정은 '아직 영어와 프랑스어의 언어 실력과 주제 지식 면에서 많이 부족하지만 외국 체류 1년 만에 거둔 발전 속도가 빠르고, 배우고자 하는 열의가 남달라 기회를 한 번 주겠다는 것'이었다.

그런데 통역부에 입학하고자 했던 노력은 입학 후 기울인 노력에 비하면 빙산의 일각이었다. 왜냐하면 2학년 과정인 동시통역반에는 입학생 100명 중 30명 정도밖에 진급할 수 없었기 때문에 그 경쟁이 살벌하기 그지없었다. 실력이 있는데도 정신적인 압박감을 견디지 못해 자퇴한 학생이 10여 명에 이르기도 했다. 통역부에 입학한 후 나는 수면 시간을 더 줄이고 주말에도 스터디 그룹을 만들어 통역 연습을 했다. 주중에는 내 수업뿐만 아니라 남의 수업까지 모두 듣는 욕심을 낸 탓에 외국 친구들이 이런 나를 보고 자학 성향이 짙다며 놀려 댔지만 이에 아랑곳하지 않고 정말 열심히 들었다. 다른 학생들보다 영어와 프랑스어가 한참 부족한 나로서는 통으로 읽기, 맴돌게 듣기, 집중적으로 읽고 듣기를 거듭하고 집중력, 분석 종합 능력, 순발력, 지구력, 담력까지 키우지 않으면 안 되었다. 너무 무리한 탓에 병원 응급실에 실려 가는 사태도 발생했지만 스스로 택한 고행의 길이었기에 참고 견디는 수밖에 없었다.

:: 통역사 불가능 판정 뒤집기

1981년 6월, 국제회의통역사 등용문이기도 한 졸업 시험이 있었다. 어찌된 일인지 시험 날짜가 다가올수록 마음이 더 편안해졌다. 솔직히 다시 태어난다 해도 더 이상 열심히 할 자신이 없었다. 매일 13~15시간씩 외국어와 씨름하고 통역 연습을 했으니 나로서는 최선을 다했다. 시험을 통과하지 못한다 해도 그 이상은 능력 밖이므로 어쩔 수 없다고 생각하니 담담해졌다.

셀레스코비치 학장이 축하한다는 말과 함께 비즈(bise, 뺨을 대고 하는 인사로 재학 당시에는 엄정한 교수님들이 졸업시험에 통과한 제자들에게 이제부터는 동료라는 뜻으로 해 준다)를 해 주었을 때에야 비로소 내 눈에서 기쁨의 눈물이 흐르고 있음을 알았다. 1981년에는 모두 아홉 명이 국제회의통역사 자격을 취득했는데 공교롭게도 모두 국적이 달랐다. 미국, 소련, 포르투갈, 세네갈, 독일, 프랑스, 네덜란드, 스페인, 한국 출신의 학생들이었다. 이로써 나는 한국인으로는 최초의 국제회의통역사가 된 것이다.

유학을 마치고 18년에는 전 귀국해 쓴 『인고(忍苦)의 수학기(修學記)』를 읽고 자극을 받았다는 사람들의 각별한 부탁으로 앞의 일부 내용을 실었다. 나는 28년 전 유학 시절뿐만 아니라 50대에 들어선 지금도 매일 새벽 BBC, CNN과 F2 화면을 보면서 통역 연습을 하고 있다. 또 가끔씩 주요 인터뷰 장면이 녹화된 테이프를 구해 나의 기량을 테스트하는 일을 빠뜨리지 않고 있다. 천하의 검객이 시퍼렇게 날이 선 장검을 매일 숫돌에 갈 듯, 우리도 매일 외국어를 연마해야 한다. 하루가 다르게 변해 가는 외국어를 날마다 연습하지 않으면 설사 어느 정도 수준에 다다른 사람이라도 감각을 따라갈 수 없을 것이다….

정상회담의 현장에서

통역사만큼 각계각층의 사람을 만나고 다양한 지식과 정보를 접할 수 있는 직업이 있을까? 통역사는 다양한 분야에 폭넓은 관심, 즉 지적호기심을 가져야 한다. 언제, 어디서 어떤 얘기가 오갈지 모르기 때문에 항상 세계의 변화와 인간의 모든 지적 활동에 관심을 기울여야 하는 것이다. 굳이 유사한 직업을 찾아보라면 기자를 떠올릴 수 있을 것 같다. 두 직종 모두 잡학(?)에 능해야 한다. 굳이 차이가 있다면 통역은 늘 현장에서 즉각적으로 일을 치러내는 '생방송'이고, 기자는 때에 따라서는 많은 시간을 두고 자료를 참조해 가며 기사를 쓸 수도 있다.

지금까지 필자는 한국과 프랑스에서 있었던 정상회담 외에도 뉴욕과 런던에서 있었던 특별 정상회담까지 합쳐 모두 8차례에 걸쳐 한·불 정상회담과 한·스위스, 한·콩고 정상회담 등 10여 차례 정상회의 통역을 맡았다. 언론에 비치는 모습과는 달리 이런 순간은 극도의 긴장의 연속이다. 통역사의 생활을 엿볼 수 있는 좋은 기회라 생각하여 필자가 경험했던 정상회담 진행과정을 독자 여러분에게 소개한다.

파리에서 있었던 한·불 정상회담을 예로 들어 설명하면 우선 공항에서 영빈궁인 마리니궁까지 이동하는 동안 한국 대통령과 영접 나온 프랑스 장관이 탄 차에 동승하여 순차통역을 해야 한다. 앞에 앉아 뒷좌석을 향해 통역해야 하므로 몸을 돌려 약간 뒤를 돌아보며 통역해야 한다. 정상회담은 대통령궁인 엘리제궁에서 개최되며 회담이 시작되면 한 시간이 넘도록 지속되는 회담 내내 낭랑한 목소리로 제반 주제에 걸쳐 다뤄지는 내용을 완벽히 통역해 내야 한다.

국빈 만찬이 있을 경우 통역사는 가능하면 미리 저녁을 먹고 롱 드레스로 갈아입은 후 참석자 명단을 살펴본다. 좌석 배치도를 받아 양국 대통령의 좌석뿐만 아니라 참석 예정인 주요 각료들의 좌석까지 미리 익혀 둬야 한다. 정상들이 대화하는 도중 배석한 각료들에 관한 얘기가 나올지 모르기 때문에 여느 회의 준비나 마찬가지로 참석자들의 이름과 직책까지도 정확히 알아 둬야 하는 것이다.

경우에 따라서는 만찬사를 동시통역하기도 하며 번역본을 배포하기도 한다. 국빈 방문의 정수를 담는 국빈 만찬사는 다른 스피치에 비해 길기 때문에 순차통역할 경우 모두 30분 정도가 소요되므로 동시통역이나 번역본 배포로 대체한다. 국빈 방문에도 시간상의 제약이 역시 가장 중요한 고려 요소 중의 하나이다. 양국 정상들의 만찬사가 끝나면 통역사는 정상들 뒤에 앉아 식사 중 오가는 대화 내용을 통역한다. 서구에서는 국빈 만찬이나 오찬을 제외하고는 통역사가 정상들의 뒤에 앉는 경우가 없다. 정상들의 옆에 비스듬히 앉아 통역을 하게 된다. 아직까지 일부 아시아 국가에서는 통역사가 회담 때에도 뒤에 앉는데, 잘 안 들릴 뿐 아니라 표정을 볼 수 없기 때문에 통역의 효율성을 높일 수 없다.

대부분 방문 첫날은 이렇게 지나가지만 둘째 날은 말 그대로 '체력이 국력'인 날이다. 아침 8시부터 한국의 전경련에 해당하는 프랑스 경영자 총연합회 '메데프'에서 조찬 간담회가 예정되어 있다. 한국 대통령의 연설 내용은 동시통역되거나 순차통역되며 그다음 참석한 프랑스 기업인들과 대통령과의 질의응답 시간이 있다. 격의 없는 질의응답은 순차통역으로 진행된다.

'메데프' 일정이 끝나면 국빈방문의 경우 파리 시청을 방문한다. 프랑스에서는 국빈 자격으로 방문한 외국 정상들이 파리 시청을 방문하는 것이 관례가 되어 있다. 1,500명의 청중 앞에서 파리 시장에 이어 한국 대통령이 연설을 하고 그다음 순차통역을 한다. 보통 때는 문단이나 단락별로 끊어 여러 번에 나누어 순차통역을 하지만 시청 연설을 8분 정도의 연설이 끝난 후 한 번에 통역을 해야 하기도 한다.

그다음 일정은 총리와의 회담이며 역시 한 시간 남짓 계속되는 회담 동안 순차통역을 한다. 그러고 나서 오찬으로 연결된다. 오찬에서도 시간을 절약하기 위해 연설문 번역문이 배포되기도 한다. 물론 오찬 중에는 계속 통역을 해야 한다.

오찬이 끝나면 다음 일정은 하원 의장과의 회담이다. 이렇듯 마치 마라톤처럼 하루 일정이 진행된다. 통역은 고도의 집중력을 필요로 하는 복합적인 지적 작업이다. 그러니 하루 종일 듣고만 있어도 나중에는 집중력이 떨어지는데 통역은 집중해서 듣고 이해하는 것에 그치는 것이 아니라 추출한 의미를 다른 언어로 전달하는 과정이니 얼마나 두뇌 에너지 소모가 많은 작업인지 짐작할 수 있을 것이다. 따라서 정상회담의 통역을 맡은 통역사에게는 통역 전날 숙면은 필수이다.

마지막 날은 대통령과 공항까지 배웅 나오는 영예 수행 각료와의 대화를 차에 동승하여 통역하는 것으로 임무가 완료된다. 주의할 것은 대통령 내외분이 전용기에 오르고 출입문이 닫혔다고 공항을 떠나서는 안 된다는 것이다. 대통령의 전용기가 이륙한 뒤 시야에서 사라질 때까지 공항에 남아 있어야 한다.

언제 어디서 정상회담이 개최되느냐에 따라 다소 차이는 있으나 큰 골격과 흐름은 위와 같다. 사전에 실제 상황을 떠올려봄으로써 통역사의 길이 자신에게 맞는지를 가늠해 볼 수 있으리라 생각한다.

Part 3

번역·번역사

번역은 남을 이해시키기 위해 내가 이해하는 것이다.
번역은 역풍이 자주 불고 도처에 암초가 숨어 있는 아슬아슬한 항해이다.

01

언어와 번역

Key words _ 구어, 문어, 청자, 독자, 의미 전달

지금까지 외국어를 잘하는 방법과 통역에 대해 집중적으로 살펴보았으나 이 파트에서는 그동안 다루지 않았던 번역 주제에 대해 짚고 넘어가고자 한다.

통역이 구어 커뮤니케이션이라면 번역은 문어 커뮤니케이션이다.

문어와 구어의 차이를 규정지을 수 있는 변수가 많지만 번역과 관련된 변수를 집중적으로 살펴보기로 하자.

구어는 메시지 전달자와 수신자가 같은 공간에 있지만, 문어는 다른 공간에 있으므로 상대방의 호흡과 반응이 전해지는 직접적이고 역동적인 커뮤니케이션이 가능한 구어에 비해 간접적이고 정적인 의사소통 방법이다.

말은 한 번 내뱉으면 그만이며 여러 번 발화한다 해도 결코 같은 메시지는 아닌 반면 글은 이해가 안 되면 이해될 때까지 여러 번 반복해 읽을 수 있으므로 즉각적인 이해를 요하지 않는다.

말은 좀 더 개인적이고 직접적인 호칭을 사용하지만 글에서는 주로 공식적이고 간접적인 호칭을 사용한다. 글이 말보다 격식을 갖췄다고 할 수 있으며 적절한 호칭을 사용하면 강한 인상과 메시지를 쉽게 전달할 수 있는 말과 달리 독자와 거리가 있다.

단어는 추상적이어서 글만 가지고는 의미가 와닿지 않는 경우가 있는데 이때 단어를 풀어서 설명해 주면 쉽게 이해할 수 있다.

같은 시간에 들을 수 있는 양은 그 시간에 읽을 수 있는 양에 비하면 백 분의 일 정도에 그친다. 그러므로 말로 할 때는 쉬운 단어를 사용하여 짧게 표현하며, 문장도 단문을 주로 사용하는 반면 글은 복문 사용도 많고 여러 생각을 정리해 논리적이며 함축적으로 표현할 수 있다.

말은 발신자가 상대방으로부터 즉각적인 반응을 받을 수 있기 때문에 메시지의 전달 여부를 확인하고 수시로 수정 보완할 수 있으나, 글은 시간이 걸리고 상대방 반응에 효과적으로 대응하기도 힘들다.

언어는 인간의 의사소통을 가능하게 해 주는 도구이지만 언어라는 도구가 제대로 갈고닦여 있지 않다면 커뮤니케이션을 할 수 없을 것이다. 통역사는 말로, 번역사는 글로 의사를 전달한다. 자신의 의견을 전하는 것이 아니라 발화된 내용이나 문자화된 내용을 이해한 후 청자나 독자에게 전달하는 역할인 만큼 성공적으로 목적을 수행할 수 있도록 고도의 언어 능력을 말하기와 쓰기 양 측면에서 보유하도록 노력해야 한다.

특히 쌍방향으로 의사소통을 해야 하는 한국어 통역사와 번역사에게 조화로운 외국어능력은 선결요건이며 변화하는 언어와 문화에 호흡을 맞추기 위해 끊임없이 노력해야 한다. 언어 지식은 언어 외적 지식과 불가분의 관계로 언어뿐만 아니라 제반 문화와 사회상과 관습을 익혀야 한다.

02

번역 텍스트 성격에 따른 구분

Key words _ 실용번역, 문학번역, 정보전달, 정규교육, 번역시장

번역은 무슨 내용을 번역하느냐에 따라 크게 문학번역과 실용번역으로 나누어진다. 즉 번역 행위의 대상인 텍스트의 성격을 기준으로 구분한 것이다. 문학텍스트는 우리 모두가 알고 있는 것처럼 문학 창작 활동의 결과물이다. 그렇다면 실용 텍스트란 문학작품을 제외한 모든 텍스트를 말하는 것인가? 실용 텍스트 규정에 대해서도 번역학자들 간에 많은 차이가 있다.

캐나다의 번역학자 J. Delisle은 실용 텍스트를 다음과 같이 정의하고 있다. "실용 텍스트의 주요 임무는 정보를 전달하는 데 있으며, 언어미학적 측면이 주된 임무는 아니다." 이렇게 정의하고 나면 실용 텍스트의 의미가 상당히 광범위해진다. 기업에서 업무상 주고받는 간단한 서신에서 전문서적에 이르기까지 실용번역이 포괄하는 범위는 실로 방대하다. 그래서 어떤 번역사는 하루는 줄기세포 배양에 관한 전문서적을 그다음 주는 도시 행정가들이 참여하는 대도시 회의의 관련 자료를 그리고 그다음 주는 자동차 생산회사와 부품을 납품하는 협력업체 간의 계약서를 번역하기도 한다. 사실 번역사는 생명공학분야 전문가도 아니요, 도시행정가도 아니며 자동차산업 전문가도 아니다. 그러므로 이와 같은 전문 분야를 다루는 텍스트를 제대로 이해하고 파악한 의미를 명확히 전달하기 위해서는 별도의 전문 교육이 필요하다.

물론 정규 교육을 거치지 않고 번역시장에서 활동하고 있는 번역사가 많이 있다. 이들 중 적지 않은 수가 문학 분야의 번역을 담당하고 있으며 그중에는 뛰어난 번역을 하는 사람도 있다. 그런데 문학 텍스트의 묘미를 살리며 제대로 번역을 한 사람들의 약력을 살펴보면 대부분 대학에서 문학을 전공했거나 스스로가 작가인 사람이라는 공통점이 있다. 한편 출발어에 대한 언어지식이 부족해 원문이 제대로 이해되지 않아 오역이 나오는 경우도 심심치 않게 발견된다. 어쨌든 필자는

앞으로의 논의에서 문학번역은 별도로 다루기로 하겠다. 그러나 문학번역도 '해석이론', 즉 '의미이론'의 틀을 벗어날 수 없다는 점 하나만을 지적하고 넘어가기로 하자.

문학 텍스트와 실용 텍스트 간의 경계가 모호해지는 경우도 종종 있는데 요즘 시중에 판매되고 있는 번역서적을 보면 문학작품인데도 불구하고 내용의 전문성이 여느 기술적인 실용 텍스트 못지 않은 경우가 있다. 오래전에 번역되어 베스트셀러가 되었던 프랑스 소설『개미』는 본래 번역 자체에 따르는 '언어의 묘미 살리기' 외에도 원문에 묘사된 생생한 개미의 생태를 제대로 번역하기 위해 겪었을 번역사의 고충이 십분 이해되는 작품이었다. 이렇듯 일부 문학작품은 문학성과 내용의 전문성을 동시에 가지고 있기 때문에 번역사는 이중의 부담을 안게 되는 것이다. 이런 작품을 번역할 경우 실제 번역 작업에 들어가기 앞서 상당히 많은 시간을 '사전 조사 작업'에 할애해야 한다. 이런 과정을 거친 후에야 원문이 번역문 속에 살아 그대로 빛을 발할 수 있기 때문이다. 앞 파트에서 언급한 통역 준비와 같은 맥락에서 이해할 수 있다. 통역 번역 모두 언어를 매개로 하는 메시지 전달 작업이므로 다루는 내용을 제대로 이해하기 위해 연사나 작가의 의도를 파악하고 관련 개념 및 용어에 대한 조사는 선결요건이다.

03

문학 번역

Key words _ 선택의 과정, 독자, 원작자, 원문, 자유

2005년 6월 7일 학교 특강 시간에 『개미』 번역으로 유명한 이세욱 문학번역가를 초청했다. 특강 시간 내내 학생들, 여러 선생님 그리고 필자는 행복감에 빠져들었다. 자신이 좋아하는 번역을 하여 행복해 하는 이 선생님의 모습과 경험에서 우러나오는 말에 우리 모두 감정이입이 되었던 것이다.

❖ 다음은 이세욱 선생님 특강 내용을 발췌 정리한 것이다.

문학 번역은 끊임없는 주저와 고민과 선택의 과정이며 번역을 하면 할수록, 아는 것이 많아지면 많아질수록, 작가를 알면 알수록 망설임의 시간도 길어지는 것 같다. 여기에는 크게 두 가지 이유가 있는 듯하다. 첫째는 독자들과의 만남이다. 번역한 책들 중에는 우리나라에서 베스트셀러가 된 것이 많은데 이는 번역이 많은 눈에 노출된다는 것을 뜻한다. 독자가 수백만이 되면 실로 다양한 독자를 만나게 되기도 하고 이메일을 통해 대화를 나누기도 한다. 번역가로서 독자들의 어떠한 주장에 대해서도 설득할 수 있는 근거를 항상 가지고 있어야 한다고 생각한다.

둘째는 한 피아니스트와의 만남인데 그의 강력한 영향은 추상이 아니라 엄연한 현실이다. 러시아의 전설적인 피아니스트 리흐테르가 25년에 걸쳐서 기록해 온 음악일기를 러시아인이 아닌 프랑스의 음악가가 정리한 책을 읽게 되었으며, 이 책은 '해석' 행위의 의미를 근본적으로 다시 생각하게 해 주었다. 연주도 연기도 통역도 번역도 모두 해석이다. 작곡가와 악보에 대한 리흐테르의 한없이 겸허한 태도는 원작자와 원문에 대한 자신의 태도를 되돌아보게 했다. 리흐테르는 죽음을 눈앞에 두고, 들었던 칭찬 중에서 가장 기분 좋았던 것은 "리흐테르는 악보를 읽을 줄 안다"는 말이었다고 말한다. 리흐테르는 연주자 자신을 드러내지 않는 연주를 최고로 쳤고, 자기 자신은 그저 작곡자를 비추는 거울일 뿐이라고 생각했다. 리흐테르의 음

악일기를 3년에 걸쳐서 번역했는데 작곡가에 대한 리흐테르의 태도를 번역자로서 닮고자 했기 때문이다. 그의 음악일기에는 무수한 연주와 음반이 언급되어 있으며, 처음에 그 음반들을 다 찾아서 듣지 않아도 번역은 할 수 있다고 생각했지만 리흐테르를 좋아하게 되면 될수록 그가 언급한 녹음들을 들어 보지 않고는 배길 수가 없었다. 베토벤의 Eb장조 소나타를 연주한 날, 그는 일기에 이렇게 적었다. "이 소나타의 2악장에서 베토벤은 하느님과 대화를 하고 있는 듯하다." 이 문장은 연주를 듣고 번역할 수도 있으며 또 듣지 않고도 번역할 수 있다. 단순하고 짤막한 문장이니 결과는 똑같을 것이지만 '하느님과 대화를 하고 있는 듯하다'라는 문장을 쓸 때 번역자의 느낌은 다를 수 있다고 생각됐으며 그 느낌을 알고 싶었다.

이 책의 편자인 몽생종은 참으로 놀라운 역설적인 말을 한다. 리흐테르는 악보에 가장 충실한 연주를 한다. 하지만 우리는 그의 연주를 첫 음만 들어도 그의 연주라는 것을 안다. 어떻게 가능한 일일까?

번역이 충실성과 가독성 사이에서 끊임없이 고민하고 갈등하는 괴로움만 있다면, 번역은 행복한 일이 될 수 없지만 번역 공화국에는 충실성, 가독성이라는 이념만 있는 것이 아니라, 이 두 이념을 넘어선 자유라는 제3의 이념이 있다. 충실성을 존중하되 그것의 노예가 되지 않고, 가독성을 중시하되 상투성의 덫에 걸리지 않는 어떤 경지에 번역가의 자유가 있다고 생각한다. 그렇다면 이 자유는 어떻게 획득되는 것일까?

어떤 책을 번역하기로 결정하면, 다시 책을 꼼꼼하게 읽으면서 그 책을 번역하기 위해 준비할 일을 메모한다. 소설의 무대 중에서 꼭 가 보아야 할 곳, 어떤 대목을 온전히 이해하기 위해서 읽어야 할 책들, 보아야 할 영화, 만나야 할 사람, 꼭 먹어 보아야 할 요리, 써 보아야 할 물건 등을 노트에 기록한 후 몇 개월에 걸쳐서 그 작업을 실행한다.

작가의 정신세계에 더 가까이 다가가려는 작업이 어느 정도 이루어지고 나면 작품을 다시 읽는데 처음 읽을 때와 느낌이 많이 다르다는 것을 확인하게 되며, 몇 개월 사이에 정신적으로 더 풍요로워진 것을 알게 된다. 그다음은 가장 중요하게 생각하는 준비작업 실행인데 바로 작가를 직접 만나는 일이다. 직접 만나지 못하는 경우에는 전화나 인터넷을 통해서라도 소통을 하려고 한다. 원작에 대한 충실성이라는 측면에서 번역가의 자유는 작가의 정신세계에 다가가려는 노력을 통해서 얻어진다고 생각한다.

다른 한편으로, 문학번역가의 자유와 행복은 모국어의 표현력을 높이려는 끊임없는 도전을 통해서 획득된다. 프랑스어 소설을 읽다 보면 '독자로서 경탄하고 번역자로서 낙담하는' 대목을 만날 때가 종종 있는데, 프랑스어로 읽으면 참으로 멋진 묘사인데 우리말로 번역하기가 너무나 어려운 경우이다. 하지만 이런 낙담에서 벗어날 때 번역자는 진정 자유롭고 행복해질 수 있다고 생각한다. 한국어 소설을 되도록 많이 읽으면서 우리말 표현력의 새로운 가능성을 모색하는 일, 국어대사전이나 우리말갈래사전 같은 것을 자꾸자꾸 뒤지면서 번역어 선택의 폭을 넓히는 일 등이 긴요하며, 이런 노력을 통해서 우리말을 훼손하거나 상투적인 표현에 의존하지 않고 원문에 충실한 번역을 했다 싶을 때의 기쁨과 해방감은 이루 말할 수가 없다. 물론 어떤 선택을 놓고 망설이는 시간이 너무 길어지는 문제가 남아 있기는 하나 이는 진정한 자유로 나아가기 위한 과도적 현상이라 믿고 있다.

2016년 한강 씨의 소설『채식주의자』가 무려 25개국에 번역 판권 판매를 기록하며 한국 문학 해외진출의 새 장을 마련했다. 이는 맨부커상 수상에 따른 것으로 그 이전에도 황석영, 김영하, 은희경, 박민규 등 여러 작가의 작품이 해외에서 꾸준히 번역, 출간되어 왔으나『채식주의자』의 대대적인 성공은 그간 출간 자체에 의미를 두던 한국 문학 세계화의 전환점이 되었다 할 수 있을 것이다. 이 소설은 수상과 동시에 각종 베스트셀러 최상위권에 재진입했고, 세계 유수 언론에서 찬사를 받는 등 전례 없는 기염을 토하며 상업적으로도 큰 성공을 거두었다. 또한 한강 씨의 이 작품뿐만 아니라『소년이 온다』역시 20개국에 번역 판권을 판매했다. 이로 인해 비교적 알려지지 않았던 국내 소설에 대한 세계의 관심이 높아지게 되었고 여세를 몰아 앞으로 우리 작품들의 해외 성공을 위해 문학번역의 중요성이 새롭게 대두되고 있다. 한국 알리기와 문화수준 인식 제고에 있어 더없이 좋은 기회이기 때문이다.

우리나라에서는 외국어에 능통한 문학박사가 문학번역을 하는 것이 일반적이었으나 시간이 흐를수록 문학과 한국어에 대한 이해뿐만 아니라 번역 기술에 대한 풍부한 지식과 스킬이 있어야 보다 완성도 높은 번역물이 나온다는 사실에 대한 인식이 높아지고 있다. 따라서 국가에서도 문학 전문번역인 양성에 주력하고 있으며 이를 통해 향후 한국 작품들의 해외 진출이 더욱 활발히 이루어질 전망이다.

궁금해요

Q 어떤 사람들이 문학번역을 하는지 알고 싶고 어떻게 하면 문학번역가가 되는지도 아울러 알고 싶습니다.

A 저는 국제회의통역과 실용번역을 많이 했고 문학번역은 조금 했으므로, 아는 범위 내에서 답하겠습니다. 사람마다 개인 차는 있겠지만, 문학번역은 언어에 대한 사랑과 외국어에 대한 지식에서 출발하며 보다 중요한 것은 문학 자체에 대한 관심과 저자와 작품에 대한 애정, 우리와는 다른 문화를 알리려는 열정 등이라고 생각합니다. 하지만 열정과 애정만으로 문학번역가가 되는 것은 아니며, 관련 이론서들도 읽고 숙지하는 것이 도움이 된다고 생각합니다. 타고난 재능, 석학들의 이론, 실제 번역과정에서 체득되는 노하우가 모두 한데 어우러질 때 문학번역가 반열에 오를 수 있다고 생각합니다. 참고로, 문학번역가는 저자와 출판사 양측의 요구로부터 완전 자유로울 수 없으며 책임은 실로 막중합니다.

Q 문학 번역가의 번역작품이 지적재산권 보호를 받는지 알고 싶습니다.

A 한국은 1979년 세계지적재산권기구에 가입했으며, 1987년 국제저작권협약에 가입하게 된 이후부터는 번역도 저작권 보호 대상이 되었습니다. 특히 1995년 12월에 공표된 저작권 보호 내용을 살펴보면 번역권의 강제허락제도가 삭제되었습니다. 바야흐로 전문 번역가의 시대가 열린 것입니다.

04

번역권과 저작권

Key words _ 저작권, 번역권, 복제, 저작물 이용, 저작물 보호

다음 백과사전에 따르면, 번역권이란 저작권법상 저작권의 일부로서 저작자가 자신의 저작물을 외국어로 번역·발행할 수 있는 권리를 일컫는다. 번역권은 당연히 저작자에게 속하며, 저작자 외에는 저작자의 채권적 허락이나 번역권의 물권적 양도를 받은 경우에 한해 적법하게 번역할 수 있을 뿐이다.

다만 저작물을 학교교육 목적 등에 이용하거나, 영리 목적으로 하지 않는 공연·방송에 이용하거나, 사적 이용을 위해 복제하는 경우와 재판절차 등에서 복제하거나, 시사보도를 위해 이용하거나, 공표된 저작물을 인용하거나, 시험문제로서 복제하거나, 점자에 의해 복사하는 경우에는 이와 같은 이용허락이나 번역권의 양도 없이도 그 저작물을 번역해 이용할 수 있다. 또한 저작재산권자를 알 수 없는 저작물의 경우에는 저작물이용의 법정허락제도에 의해 번역허락이나 번역권의 양도 없이도 저작물을 번역·이용할 수가 있다. 누구든지 상당한 노력을 기울였어도 공표된 저작물의 저작재산권자나 그의 거소를 알 수 없어 그 저작물의 이용허락을 받을 수 없는 경우에는 문화관광부장관의 승인을 얻고 문화관광부장관이 보상금 기준에 따라 정한 보상금을 공탁하고 번역·이용할 수 있다. 공표된 저작물을 공익상 필요에 의해 방송하고자 하는 경우 방송사업자가 그 저작재산권자와 협의했으나 협의가 성립되지 않는 경우에는 저작재산권자불명인 저작물 이용의 경우와 마찬가지로 법정허락에 의하여 보상금을 저작권자에게 지급하거나 이를 공탁하고 이용할 수 있다.

법정허락에 의한 이용의 경우에는 그 뜻과 승인 연월일을 표시해야 한다. 원저작물을 번역해 작성한 창작물인 2차적 저작물은 독자적인 저작물로 보호된다. 각종의 저작권을 국제적으로 보호할 목적으로 조약이 체결되어 있는데, 한국은 1979년 세계지적소유권기구설립협약에, 1987년 세계저작권협약에 가입하고

있으며, 특히 1886년 9월 9일 채택된 베른조약 및 그 후의 개정의정서를 대신하는 '문학·예술적 저작물의 보호를 위한 국제협정'에 그동안 가입을 미루어 오다가 1996년 5월 21일 가입서를 기탁하고 8월 21일 제1349호로 발효되어 적용되고 있다. 이에 따라 저작권법의 일부 개정이 1995년 12월 6일 이루어져 1996년 7월 1일부터 시행되고 있다.

궁금해요

Q 책이 절판이 되면 저작권이 보호되지 않나요?

A 절판되었다고 하여 저작권이 소멸되는 것은 아닙니다. 단체명의 저작물이나 영상 저작물이 아닌 경우 저작재산권의 보호기간은 저작자 생존 기간 및 저작자 사망 후 50년까지입니다.

Q 저작권 보호에 대해 설명 좀 듣고 싶습니다.

A 최근 저작권을 부정하거나 저작재산권을 제한하려는 카피레프트 운동이 확산되고 있지만, 이와 상관없이 저작권은 보호되어야 한다고 생각합니다. 그 이유로는 첫째, 저작자는 저작물이라는 무형물을 창출해 내는데, 그 가치는 유형물에 못지 않으므로 사회정의의 실현을 위해서 보호되어야 합니다. 즉 저작자들에게도 자신의 노력의 결실에 대하여 당연히 대가를 요구할 수 있는 권리가 주어져야 합니다. 둘째, 저작자들도 창작활동에 따른 경제적인 부담을 지게 되므로, 이에 대하여 적정한 경제적인 권리를 갖음으로써 보상을 받도록 해야 하는 경제적인 측면입니다. 셋째, 창작활동에 적절한 권리를 부여함으로써 전적으로 창작활동에만 전념하게 하면 예술적으로, 문학적으로 보다 우수한 저작물을 창작할 수 있고 이러한 저작물을 모두가 향유함으로써 민족문화, 나아가 세계문화의 발전을 기할 수 있는 문화적인 측면입니다. 넷째, 저작물에 나타난 사상과 감정을 공유함으로써 민족, 세대 간의 유대가 형성되고, 결속력이 강화되는 사회적 측면입니다.

05

번역 이론과 실제 관계

Key words _ 이해, 탈언어화, 재표현, 이론과 실제, 언어능력과 주제지식

번역과정을 크게 3단계로 이해탈언어화재표현으로 보는 해석이론은 실제에 기반을 둔 이론이어서 번역 현장에서 쉽게 적용할 수 있다. 무조건 번역을 많이 한다고 해서 번역 실력이 느는 것은 아니다. 모든 원문 텍스트에는 문제점이 발생하는 지점이 있어, 이러한 문제에 부딪쳤을 때 이론을 통해 몇 가지 원칙을 숙지하고 있으면 보다 원활하게 해결해 나갈 수 있다.

번역을 하기 위해서는 언어능력이 전제되어야 하고 주제지식, 배경지식을 갖추어야 가능하다. 왜냐하면 이해를 하지 못하고는 번역이 불가능하기 때문이다. 원문을 이해해야 번역을 할 수 있는데 여기서의 이해란 단순히 피상적인 의미의 이해가 아니라 연사의 의도까지 심층적으로 이해하는 것을 뜻하며, 바로 이 이해 과정이 위에 언급한 해석이론의 1단계다. 2단계는 탈언어과정 즉 의미도출 과정이다. 그냥 단어의 의미를 파악하는 것뿐 아니라 텍스트에서 사용된 언어의 의미를 추출하는 것이다. 통역의 경우는 이해하고 의미를 도출해 내는 과정이 순간적으로 이루어진다. 그러나 글로 된 번역의 경우에는 출발어로부터 거리를 두고 멀어지는 과정이 있어야만 의미를 정확히 추출해 낼 수 있고 그다음 3단계로 매끄럽게 도착어로 재표현을 할 수 있다. 즉 단어를 번역하는 것이 아니라 의미, 생각, 느낌을 번역하는 것이다. 3단계 중 2단계인 탈언어 과정이 번역사의 자유를 보장하는 과정이다. 번역에서 원문 텍스트의 의미를 전달하는 것이 핵심이기 때문이다.

많은 사람이 이론을 배워야만 좋은 번역사가 되는가 하는 질문을 던진다. 여기에는 분명 아니라고 대답할 수 있다. 번역사가 갖고 있는 재능이나 번역할 텍스트를 대하는 태도 역시 이론을 학습하는 것 못지않게 중요하기 때문이다. 하지만 이론만으로 좋은 번역사가 되는 것은 아니지만 이론을 통해서 훌륭한 번역사를 양성하는 것은 가능하다. 이러한 맥락에서 교육이 중요하다고 보는 것이다. 결론을

말하자면, 현장에서 활발히 활동하는 번역사들 가운데 이론의 필요성을 느끼는 사람은 많다. 번역의 질적 향상을 위해 필요하기 때문이다.

프랑스 통번역대학원의 경우 아직은 문학번역을 교과 과정에 포함시키지는 않고 있다. 프랑스 번역시장에서 문학번역은 2~3%밖에 안 되어 우선적으로 과정을 개설하지 않는 상황적인 요인도 있다. 그리고 문학번역에는 천부적인 재능이 필요하다. 물론 번역 테크닉을 가르칠 수는 있어서 프랑스 문화부와 공동으로 문학번역 과정을 개설하려는 시도가 있었으나 재정지원이 없어 개설이 안 되었다. 아직까지도 문학번역은 언어와 형식의 구애를 많이 받는다. 그러나 ESIT의 번역교육 방향에서 살펴보면, 문학번역이란 원문 형식의 가치를 평가하고 탈언어과정을 거쳐 새로운 형식의 도착어 텍스트로 번역이 가능하다고 생각한다. 언어의 차이가 중요하다는 것은 고려해야 하지만 의미를 전달하는 것이 우선이라고 생각한다.

한국의 교육현장에서는 문학번역에 대한 요구가 높다. 번역가의 재능과 소질만으로는 학생들의 문학번역 관련 질문에 대답을 하기 어려운 경우가 많다. 번역을 함에 있어 재능도 중요하겠지만, 성실성이나 작품을 대하는 기본 자세 또한 문학번역가로서 가져야 할 자질이 아닐까 한다. 문학번역은 고도의 장인정신을 요구하는 일이다. 이에 대한 교육과 인식이 확대될 때 비로소 번역문학의 수준이 높아질 것이라 생각한다.

궁금해요

Q 번역을 잘하려면 많은 배경지식을 알아야 한다는데 어떻게 하면 제 전공 말고도 다른 분야의 제반 지식을 갖출 수 있을까요?

A 매일 신문을 읽고 TV에서 뉴스를 보면 많은 도움이 됩니다. 저도 처음에는 관심 없는 금융 같은 분야는 기사도 안 읽고 뉴스에서도 그 분야를 다루면 다른 채널로 돌리곤 했습니다. 하지만 다루는 주제에 대한 지식이 없으면 이해가 잘 안되어 무조건 제반 분야 지식을 알아야 한다는 생각으로 읽고 듣고 했더니 점차 하나씩 알게 되고 이해가 되니 그다음부터는 재미도 있고 이제는 제가 궁금해 보게 되고 듣게 되었습니다. 늘 아는 만큼 보이고 아는 만큼 들린다는 것을 잊어서는 안 됩니다.

06

가독성인가, 충실성인가?

Key words _ 가독성, 충실성, 장인, 독자와 저자, 자유

원작과 독자들 사이에 놓인 문화적 장벽 앞에서 번역사는 어떤 태도를 취해야 하는가의 문제는 흔히 가독성이냐 충실성이냐 하는 문제로 압축되어 표현된다. 독자들의 이해를 가로막는 문화적 장벽이 나타났을 때 번역사는 어떤 선택을 해야 하는가? 국내외 번역가들의 입장을 살펴보기로 하자.

❖ 김화영

박식한 학자와 영감 넘치는 예술가 중간쯤에 위치한 장인인 번역자는 고통스럽지만 대개의 경우 자신의 고통과 노력에 대한 정당한 대가보다는 실수에 대한 비판을 더 많이 거두어들이는 딱한 존재이다. 번역자는 한 번도 다른 평범한 독자들처럼 독서의 흐름에 마음을 싣고 느긋하고 즐겁게 흘러가는 자유를 누리지 못하는 괴로운 독자다. 그러기는커녕 보통의 독자 같으면 무심히 건너뛰거나 무시하는 디테일들까지도 예외 없이 다 이해해야 하고 온갖 사전을 펼쳐 놓고 단어 하나, 문장 하나의 뜻을 가늠해 보고 옮겨 보고 고쳐 보느라고 끊임없이 독서의 속도를 늦추는 부지런한 사람이다. 그러면서도 그는 전체의 흐름과 리듬과 톤과 속도, 분위기를 살펴야 한다. 텍스트의 머리 위에서 흔들리는 나뭇잎들도 고려해야 하고 땅속에 깊숙이 박힌 뿌리들과 토양까지도 광범하게 살펴야 한다. 원작에 대한 감격과 사랑 그리고 존경이 없다면 번역, 특히 문학 작품의 번역은 시작도 할 수 없는 일이다.

❖ 이세욱

번역은 역풍이 자주 불고 도처에 암초가 숨어 있는 아슬아슬한 항해이다.

❖ 에티엔느 돌레

에티엔느 돌레는 1540년「한 언어를 다른 언어로 좋은 번역을 하는 방법」이란 논문에서 처음으로 제대로 된 번역이란 어떤 것인가에 대해 자신의 의견을 피력했다. 돌레의 번역관은 다음과 같다.

① 원문의 내용을 잘 이해해야 한다.
② 출발어와 도착어 지식이 뛰어나야 한다.
③ 단어를 일대일 대응식으로 그대로 옮겨 놓아서는 안 된다. 언어는 나름대로의 구조가 있으므로 단어와 단어, 행과 행, 문구와 문구를 대응시켜야 한다는 강박관념에서 벗어나라.
④ 가능하다면 라틴어에서 유래한 잘 쓰이지 않는 단어는 피하고 쉽게 이해할 수 있는 일상어를 써라.
⑤ 수사어를 본받아 머리뿐만 아니라 듣는 귀도 만족할 수 있는 전체적인 조화를 이루는 문체를 쓰도록 하라.

현대 번역학자들이 주장하는 번역 이론과도 궤를 같이하나 그 시대로서는 매우 앞서가는 시각이었다. 요즈음도 화두가 되고 있는 원문에의 충실성에 대해서도 저자가 말하고자 하는 바에 대한 충실성이지, 원문에서 사용된 단어를 그대로 일대일 대응하는 것이 아니라는 것을 그 당시에 피력한 것은 의미가 크다.

❖ 자크 암요

프랑스 역사를 통틀어 번역사로서 암요만큼 널리 알려진 번역사는 없다. 그는 플루타르코스의『영웅전』을 불어로 번역해 예술의 경지로 끌어올렸으며 학자들도 쉽게 다가가기 어려운 고전을 일반인들이 손쉽게 읽을 수 있게 해주어 그리스 고전 보급에 대한 기여가 실로 크다. 암요 번역의 성공 요인은 늘 철저한 학술적 고증을 거친 점과 '가독성'이 뛰어난, 즉 '쉽게 잘 읽히는' 번역이란 관점이었다. 암요는 프랑스 왕국의 주교장 겸 왕의 고문관이었으니 번역사가 이렇게 고위직에 오른 적이 없었다.

동서고금을 통하여 남다른 인정과 영예를 누리다 보면 후진들의 질시를 받는 법이다. 암요도 예외는 아니어서 그의 번역작품은 후진들로부터 신랄한 비판의 대상이 되었다. 비판 내용을 일일이 다 적을 수는 없지만 크게 보면 번역의 충실성, 문체, 주제지식 부족 등을 주요비판 대상으로 삼았다. 그럼에도 불구하고 암요의 번역사들은 지금까지 남아 있다.

현재 번역학자들이 공통으로 지적하는 암요 번역의 문제점은 가독성을 중시한 나머지 원문에도 없는 내용을 첨가했다는 것이다.

◈ 앙드레 지드

지드(1869~1951)의 번역에 대한 생각은 가히 도발적이라고 할 수 있다. 지드는 외국 작품을 모국어로 번역하다 보면 모국어를 더욱 잘할 수 있다고 생각했으며 국가 차원에서 역량이 훌륭한 작가들이 외국 명작을 번역해야 한다고 생각했다.

지드는 통역과 번역의 기본인 모국어의 중요성을 그 누구보다도 정확히 간파했다. 번역사에게 외국어 실력은 당연히 요구되는 능력이지만 모국어는 그 이상이어야 한다고 강조했다. 지드는 외국어를 배우고 익히면서 모국어의 부족한 부분을 자각할 수 있다고 말했다. 번역을 해 본 사람은 누구나 느끼듯이 외국어와 모국어 사이를 오가며 작업을 하다 보면 자신의 모국어 능력의 부족한 부분을 직시할 수밖에 없다.

◈ 발레리 라르보

'번역이란 말의 무게를 다는 작업'이라고 표현한 라르보의 시각은 많은 번역 관련 글에서 자주 인용되고 있다. 저울의 한쪽에는 저자의 말, 즉 출발어를 얹고 또 한쪽에는 번역된 도착어를 올려 놓고 균형을 찾을 때까지 무게를 다는 작업이라는 것이다.

"번역을 해 보지 않고 그냥 원문을 읽는 독서 단계에서는 그 글을 정복하려는 생각이 없어 평온한 행복을 맛볼 수 있다. 하지만 번역을 시작하는 순간부터 '어느 정도의 심적 고통'은 필연적이다. 이는 우선 저자의 '말하고자 하는 바'를 캐내기 위해 언어지식, 주제지식을 총동원하고 맥락, 상황을 파악해야 하며 자연스러운 가독성을 고려한 도착어 표현을 찾기 위해 전력을 다해야 하며 읽을 독자층에 대한 배려까지 해야 하기 때문이다.

라르보의 말처럼 번역사는 그냥 듣기만 해서는 안 되는 통역사와 마찬가지로, 단순히 읽는 데 그칠 수만은 없다. 번역사는 이해한 내용을 충실히 전달하는 적극적인 가교 역할을 해야 하는 것이다.

◈ 움베르토 에코

움베르토 에코는 마치 문화적 장벽이 처음부터 없었던 것처럼 도착어 독자들에게 익숙한 요소로 대체하는, 즉 장벽 자체를 없애 버리는 방법을 설파한다. 이런 과감한 작업에는 원작자의 동의가 필요하며, 작가들 중에는 사전에 번역자들에게 이러저러한 대목을 당신네 문화에 맞게 변형하라고 요청하는 작가들도 있으며 움베르토 에코가 대표적인 경우이다.

> Let me quote an example from my third novel, The Island of the Day Before. This novel is essentially based on a remake of the Baroque style and includes many implicit quotations from poets and writers of the time. Naturally, I urged my translators not to translate literally but to look for equivalents in their respective literatures of the seventeenth century whenever possible.
>
> Umberto Eco, 『Experiences in translation』에서

◈ 쟝 들릴

쟝 들릴은 "번역사는 글 내용에 대한 주인이 될 수 없기에, 표현에 대한 주인이며 영감을 받지 않는 작가"라고 표현한 바 있다. "번역사는 이해한 내용을 재표현하는 단계에서 생각의 의식적·잠재의식적 메커니즘에 의해 더듬어 찾아가는 단계를 거쳐 가장 적당한 표현을 찾아내려고 하며 이 과정에서 백과사전적인 기억에 의해 여러 정보가 동원되거나 상기된다. 번역사가 탐색을 해 나가는 도중에 해결책이 나타나기도 하고 마음에 들지 않아 버리기도 하고 내용과 표현에 적합한가

수없이 판단하는 과정을 거친다.”

번역 후에는 검증과정을 거치는데 이는 번역된 텍스트가 제대로 됐는지, 그 텍스트를 도착어 사용집단 독자들이 잘 이해할 수 있는지를 검증하는 과정이다. 원문의 의미를 잘 파악해 빠짐없이 모두 도착어로 옮겼다고 해서 자신의 번역문이 원저자가 전하고자 했던 모든 생각과 감정을 그대로 이해시킬 만큼 창조적이었다고 확신해서는 안 된다. 번역문이 다른 지식의 세계, 즉 도착어 사용집단 사람들의 지식 세계에 잘 적응되는지, 독자들의 감수성에 잘 맞는지를 체크해야 한다. 즉 표현이 잘 다듬어졌는지, 원하는 효과를 낼 수 있도록 적절한 어휘를 선택했는지, 번역 해석 과정이 정도를 넘어서 원저자의 말하고자 하는 바를 반역하지는 않았는지 등을 체크해 보는 것이다. 들릴은 이 과정을 ‘입증적 분석’이라고 부르며, 그 목적은 “번역사가 임시로 채택한 해결안이 정확한지, 번역사가 찾아낸 등가가 원의미를 완전하게 전달하는지를 확인한다”고 말했다. 이 입증적 분석을 통해 다음과 같은 사실을 알 수 있다.

① 검증작업은 재표현(reexpression)하기 이전의 해석(interpretation)에 따라 결정된다.
② 검증작업 그 자체도 해석이론 모델(interpretative model)을 그대로 따라간다.

번역을 검증하는 과정에서 번역사는 자신이 택한 표현이 원문의 의미에 어느 정도 부합하는지를 체크한다. 입증적 분석이라는 것은 제2의 해석 과정이라고 볼 수 있다. 즉 처음 해석이 메시지의 아이디어를 추출해 내는 것이고 그다음 입증적 분석이란 재표현과 최종해결안 선택 사이에 끼여서 일시적으로 선택한 기표들이 이 아이디어를 잘 나타내는지 확인하는 것이다.

07

번역과 감수

Key words _ 원문, 번역문, 감수, 오류, 가독성, 번역기간

원문과 충분한 거리를 두지 않고 번역을 할 경우 모호하면서도 논리적이지 않은 표현들을 번역문에서 쉽게 찾아볼 수 있다. 안타까운 것은 번역사의 눈에는 이런 어색한 표현들이 눈에 잘 띄지 않는다. 번역사는 원문을 읽으며 이미 내용을 이해했기 때문이다. 하지만 내용을 전혀 모르는 사람이 번역문을 읽으면 이해도 잘 안 되고 애매모호한 표현들로 혼란을 겪게 되는 것이다 이렇듯 좀 더 꼼꼼히 다시 읽기만 해도 피할 수 있는 여러 오류가 담긴 번역문들을 우리는 종종 접한다.

번역문 감수는 번역을 업으로 하는 전문 번역사에게도 상당한 집중을 요하는 작업이다. 번역노하우를 배우는 학생들이 정확하고 논리적인 감수를 할 줄 모르는 것은 어느 일면 당연한 일이다. 그러므로 번역교육 과정에서 감수를 가르치는 것이 바람직하다는 자명한 결론에 이르게 된다. 학생들은 자신이 한 번역 텍스트의 질을 향상하고 점검하는 방법을 익히는 것이 중요하다.

감수는 번역텍스트뿐만 아니라 단일어로 쓰여진 텍스트에 대해서도 할 수 있다. 감수란 텍스트 내의 제반 오류들을 제거해 내는 안전 작업으로 볼 수도 있으며, 원 저자가 글을 쓴 의도와 전하고자 하는 바에 대한 충실성을 담보하는 작업이기도 하다. 이세욱 문학번역가도 언급했듯이 감수자는 어떤 부분을 왜 감수하였는지 명쾌하고도 분명한, 즉 설득력 있는 답변을 할 수 있어야 한다.

감수 교육에 있어 독자의 입장이 되어 보는 것은 실로 중요하다. 학생들이 별생각 없이 하는 일대일 대응식 번역 습관을 없애는 가장 효율적인 방법은 다른 사람이 번역한 텍스트를 원문 없이 나누어 주고 함께 분석해 보는 것이다 이 작업을 통해 학생들은 원문과 거리를 두고 텍스트가 제대로 번역되었는지 여부를 집중적으로 살펴볼 수 있다.

원문이 없는 상태에서 여러 번역문만을 제시하면 학생들은 번역문들을 비교해 가며 저자의 말하고자 하는 바를 파악할 수밖에 없다. 학생들은 독자의 입장에 놓이게 되고 나아가 독자들이 기대하는 것이 무엇인지도 깨닫게 된다. 여러 오류를 발견해 나가는 과정에서 결과물로서의 번역에 더 큰 관심을 갖게 되며 사용된 단어들로부터 거리를 두고 자신의 생각을 자연스럽게 표현하게 된다. 이런 감수과정을 통해 번역문은 재검토할 필요가 없을 만큼 향상되기도 한다.

❖ 감수를 할 때 다음과 같은 원칙을 적용하면 좋다.

- 의미상의 오류나 부적절한 용어 사용을 수정·보완하여 번역문의 가독성을 높인다.
- 같은 의미라도 표현하는 방법이 다양하다는 것을 체득하게 한다.
- 감수 시간이 번역 시간에 추가되는 것을 인식해 작업 일정에 대해 책임감을 느끼게 한다.
- 정보수집 및 점검, 용어 점검, 문장 수정 등 감수작업과 번역작업이 기본적으로 같은 단계를 밟는다는 점을 인식한다.

번역노하우를 익히는 과정 초기부터 감수작업에 익숙해지도록 하면 감수에 필요한 반사적 능력을 개발할 수도 있다. 감수자는 번역에서와 마찬가지로 분석능력과 종합능력을 갖추어야 하며 감수 과정에서 오류를 바로잡고 문체를 매끄럽게 다듬어야 한다.

❖ 감수의 종류를 살펴보면 다음과 같이 크게 나눠진다.

- 원어민 감수 : 외국어로 번역한 경우 원어민이 하는 감수
- 자기 감수 : 번역사 자신이 번역을 한 후 다시 점검하며 내용, 표현 오류를 감수

- 원문 없이 하는 감수 : 번역물의 가독성 및 문체 등을 감수
- 원문 보며 하는 감수 : 내용의 충실성 감수

- 최소 감수 : 수정할 것이 거의 없는 번역문 경우 감수자 개입이 최소인 감수
- 최대 감수 : 시간이나 예산 면에서 감수자의 개입이 최대인 감수

- 내용 감수
- 표현 감수 (어역감수, 전문용어 감수 등)

◈ 번역노하우 교육에서 감수교육이 함께 이루어지면 다음과 같은 이점이 있다.

- 자주 발생하는 오류나 개인적 언어습관에 기인한 문제점들을 발견하고 개선하거나 피할 수 있다.
- 이해하기 쉬운 텍스트를 작성할 수 있게 되며 체계적인 사고 전개 등을 통한 보다 효율적인 표현들을 찾게 된다.
- 정확한 용어 및 표현을 찾기 위해 자료를 조사하고 원문 텍스트를 분석하고 이해하여 정확한 번역을 한다.

번역교육에서 감수교육을 병행할 경우 효과는 이제 여러 학자에 의해 주장되고 있어 고무적이다. 실제 번역에 있어서 감수로 번역의 질은 향상되나, 번역 기간이 길어지고 번역료도 추가되어 수익성과도 불가분의 관계인 것을 아울러 인식해야 한다.

08

무엇이 번역의 기준인가

Key words _ 벨 엥피델(Belle Infidéle), 충실성, 가독성, 번역사의 재량, 독자

번역사들이나 번역학자들은 번역을 충실히 해야 한다는 사실에는 누구나 동의한다. 그러나 무엇에 충실해야 하느냐에 대해서는 의견의 일치를 보지 못하고 있다.

번역에 있어서의 충실성을 논하기 전에 우선 '아름답지만 부정(不貞)한 여자'라는 뜻의 불어표현 '벨 엥피델(Belle Infidèle)'에 관해 다뤄 보기로 하자. 아름답지만 원문에 충실하지 않은 번역을 가리키는 표현으로 17세기부터 쓰여 온 표현이다. 대학자 메나쥐가 그 당시 많은 사람이 애호했던 작품들을 번역한 페로를 두고 "그의 번역은 내가 투르에서 사랑했던 여인을 연상시킨다. 아름답지만 부정한 여자(belle infidèle)였다"라고 표현한 데서 유래했다. 그 후부터 번역은 무엇에 역점을 두어야 하나를 논할 때 이 짧고도 의미가 와닿는 '벨 엥피델'이란 표현은 오늘날에 이르기까지 종종 사용되고 있다. 당시 번역의 가독성을 지나치게 강조하다 보니 일부 내용을 삭제하거나 첨부하는 경우가 많았던 것 같다. 이 같은 내용 삭제나 첨부는 충실성과는 거리가 멀다. 그렇다면 번역에 있어 충실하다는 것은 무엇에 충실한 것을 의미할까? 여러 주장이 있지만, 필자는 다음과 같은 세 요소가 충족되면 충실한 번역 이라는 A. Hurtado-Albir의 시각에 전적으로 동의한다.

첫째, 의미에 충실하기 위해 사용된 단어보다는 저자가 말하고자 하는 바를 전달해야 한다. 번역사는 저자가 말하고자 하는 바, 즉 저자의 목소리를 있는 그대로 전달하며 자신의 의견을 반영하지 않는다. 저자가 '말하고자 하는 바'를 제대로 파악하기 위해서는 언어적 지식뿐 아니라 언어 외적 지식, 즉 다루는 주제 지식을 반드시 보유해야 한다.

둘째, 도착어에 충실해야 한다. 출발어와 도착어는 서로 다른 문법규칙과 표현방식을 가지고 있다. 번역 작업을 하면서 지나치게 원문의 출발어를 의식할 경우 어색하고 자연스럽지 못한 도착어 표현이 나올 것은 자명한 일이다.

독자들이 자연스럽지 못한 번역, 즉 도착어 표현에 불만을 토로한 것은 어제 오늘의 일이 아니다. 번역사 자신들 또한 이런 문제를 잘 알고 있다. 그러므로 번역사들의 모국어 표현의 중요성이 다시 한 번 강조된다. 학생을 지도하다 보면 자신들의 모국어인 한국어에 문제가 있다고 생각하는 학생은 그리 많지 않다. 그러나 이해한 내용을 표현하는 작업인 번역과정에서 표현상의 문제를 가진 학생이 의외로 많다. 사실 모국어도 지속적인 훈련이 없으면 '모국어다운' 수준을 유지하기 어렵다. 일반인들도 책을 많이 읽는 등 '무의식적인' 노력을 하는 데 번역이라는 고도의 '의미 전달'에 대한 책임을 맡은 번역사들에게 모국어를 향상시키려는 의식적이고 능동적인 노력이 필요함은 두말할 나위가 없다.

셋째, 번역 결과물의 소비자인 독자에 대한 충실성이다. 저자가 글을 쓰면서 대상으로 삼은 독자와 번역물의 대상 독자는 아주 드물게 일치한다. 이들은 서로 다른 언어를 사용할 뿐만 아니라 문화적 배경과 관습이 다르고 가지고 있는 지식도 다르다. 그렇기 때문에 원문을 번역 대상 독자들에게 이해시키기 위해서는 이들이 쉽게 이해할 수 있도록 '눈높이'를 맞추어야 한다.

홍수처럼 범람하고 있는 아동서적 번역물을 보면 이 문제가 얼마나 심각한지 알 수 있다. 외국 어린이 독자와 한국 어린이 독자 간의 차이를 고려하지 않은 채 언어적인 뜻만을 옮긴 책이 수없이 서점 진열대를 차지하고 있는 것이 바로 우리의 현실이다. A. Hurtado-Albir의 말을 빌리자면 "저자가 말하고자 하는 바, 도착어, 번역의 대상 독자에 대한 충실성이라는 이 세 요소는 불가분의 관계이다". 우리가 만약 이 세 요소 중 하나에만 충실하고 다른 요소들을 무시한다면 전달해야 할 의미에 충실하지 않은 것이다.

그렇다면 '번역사는 번역을 할 때 전혀 재량을 가질 수 없는가?' 라는 문제가 제기될 수 있다. 물론 번역사는 재량을 가질 수 있다. 특히 문학번역의 경우에는 실용 텍스트 번역보다 많은 재량이 부여되는 것으로 보인다.

그러나 문학번역의 경우에도 지나치게 '해석적으로' 접근해 원문의 의미를 왜곡시키거나 표현 과정에서 도착어의 '규칙'을 깨서는 안 된다. M. Lederer도 지적했듯이 문학작품 번역사의 재량은 원문 텍스트의 형식에 대해 발휘하는 것이지,

이 형식을 통해 발생되는 효과에 대해 발휘하는 것이 아니다.

모든 의사전달 행위는 동일한 내용과 효과를 충실히 전달하는 것을 최우선 목표로 한다.

09

번역은 가능한가, 불가능한가?

Key words _번역의 가능성, 반역, 불가능성, 유용성, 등가

'번역은 반역이다'라는 말은 번역을 근원적으로 불가능하다고 보는 시각을 대변한다. 세르반테스는 "번역이란 거꾸로 뒤집어 놓은 양탄자 같을 것이다"라고 말하면서 모든 무늬는 다 있지만 본래의 아름다움은 사라지고 없는 번역의 운명을 개탄한 적이 있다. 슐레겔의 '번역이란 사생결단의 결투로 거기서는 번역되는 자 아니면 번역하는 자 둘 중 하나가 죽게 되어 있다'는 말은 지금도 번역을 논할 때 가장 많이 인용되는 표현 중 하나이다.

프랑스에서는 16세기에 번역의 붐이 일어났다. 양적으로 가장 많았다는 것이 아니라 번역이 만인의 관심사로 대두된 시기라는 뜻이다. 가장 대표적인 인물로 시인 뒤벨레를 꼽을 수 있는데 그는 번역에 대해 신랄한 비판을 했다. 많은 그리스, 라틴어 서적이 불어로 번역되고 있다는 사실은 분야에 상관없이 어느 내용이든 불어로 번역될 수 있다는 것을 입증해 준다고 주장하면서도 동시에 실력 없는 번역사가 많고 시 번역은 원문의 아름다움을 잘 살릴 수 없다고 했다. 뒤벨레의 번역 불가능론은 어떻게 보면 번역 비판의 본격적인 시기라고도 볼 수 있다. 이러한 번역 불가능론은 번역을 텍스트 차원의 등가 관계로 접근하는 것이 아니라 언어적 차원의 대응 관계로 보는 데서 기인하는 것이다. 참고로 '이모', '고모', '외숙모'라는 표현만 해도 영어로는 그냥 aunt이다. 그러나 한국어처럼 세분화되어 있지 않다고 번역할 수 없는 것은 아니다. 외숙모의 이름이 영희라면 이름을 부르는 영미 문화권에 어울리게 Younghee라고 번역할 수도 있다. 다시 말해 현실에서 지칭 대상이 동일하면 되는 것이지, 즉 같은 사람을 지칭하면 되는 것이지 이모, 외숙모, 고모라는 세분화된 대응 영어 표현이 없다고 해서 번역이 불가능한 것은 아니지 않는가?

번역은 엄연히 존재하며 바벨 이후의 시대에 있어서 필요악이다. 번역은 문화 교류와 이동과 생존에 필요불가결한 활동이다. 그래서 번역의 가능성과 유용성

에 대해 긍정적인 시각을 가진 사람도 많다. 번역은 오래전부터 존재해 왔고 지금도 존재하며 앞으로도 존재할 것이고, 이론가들이 뭐라 하든 번역은 가능하다는 것이 필자의 생각이다. 문제가 있다면 의미를 제대로 옮기지 못하는 번역사와 잘못된 번역에 있는 것이다.

번역사의 태도는 크게 두 가지로 나누어 생각해 볼 수 있다. 하나는 출발어 텍스트에 비중을 크게 두는 태도이며 '원문에 대한 충실성'을 중요시하는 태도이다. 성서 번역이 대표적으로 여기에 해당한다. 신의 말씀을 배반하지 말아야 한다는 생각에 사로잡혀 극도로 형식을 존중하는 경향이 많았던 것이다. 제대로 된 번역이란 원문에 대한 이해와 감동을 전제로 하며 특히 문학작품의 경우 저자에 대한 존경도 큰 부분을 차지한다. 반면 원문을 존중하기 때문에 단어보다는 의미 중심의 번역을 하게 되기도 한다. 또 다른 하나는 도착어 텍스트에 더 비중을 두는 태도이다. 중세에는 번역 텍스트는 원작에 대하여 독립성을 지닌 완전한 창작으로 간주되었다. 르네상스 시대, 특히 루터의 성서 번역에서는 무엇보다 대중이 알기 쉬운 말로 번역해야 한다는 점을 중요시했다. 이러한 태도는 도착어 텍스트의 '가독성'을 중요시한 데서 연유한다.

다시 말해, 원문의 내용과 형식에 대한 '충실성의 요구'와 번역문의 '가독성'의 요구로 요약해 볼 수 있다. 실제 번역에 있어서는 이 두 가지를 동시에 충족시키는 것이 가장 어려운 문제다. 충실성을 희생하여 가독성을 높이느냐 아니면 가독성을 희생하더라도 충실성을 기해야 하느냐가 고민의 요체이다. 사실 원칙적으로는 충실성과 가독성 중 어느 한쪽도 소홀할 수 없다. 하지만 번역사는 어느 쪽에 비중을 둘 것인가를 선택하지 않으면 안 된다.

궁금해요

Q 한-영 번역을 할 때 원문을 이해하는 게 너무 느려서 걱정이에요. 두세 번 읽어 봐야 이해가 가요. 문제점이 뭐고 어떻게 보완해야 할까요?

A 우선 번역을 한다는 것은 내 자신이 원문을 이해한 후 이해한 내용을 다른 언어로 독자의 눈높이에 맞춰 전달하는 메시지 전달 과정입니다. 그러므로 읽은 내용을 정확히 이해하는 것이 선행되어야 합니다. 구어체와 달리 문어체는 때로는 두세 번 읽어야 내용을 이해할 수 있을 정도로 복잡하게 얽힌 구조들이 자주 있으므로 한 번에 이해를 못하는 것이 당연합니다. 좋은 글을 많이 읽고 읽은 내용을 논리적으로 요약하는 연습을 많이 하면 원문 이해력 향상에 도움이 됩니다. 물론 제반 분야에 대한 주제지식도 병행해서 늘려야 합니다. 한국어를 한다고 모든 내용에 대한 지식을 갖고 있는 것이 아니기 때문에 늘 지적 호기심을 갖고 여러 글을 읽으세요.

10

영상 번역이란?

Key words _ 영상, Video, DVD, 자막, 더빙, 자수 제한

영상 번역이란 말 그대로 영상물을 번역하는 것을 일컫는다. 영상을 담고 있는 매체는 다양하지만 주로 비디오테이프, CD, DVD 등을 들 수 있다.

영상 번역의 분야는 영화, 드라마, 애니메이션, 홍보 영상물 등으로 크게 나눌 수 있으며, 번역 형식은 자막과 더빙의 두 종류로 구분할 수 있다. 영상 번역은 형식과 번역 방법에 있어 텍스트 번역과 큰 차이가 있다.

방송, 영화, 비디오 등 많은 부분에서 외국 프로그램들이 차지하는 비중이 늘어남에 따라 영상 번역의 중요성은 날로 커지고 있다. 특히 최근에는 아시아를 강타한 한류가 라틴아메리카, 중동 그리고 유럽 등지에서까지 선풍적인 인기를 끌고 있어 우리나라 영화, 드라마의 해외 수출이 큰 폭으로 증가하고 있다. 이러한 호기를 맞아 대중매체를 통해 한국의 전통문화 및 대중문화를 더욱 효과적으로 잘 알릴 수 있도록 외국어로의 영상 번역의 중요성도 날로 커지고 있다.

앞서 언급했듯이 영상 번역의 형식으로 자막과 더빙이 있는데, 자막번역의 경우 글을 읽는 속도와 호흡이 잘 맞아야 하므로 자수의 제한이 있다.

- 극장용 영화 : 한 줄 8자 / 비디오용 영화 : 한 줄 13자(스페이스 제외)

반면 더빙번역은 호흡과 말 길이, 입맞춤(lip synchronization)이 중요하다.

그러므로 단순히 텍스트만 번역하는 일반 번역에 비해 더 많은 노력이 필요하다. 여러 능력이 요구되지만 특히 말을 군더더기 없이 압축하는 능력이 필요하다. 영상 번역은 탄탄한 어학실력과 자연스러운 우리말 표현능력이 어우러져야 하며, 같은 말을 하더라도 재미있게 하고 상대방에 대해 흡인력이 있으면 도움이 된다. 문학번역과 마찬가지로 영상 번역도 작품에 대한 애정이 그 무엇보다 중요하다. 어려운 한자어나 꼬인 한국어 표현들을 쉽게 풀어 상대에게 한 번에 간결하게 설명할 수 있는 능력이 있는 사람이라면 영상 번역은 좋은 일이다.

궁금해요

Q 저는 영상 번역가가 되고 싶은데요, 어떤 자격요건이 필요한가요?

A 외국어 실력이 일정 수준에 도달해야 하고 언어뿐 아니라 제반 문화에 대한 이해도 있어야 하며 번역 노하우도 익혀야 합니다. 영상 번역의 경우 대학을 나온 사람들 중 외국어는 물론 한국어도 뛰어난 사람들이 네트워킹으로 입문하여 두각을 나타내는 사람이 종종 있습니다. 국제회의 통역보다는 입문이 상대적으로 용이하나 역시 발군의 문장력과 원어 방송 이해력을 전제로 합니다.

Q 대학원을 졸업하지 않고도 번역 일을 할 수 있나요?

A 어떤 번역을 하느냐에 따라 다릅니다. 문학번역은 전문 번역대학원을 나오지 않아도 외국어 이해력과 한국어 표현력이 받쳐 주고 본인이 작가적 재능을 겸비한 재원이면 가능합니다. 하지만 과학, 기술, 경제, 통상, 법률, IT 등 특정 분야를 번역하는 경우 전문 번역대학원을 졸업하는 것이 바람직합니다. 번역은 외국어·한국어 실력과 여러 전문분야 지식을 갖추고 노하우를 체득한 사람들이 하는 전문적인 일이기 때문입니다. 영상 번역의 경우도 일반 텍스트 번역과 형식을 달리하므로 일정 기간 동안 전문 교육기관에서 노하우를 익히는 것이 바람직합니다.

11

출판 번역의 허와 실

Key words _출판 번역, 번역 기한, 시간 제약, 장소 제약, 인세

번역사라는 직업은 일반 독자들처럼 미심쩍은 부분을 대충 넘어갈 수도 없으며, 조금이라도 의심이 가는 부분은 사전을 뒤적이거나 인터넷 검색을 통해 참고자료를 찾아야 하고, 드디어 의미를 이해했다 해도 도착어로 매끄러우면서도 독자의 눈높이를 고려한 표현을 찾기 위해 고민을 거듭해야 하는 인고의 작업이다. 그 과정은 정신적으로나 육체적으로 실로 고되다.

주된 요인 중 하나는 실용 번역이든 출판 번역이든 번역 시장의 속성상 번역 기한이 촉박한 데 있을 것이다. 기술 서류의 경우 30페이지를 다음 날까지 마쳐달라는 경우도 있으며 출판 번역인 경우 출판사에서 요구하는 원고 마감일은 책 한 권을 한두 달 후에 마쳐 달라는 것이다. 난이도가 비교적 쉬운 텍스트의 경우라면 몰라도 어려운 텍스트의 경우 그 기한에 맞추려면 무리해서 번역을 하지 않을 수 없다.

번역사가 되지 않았으면 경험할 수 없는 보람과 성취감이 번역사라는 직업의 빼놓을 수 없는 매력이며 장점이다. 출판 번역의 경우 자신이 번역한 책이 서점에 진열된 것을 보게 되었을 때의 감격은 평생 잊기 어려울 것이다. 자신이 한 일에 대해 보람과 성취감을 직접 눈으로 확인할 수 있는 직업은 별로 많지 않다고 생각한다.

출판 번역사 직업의 또 하나의 장점은 일단 출판사와 계약이 맺어지면 번역을 수행하는 작업기간만큼은 다른 어떤 직업보다도 외부환경에 영향을 받지 않고 자신의 리듬에 맞추어 작업에 몰두할 수 있다. 반면 통역사의 경우에는 통역의뢰자나 회의의 스케줄에 맞추어 자신이 움직여야 하고, 같은 번역이라 해도 영상 번역의 경우 작업 기간이 짧아 장기적으로 번역사 나름대로의 독자적인 계획을 잡기

어렵다.

또 바로 그러한 이유로 장소에 제약 없이 작업을 할 수 있다는 것도 이 출판 번역이라는 직업의 큰 매력이 아닐 수 없다. 요즈음은 국제 간의 우편물 서비스와 인터넷을 통해 텍스트와 원고 및 협의사항을 출판사와 손쉽게 주고받을 수 있어 장기간 해외에 체류하면서도 일을 할 수 있고, 실제로 외국에 머물면서 작업을 하는 번역사도 적지 않다.

출판 번역은 무엇보다도 자신과의 싸움이 요구되는 외로운 직업이지만 앞서 언급한 여러 장점과 매력들을 생각해 본다면 도전해 볼 만한 직업이라고 생각한다.

활동 초기의 번역료는 베테랑들과 비교해 반도 안 되므로 경제적으로는 넉넉하지 않지만 출판계의 인정을 받게 되면 그 후부터는 오히려 다른 상근직보다 더 안정적이며 인간관계로 부딪치는 일도 거의 없어, 자신의 적성과 맞기만 하면 즐기면서 또 많은 것을 배우면서 오래 할 수 있는 직업이라 생각한다. 또 장기적으로 볼 때 번역료는 인세 형태로 전환될 것이며 이는 번역사들에게 더 큰 혜택이 될 것이라 생각한다.

12

번역사 역할의 중요성

시대가 바뀌고 패권을 쥐는 문화가 달라져도 번역이 끊임없이 이루어졌기에 서로 다른 문화권 간에 큰 단절 없이 문화가 전달되고 섞일 수 있었다. 번역은 새로운 문물과 사상을 받아들이는 데 쓰이기도 하지만 자국의 문물과 사상을 외부로 내보내는 데에도 쓰인다. 알려지지 않은 것을 제대로 알리고 외부의 것을 받아들임으로써 좀 더 풍요로운 사회를 만드는 것도 바로 번역사의 역할인 것이다. 특히 쉬지 않고 선진문물을 받아들이고 개방의 물결에 발맞춰 우리를 알려야 하는 우리나라에서 한국어를 모국어로 하는 번역사들의 역할은 실로 크다고 할 수 있다.

번역이란 시간과 장소에 따라 달라지는 문화를 접하고 전하는 행위이다. 대부분의 경우 번역은 그 시대의 '힘'을 가진 나라나 문화권의 언어를 출발어로 이루어진다. 현재 많은 나라의 번역이 영어를 출발어로 해서 이루어진다는 사실은 미국 주도의 세계임을 말해 주는 것이다. 유럽의 문화대국이라 할 수 있는 프랑스도 1980년대 통계를 보면 70% 정도가 영어를 출발어로 해서 불어로 번역했다. 앞으로 인터넷의 발달과 확대로 영어를 출발어로 하는 번역의 물량은 더욱 증대될 것으로 생각된다. 한국의 경우 아직 정확한 통계는 나와 있지 않지만 필자가 알고 있는 대부분의 번역 회사들이 처리해 내는 번역물 중 영어 번역이 80% 이상을 차지하고 있다. 요즈음은 번역도 팀워크 작업이다. 자료 수집부터 조사, 글 다듬기까지 모두 혼자 하는 경우도 있지만 여러 사람으로부터 자료 수집, 조사, 윤문 등의 도움을 받아 팀으로 작업하는 사람이 점점 느는 추세이다. 번역물이 출판물 전체에서 차지하는 비율을 보면 앞으로도 번역이 팀워크로 가야 하는 추세임을 알 수 있다.

1990년대 초 프랑스 통계를 살펴보면 번역이 차지하는 비율이 17%에 달하는 데 영어권인 영국을 제외하고는 번역이 차지하는 비율이 유럽의 다른 나라에 비해 높은 편이다. 번역이 상당한 부분을 차지하고 있으리라 생각되는 일본의

1985년도 통계를 보면 오히려 9~10%에 그친다. 우리나라의 경우, 2000년의 통계를 살펴보면 번역사가 전체 발행총수에서 차지하는 비율이 19%이며 만화번역을 포함할 경우 25%에 이른다. 특히 일본 만화의 번역은 가히 폭발적이라 할 수 있다.

13

새로운 말을 만들어 낸다

번역은 작업의 속성상 새로운 말을 끊임없이 만들어 낸다. 앞에서도 언급했지만 일본에는 메이지유신 이후 서양의 문물과 사상을 받아들이고 알리기 위해 새로운 말이 많이 생겨났다. 번역 문화가 왕성한 나라인 일본의 경우 메이지유신을 겪으며 서양 문화의 유입으로 '사회', '자유' 같은 일본어가 생긴 것은 잘 알려진 사실이다. 새로운 문물이 유입될 때는 최전방에 나선 통역사나 번역사가 신문물을 소개하기 위해 신조어를 만들 수밖에 없다고 생각한다. 어느 나라에서든지 통역사나 번역사는 개화 과정이 아니더라도 끊임없이 지속되는 신사고, 신기술을 도입할 때마다 늘 새로운 말을 만들어 내야 한다.

때에 따라서는 외국어에서 그냥 들여오는 차용어가 있고 기존 어휘에 새로운 뜻이 부여되기도 하고 아예 새로운 단어를 만들기도 한다. 이때 신기술을 만들어 내는 나라, 신조어를 만들어 내는 나라와 신기술을 도입하는 나라, 즉 신조어를 도입하는 나라로 크게 나눠 볼 수 있다. 선진국의 경우 자신들이 신조어를 만들어 내므로 번역상의 문제는 신기술을 받아들여 자국에 맞는 신조어를 만들어야 하는 나라의 몫이다. 대부분 신기술과 신개념이 대부분 문화적 배경이 다른 서구에서 도입되므로 빠른 시간 안에 적절한 신조어를 만들어 내는 것이 쉽지 않다.

새로 만들어진 몇몇 신조어는 자주 사용되면서 자연스럽게 뿌리를 내리고 일반 어휘로 인정을 받게 된다. 하지만 작가, 기자, 통역사, 번역사들이 일시적인 필요에 의해 만들어 낸 신조어의 적지 않은 부분은 일반 어휘로 공인되지 않는다. 여기서 통역사와 번역사의 차이점이 있다면 글은 영원히 남는 것이므로 번역사는 신조어를 만드느라 많은 고심을 해야 하지만, 통역사는 현장에서 즉각 이해할 수 있는 표현을 상황 속에서 찾는 것이므로 고충이 덜하다고 할 수 있다. 실제로 대부분의 통역의 경우 서구 신조어를 그냥 차용해서, 즉 출발어를 그대로 쓰거나 순간

떠오르는 단어로 말한 다음 설명을 해 주면 된다. 통역사의 소임은 실제 상황에서 즉각 떠오르는 말로 의사소통을 시키는 것이지, 국립국어연구원 학자처럼 사전에 오를 정제된 어휘를 만드는 것이 아니다.

최근 한국에서 많은 신조어가 생성되고 있어 그 배경을 살펴보고자 한다. 주지하다시피 말은 사회를 그대로 반영한다. 특히 새로 생기는 말에서 두드러지게 나타난다. 이러한 점에서 신조어는 사회현상을 그대로 보여 주는 거울이라고 볼 수 있다. 2004년 신어 보고서에서도 대부분의 신조어는 사회이슈와 함께 나타났으며, 특히 오락과 경제 및 인터넷과 관련된 신어가 많이 생겨났다. 사회가 점점 더 빠르게 변하면서 생성되는 신조어도 점점 많아질 것으로 전망된다. 신조어는 이제 하나의 대세이며 우리의 언어 생활에서 중요한 위치를 차지하고 있다. 세계적인 명성을 갖고 있는 옥스퍼드 사전도 새로운 용어를 정리하여 사전에 추가시켰고, 우리나라 국립국어연구원도 해마다 신조어를 정리하여 발표하고 있다. 그러나 우리는 하루에 수십 혹은 수백 단어씩 신조어를 쓰면서도 그 의미와 가치에 대해 간과하고 있다. 신조어는 그 생성과 사용에 있어 세대나 집단의 특성에 의해 많이 좌우되기 때문에 그때그때 그 의미를 정리해 두면 번역을 할 때 많은 도움이 될 것이다.

앞서 언급했듯이 쉽게 말해서 신조어는 새롭게 생겨난 말을 뜻한다. 최근 신조어는 통신 언어와 신세대들의 은어가 그 주 대상이 되고 있긴 하지만 대학생들이나 노동자들의 집회 언어처럼 어느 집단의 특성 때문에 생겨난 언어들, 컴퓨터 용어나 학술 용어처럼 새로운 개념의 필요성 때문에 생겨난 언어들, 유행어 등 방송의 영향력 때문에 생겨난 언어들 등 그 대상은 아주 다양하다. 이러한 다양한 신조어의 공통점은 단 하나, 과거에는 존재하지 않았지만 현재는 존재한다는 것이다.

많이 쓰이는 일반어 신조어를 살펴보면 다음과 같다. 2003년에는 '사오정', '오륙도', '육이오', '삼팔선', '이태백', '귀차니즘', '사르바이트' 등이, 2005년은 '낙바생', '청백전', '니트족', '펌머', '악플러', '삼일절' '사이질', '토폐인' 등이 우리 사회의 면면을 보여 주는 신조어로 자리매김했다.

a. 경기가 좋지 않아 직장인이 대거 조기 퇴직을 하거나 퇴출되는

- 사오정(말을 잘 못 알아듣는 사람, 45세 정년)
- 오륙도(56세까지 일하면 도둑)
- 육이오(62세까지 일하면 오적 중 하나)

b. 청년들의 취업이 잘 안 되는 사회상을 반영한 신조어들 :

- 이태백(20대 태반이 백수)
- 낙바생(낙타가 바늘 통과하듯 직장 구하는 대학생)
- 청백전(청년백수 전성시대)

c. 일보다는 즐기는 데 치중하는 청년 세대들을 나타내는 신조어 :

- 귀차니스트(귀찮다+-nist, 귀찮은 일을 몹시 싫어하고 혼자 노는 데 익숙한 젊은 세대)

d. 인터넷 및 사이버와 관련된 신조어 :

- 펌킨족(인터넷 타인의 콘텐츠를 스크랩해서 다른 사이트에 게시하는 것을 즐기는 사람)
- 악플러(惡+reply+族, 악성 답글을 쓰는 사람)
- 싸이질(cyworld-+질, 인터넷 서비스 업체인 '싸이월드(cyworld)'에 접속하거나 '싸이월드(cyworld)'에서 미니 홈페이지를 만들어서 운영하는 일)

어휘가 풍부하고 완벽한 언어라 할지라도 인간 활동 —특히 과학 기술분야—의 영역이 넓어짐에 따라 새로운 상황과 개념을 표현하기 위해 나름대로의 발전을 거듭하게 된다. 또한 사회가 점점 더 빠르게 변하면서 생성되는 신조어도 더 늘어 가고 있다. 하루가 멀다 하고 새로운 말들이 생겨나고 있는 것이다. 즉,

① 새로운 단어/표현이 생겨나기도 하고,

② 외국어에서 가져오는 차용어를 사용하기도 하고,

③ 기존 어휘에 새로운 뜻이 부여되기도 한다.

번역 교육에서의 반영 :

① 매일 번역 언어와 모국어로 쓰여진 신문을 읽고 새로운 표현을 체크하여 정리해 놓아야 한다.

② 계속 정리된 자료를 바탕으로 주제/분야별로 신조어/표현들을 분류해 놓는다.

③ 해당 분야 번역을 맡으면 평소 정리해 놓은 신조어/표현들을 문맥에 맞게 잘 활용한다.

14

번역사의 위치

Key words _ 지위, 위치

번역사의 위상을 논하기에 앞서 한 직종의 지위를 결정짓는 데는 어떤 요소가 개입되는지 살펴보기로 하자.

예를 들어 의사나 법률가는 우리 사회에 꼭 필요한 존재이며 의사나 법조인이 되기 위해서는 대학을 졸업한 후에도 몇 년의 학업을 더 해야 하며 또 별도의 수련이 필요하다. 반면 환경미화원의 경우 누구나 그 필요성은 인정하지만 환경미화원이 되기 위해 특별한 교육을 받거나 훈련을 거칠 필요는 없다. 즉 지위는 수요와 공급뿐 아니라 그 직종에 종사하기 위해 얼마큼의 교육을 받고 수련을 거쳐야 하는지, 어떤 대우를 받는지, 사회 관습적으로 어떻게 인식되었는지 등 여러 복합적인 요소에 의해 결정된다.

해외 여러 나라의 경우를 살펴보면 활동하는 사회가 어떤 사회인가에 따라 많은 영향을 받는 것을 알 수 있다. 예를 들어 두 개 이상의 언어를 공용어로 쓰는 다언어권인 스위스나 캐나다에서는 번역사가 일정한 지위를 누리며 뿌리를 내린 직업으로 여겨지는 데 비해 영어를 국어로 쓰는 단일언어권인 미국의 경우에는 사회적인 지위가 다소 미약하다. 한국 역시 한국어를 국어로 쓰는 단언어권이지만 미국에 비해서는 번역사의 위치가 조금 더 낫다고 할 수 있다. 이는 미국의 경우 같은 단일언어권이라도 강국인 만큼 남들이 영어로 의사소통하기를 바라기 때문이다. 지배하는 문화권의 언어를 출발어로 해 번역을 통해 문물을 받아들일 수밖에 없는 것이 약소국가의 현실인 것이다. 그러니 같은 단일언어권이라 해도 한국은 더 많은 번역을 해서 새로운 것을 받아들이고, 차츰 높아지는 국가위상에 걸맞게 우리를 제대로 알리기 위해서라도 번역을 해야 하다 보니 번역사의 위치가 그리 낮은 것만은 아니다. 물론 대우만으로 지위를 나타낼 수는 없지만 가장 손쉽게 표시하고 받아들일 수 있는 방법이므로 우선 번역료로 대우, 나아가 지위를 비교해 보기로 하겠다. 미국에서는 한 페이지 번역료가 20달러 정도인 반면 한국에서는 영어를 한국어로 번역할 경우 한 페이지(A4 용지 25줄, font 11)에 3만 원 정도이고 한국어를 영어로 번역하는 경우에는 5~7만 원 정도이다. 영어를 한국어로 번역하는 사람 수가 많다 보니 한국어를 영어로 번역하는 것이 더 보수가 많다. 물론 원어민이 하는 감수료도 포함되어 있긴 하지만 감수료로 만 원을 제한다 해도 역시 영한 번역보다 한영 번역의 보수가 높다. 참고로 미국에서는 거의 모든 번역회사에서 번역료 지급기준을 페이지로 하지 않고 단어로 한다는 것을 밝혀 둔다.

참고로 필자가 10년간 체류했던 프랑스의 경우 예를 들면, 1980년 초만 해도 한국어 번역료는 하늘 높은 줄 모르고 치솟았다. 가장 흔한 영어를 불어로 옮기는 것에 비해 한국어를 불어로 옮기는 것은 250~300% 정도 보수가 많았다. 지금은 프랑스에도 한국어 번역을 하는 사람 수가 많아져 영불 번역 대비 한불 번역료가 130% 정도에 머무르고 있다.

프랑스의 번역료에 대해 얘기하다 보니 역사적인 측면을 잠깐 살펴보는 것도 도움이 될 것 같다. 프랑스의 경우 번역사의 지위가 17세기 중엽까지는 매우 높았다. 그때까지 번역은 창작과 같은 지위를 누렸으며 문학의 한 장르로 인정받았다. 루이 14세도 소년 시절 번역을 시도했으니 그 위상을 짐작할 만하다. 그러나 17세기 중반부터 번역의 위상은 추락하기 시작했다. 17세기 말부터는 번역의 주 대상이 되었던 그리스, 라틴 문학의 권위 그 자체가 도전을 받게 되었다. 어떻게 보면 르네상스 시대에 문학세계에서 누리던 번역의 지위는 고대인의 권위가 밑받침이 되었다고 볼 수 있다.

오늘날, 우리나라와 일본에서 번역사가 쓰는 '옮긴이의 말'이 프랑스에는 거의 없다. 하지만 그 당시에는 아직 중세와 르네상스 시대처럼 적지 않은 번역사들이 '서문'을 쓰고 나름대로의 번역론을 피력하곤 했다. 언제부터인가 슬며시 없어진 이 관행은 추락한 번역사의 지위와 무관하지 않다고 생각된다. 옛날 번역사들은 자신의 이름을 남기지 않아서 그들의 고충이 어땠는지 헤아려 볼 길이 없다. 다행히도 혹자는 '옮긴이의 말'을 남겨 번역사의 생각을 알 수 있다. 쓰미 유지에 따르면 가장 오래된 '옮긴이의 말'은 구약성서 외전에 있는 『벤 시라의 지혜』를 히브리어에서 그리스어로 옮긴 것이다. 번역사는 이 서문에서 번역 행위의 어려움을 솔직히 털어놓았다. 프랑스의 경우 중세의 번역사는 인정받는 존재였다. 역서에 '옮긴이의 말'도

썼으니 말이다. 특기할 만한 것은 '옮긴이의 말'의 내용에 몇몇 공통점이 있다는 것이다. 현재도 그 내용은 일부 유사하지만 그는 우선 번역을 의뢰한 사람에게 감사의 뜻을 전하고, 역자로서 자신의 부족함에 양해를 구하고, 번역하며 겪는 고충을 털어놓았다. 그 당시만 해도 저술과 번역이 동등한 대접을 받았다.

지금은 번역사 대부분이 여성이지만 르네상스 시대까지만 해도 남성들의 영역이었다. 17세기 들어 문단에 여성이 대거 참여하면서부터 여성 번역사들이 활동하기 시작했다. 번역사의 지위 하락과 여성들의 참여 증가에는 어떤 함수 관계가 있는 것으로 보인다.

필자는 한 직종이 한 사회에서 누리는 위상이 그 직종에 참여하는 사람들의 성(性)과 무관하지 않다고 생각한다. 앞서 다룬 통역에서도 살펴보았듯이 통역사가 되고자 하는 사람 대부분이 여성이고 간혹 남성 통역사들이 있다 하여도 일정 연령에 달하면 이직 현상을 보인다. 유교에 뿌리를 둔 사회적인 지위와 관련이 있는 것 같은데 번역사의 경우도 역시 예외는 아닌 듯하다. 번역 행위를 경시하는 풍조는 번역사의 지위를 저하시킨 하나의 요인이다. 우수한 번역을 했다고 해서 번역사가 사회적으로 인정을 받는 것은 아니었다. 번역사의 지위가 높으면 번역물은 번역사의 작품으로 인정되겠지만 지위가 낮으면 음지에서 제공하는 서비스가 될 뿐이다. 라르보는 이러한 번역사의 위치에 대해 비판의 대상이 될 때나 이름이 거론된다고 말했다. 번역사의 사회적 지위가 높지 않더라도 번역 작업을 좋아하고 즐기며 의의를 둔 사람들은 어느 시대에서나 찾아볼 수 있다. 알렉산더 뒤마, 보들레르, 앙드레 지드 등이 번역을 했다. 번역사의 지위가 역사의 흐름과 함께 변해 왔지만 현대의 번역사들은 사회적으로 그다지 인정받지 못하는 시대에 살고 있다고 말할 수 있다.

앙드레 지드는 번역사에 대한 충분한 보수가 주어지지 않는 한 좋은 번역을 기대하기는 힘들다고 했다. 필자 역시 그렇다고 생각한다. 왜 국제회의통역에서는 만족할 만한 통역이 나오는데 번역은 그렇지 못한가! 대답은 간단하다. 우리나라에도 얼마든지 훌륭한 번역을 해낼 사람들이 있다. 그러나 보수와 상관없이 취미로 하는 극소수를 제외하고는 번역을 업으로 하는 사람들에게 번역료 현실은 암울

하기 그지없다. 후진들 중에는 뛰어난 실력을 가졌으면서도 번역을 하지 않는 사람이 많다. 이유를 물어보면 그만큼 정열을 퍼부을 만한 보상이 없다는 것이다. 그러다 보니 물질적인 보상과는 거리가 먼 출판번역을 하는 제자들은 극소수이다. 단 연구업적을 위해 명예를 택하는 후진들이 일부 담당하고 있을 뿐 대부분은 물질적인 보상이 큰, 즉 번역을 생활의 터전으로 삼을 수 있는 실용 텍스트 번역을 많이 한다.

그러나 번역사가 통역사에 비해 무조건 돈을 적게 번다고 생각하면 큰 오산이다. 실제 번역 시장에서 실력을 크게 인정받고 각광받는 번역사들을 보면 장당 번역료가 상상을 뛰어넘는 수준이며 특히 한국어에서 외국어로의 번역의 경우 완벽한 실력을 갖춘 사람이 비교적 소수이다 보니 그 희소성에서 오는 높은 번역료와 대우는 웬만한 통역사와 비교해도 뒤지지 않을 정도이다. 상황에 따라 상이하기는 하겠지만, 현장에서 고군분투하는 통역사와 달리 어느정도 시간을 두고 번역 작업을 하면서도 경제적인 안정 또한 누릴 수 있다는 점에서 번역사의 매력 또한 크다 할 수 있다. 문학번역을 장려하기 위해서는 국가 차원에서 하는 지원의 폭이 확대되면 좋을 것 같다. 번역사에 대한 대우와 사회에서의 번역사의 위상은 번역의 질에 직접적인 영향을 미친다고 생각한다.

참고서적 및 참고자료

통역 번역 이론

C. Duriex, Fondement Didactique de la Traduction Technique, 1988.

C. Thiéry, Le Bilinguisme Vrai, in E.L.A., N° 24, 1976.

D. Seleskovitch, Language, Langues et Mémoire, 1975.

D. Seleskovitch, Language, L'interprète dans les Conférences Internationales, 1968.

D. Seleskovitch, Language, L'interprète dans les Conférences Internaionales, Problème de Langue et de Communication, Minard, 1968.

D. Seleskovitch, Language, M. Lederer, Interpréter pour Traduire, 1984.

D. Seleskovitch, Language, Pédagogie Raisonnée de l'Interprétation, 1989.

D. Seleskovitch, Language, Traduire, de l'Expérience au Concept, 1976.

D. Seleskovitch, Language, Traduire, de l'Expérience au Concept in E.L.A., Didier, 1976.

E. Nida, The Theory and Practice of Translation, 1974.

R.T. Bell, Translation and Translating, 1991.

F. Isräel, Quelle Formation pour le Traducteur de l'an 2000, 1998.

F. Isräel, Identité, Altérité, Equivalence?: La traduction comme relation, 2003.

F. Isräel & M.Lederer, La Théorie Interprétative de la Traduction, 2005.

G. Mounin, Linguistique et Traduction, 1976.

J. Deslile, L'Analyse du Discours comme Méthode de Traduction, 1984.

J. Deslilie, L'enseignement de l'Interprétation et de la Traduction, 1981.

K. Dejean, Lectures et Improvisiations. Incidence de la Forme de la Forme de l'Enonciation sur la Traduction Simultanée, 1978.

K. Dejean, The Importance of Background Knowledge in Translation, 1989.

K. Dejean, Why Impromptu Speech is Easy to Understand, 1982.

P. Horguelin & L. Brunette, Pratique de la Révision, Linguatech, 1998.

M. Lederer, Etudes Traductologiques, Minard, 1990.

M. Lederer, La Traduction Aujourd'jui, 1994.

M. Pergnier, Les Fondements Socio-Linquistiques de la Traduction, 1993.

U. Eco, Experiences in Translation, 2000.

최정화, 국제회의통역사 되는 길, 1999.

최정화, 통역과 번역을 제대로 하려면, 1993.

최정화, 통역·번역입문, 1998.

최정화, 노트테이킹, 2002.

포르투나토 이스라엘편집, 통역·번역과 등가, 이향, 편혜원, 김도춘 번역, 2004.

통역 번역 역사

E. Cary, Les Grands Traducteurs Français, 1963.

H. Van Hoof, Histoire de la Traduction en Occident, 1991.

박성래, 동아시아의 서양과학 수용과 서양어, 외대사학, 2000.

쓰지 유미, 번역사 산책, 이희재 옮김, 2001.

야나부 아키라, 번역어 성립과정, 서혜영 옮김, 2003.

인식론

A. Pym, Epistemoligical problems in Translation and its Teaching, 1993.

J. Piaget, Epistemologie des Science de l'Homme, 1970.

자동기계번역

Ljudskanov, Traduction Humaine et Traduction Mécanique, 1969.

A-M Lofler-Laurian, La Traduction Automatique, 1996.

비교문체론과 번역

J-P. Vinay & J.Darbelnet, Stylistique Comparée du français et de l'anglais, 1958.

언어습득과 번역

E. Lavault, Fonctions de la Traduction en Didactique des Langues, 1998.

J. Guenot, Clefs pour les Langues Vivantes, 1964.

R. Jakobson, Essais de Linguistique Générale, 1963.

외국어 학습

최정화, 외국어 나도 잘할 수 있다, 2000.

최정화, 외국어 내 아이도 잘할 수 있다, 2004.

수화통역

Séro-Guillaume, Langue des Signes et Pédagogie, in La Surditéchez l'Enfant Sourd, 1990.

Séro-Guillaume, L'Interprétation en Langue des Signes Franise, 1994.

안일남, 수화 통역사는 왜 필요한가?, 2001.

방송통역

G.-M. Luyken, Overcoming Language Barriers in Television, 1991.

번역 윤리

A. Pym, Pour une Ethique du Tranducteur, 1997.

참고자료

CIAP Bulletin, June 1995.

출판문화협회 통계자료(1994~2003년)

관련 기사

www.donga.com 테마 집중진단/우리말의 외국어 번역, 전승훈, 이광재, 정은령, 1994.4.20

www.chosun.com 머리 좋아지는 비결, 뇌 활동 발달 연합뉴스 인용, 2005.6.8

관련 Site Links

국내외 통번역대학원

한국외국어대학교 통번역대학원 http://www.hufs.ac.kr
이화여자대학교 통역대학원 http://www.ewha.ac.kr
선문대학교 통역대학원 http://www.sunmoon.ac.kr/graduate/
제주대학교 통역대학원 http://www.cheju.ac.kr
한동대학교 통역대학원 http://www.handong.edu/jandong/main.asp
ESIT(파리 통번역대학원) http://www.univ-paris3.fr
ETI(제네바 통번역대학원) http://www.unige.ch
GSTI(몬트레이 통번역대학원) http://www.miis.edu

통역사번역사 단체·협회·학회

AIIC(국제회의통역사 협회) http://www.aiic.net
Interp.ne(AIIC 자문 국제회의통역사 웹협회) http://www.interp.net
CIAP(아시아 태평양 자문 국제회의통역사협회) http://www.ciap.net
FIT(세계번역사협회) http://www.fit-itf.org
KSCI(한국 국제회의 통역학회) http://www.ksci.or.kr
NAATI(오스트레일리아 통역·번역사 인증협회) http://www.naati.com.au

국제기구 전문용어 사이트

FAO(국제식량농업기구) http://www.fao.org
ILO(국제노동기구) http://www.ilis.ilo.org
IMF(국제통화기금) http://www.imf.int
WHO(세계보건기구) http://www.who.int
ITU(국제통신연합) http://www.itu.int

다국어 전문용어 사전

EU 다국어 전문용어 사전 http://www.eurodic.ip.lu
영불 전문용어 사전 http://www.granddictionnaire.com
Yourdictionary http://www.yourdictionary.com

기타 알아 두면 좋은 사전

의학용어 사전 http://www.kma.org/의학용어/
인터넷 사전 링크 http://dic.link.co.kr
다음 백과사전 http://enc.daum.net/

외국어와 통역·번역

초 판 1쇄 발행 2005년 9월 20일
초 판 2쇄 발행 2006년 3월 10일
초 판 3쇄 발행 2007년 3월 10일
초 판 4쇄 발행 2008년 1월 10일
초 판 5쇄 발행 2008년 10월 30일
초 판 6쇄 발행 2010년 6월 30일
초 판 7쇄 발행 2012년 6월 29일
개정판 1쇄 발행 2020년 3월 4일

지은이 최정화
발행인 김인철
총괄 · 기획 윤성우 Director, University Knowledge Press
편집장 신선호 Executive Knowledge Contents Creator
기획 · 물류 이현진 Planning Expert
사전 · 도서편집 정준희 Contents Creator
전자책 · 도서편집 장혜린 Contents Creator
도서편집 이병철 Contents Creator
이근영 Contents Creator
재무관리 하누리 Managing Creator
발행처 한국외국어대학교 지식출판콘텐츠원
02450 서울특별시 동대문구 이문로 107
전화 02)2173-2493~7
팩스 02)2173-3363
홈페이지 http://press.hufs.ac.kr
전자우편 press@hufs.ac.kr
출판등록 제6-6호(1969. 4. 30)
디자인 · 편집 디자인퍼브 02)2254-4308
인쇄 · 제본 네오프린텍 02)718-3111

ISBN 979-11-5901-668-4 03740 정가 18,000원

*잘못된 책은 교환하여 드립니다.

HUiNE은 한국외국어대학교 지식출판콘텐츠원의 어학도서, 사회과학도서, 지역학 도서 Sub Brand이다. 한국외대의 영문명인 HUFS, 현명한 국제전문가 양성(International +Intelligent)의 의미를 담고 있으며, 휴인(携引)의 뜻인 '이끌다, 끌고 나가다'라는 의미처럼 출판계를 이끄는 리더로서, 혁신의 이미지를 담고 있다.